Klaus Weber

**Grundzüge des Versammlungsrechts
unter Beachtung der Föderalismusreform**

„In der freiheitlichen Demokratie des Grundgesetzes haben Grundrechte einen hohen Rang. Der hoheitliche Eingriff in ein Grundrecht bedarf der Rechtfertigung, nicht aber benötigt die Ausübung des Grundrechts eine Rechtfertigung."

(Bundesverfassungsgericht, NJW 2007, 2167)

KommunalPraxis aktuell

Klaus Weber

Grundzüge des Versammlungsrechts unter Beachtung der Föderalismusreform

Ein Leitfaden für Praxis und Ausbildung

Klaus Weber, Regierungsdirektor, Landesdirektion Chemnitz

 Carl Link Kommunalverlag

Bibliographische Information der Deutschen Bibliothek
Die Deutsche Bibliothek verzeichnet diese Publikation in der Deutschen Nationalbibliografie; detaillierte bibliografische Daten sind im Internet über http://dnb.d-nb.de abrufbar.

ISBN 978-3-556-05986-9

Alle Rechte vorbehalten
© 2010 Wolters Kluwer Deutschland GmbH, Köln
Carl Link Kommunalverlag – eine Marke von Wolters Kluwer Deutschland
Der Inhalt dieses Werkes, alle Vorschriften, Erläuterungen, Anregungen und weiterführenden Fachinformationen, sind mit größter Sorgfalt zusammengestellt. Dies begründet jedoch nicht einen Beratungsvertrag und keine anderweitige Bindungswirkung gegenüber dem Verlag. Es kann schon wegen der nötigen Anpassung an die individuellen Gegebenheiten des Einzelfalls keine Gewähr für Verbindlichkeit, Vollständigkeit oder auch Fehlerfreiheit gegeben werden, obwohl wir alles tun, einen aktuellen und korrekten Stand zu erhalten. Alle Rechte vorbehalten. Das Werk einschließlich aller seiner Teile ist urheberrechtlich geschützt. Jede Verwertung außerhalb der engen Grenzen des Urheberrechtsgesetzes ist ohne Zustimmung des Verlages unzulässig und strafbar; dies gilt insbesondere für Kopien, Vervielfältigungen, Bearbeitungen, Übersetzungen, Verfilmungen oder die Speicherung in elektronischen Programmen und Systemen.

Verantwortlich:
Wolters Kluwer Deutschland GmbH
Luxemburger Str. 449, 50939 Köln
E-Mail: info@wolterskluwer.de
Internet: www.wolterskluwer.de
Umschlag: Martina Busch, Grafikdesign, Fürstenfeldbruck
Satz: Typoscript GmbH, München
Druck: Wilhelm & Adam, Heusenstamm

Vorwort

Dieses Werk befasst sich mit den Auswirkungen der Föderalismusreform auf das Versammlungsrecht. Besonders angesprochen werden die **neuen Versammlungsgesetze in Bayern, Sachsen und Sachsen-Anhalt** unter Berücksichtigung der höchstrichterlichen Rechsprechung mit Bezug zum Bundes-Versammlungsgesetz, welches in den übrigen Bundesländern weiter gilt.

Für den Praktiker bedeutsam sind die **versammlungsrechtlichen Eingriffsmöglichkeiten** gegen Teilnehmer einer Versammlung, gegen die Versammlung insgesamt und auch gegen störende Gegendemonstranten. Diese Maßnahmen werden umfassend angesprochen und mit praktischen Beispielen aus der Rechtsprechung vertieft.

Zahlreiche Übersichten und schematische Darstellungen ermöglichen auch Studenten und Referendaren den Einstieg in diese nicht einfache Materie unter Berücksichtigung der grundrechtlich garantierten Versammlungsfreiheit.

Die Darstellung des Versammlungsrechts befasst sich auch mit den verschiedenartigen **Zuständigkeiten** von Versammlungsbehörde und Vollzugspolizei und wird abgerundet durch ein Kapitel, in welchem der Rechtsschutz gegen versammlungsrechtliche Maßnahmen erläutert wird.

In der Zusammenarbeit mit dem Carl Link Kommunalverlag gilt mein besonderer Dank Herrn Carsten Liebold für die Unterstützung bei der Erstellung des Buches und seine praktischen Ratschläge.

Klaus Weber
www.hansklausweber.de

Der Zugang zum Fachforum

Zu diesem Buch bietet der Verlag ein Internetforum für Mitarbeiterinnen und Mitarbeiter der Sicherheits- und Ordnungsbehörden an. Neben einer Diskussionsplattform sind umfangreiche Vorschriftensammlungen und einige Mustertexte zum digitalen Abruf bereit gestellt. Das Forum „Versammlungsrecht" wird dabei auf einem gemeinsamen Dachboard mit den Foren „Tiergefahren", „Obdachlosigkeit", „Fundsachen/Fundwesen" und „Verwaltungszwang" betrieben.

Bitte haben Sie Verständnis dafür, dass dieses Zusatzangebot nicht für Privatkunden, sondern nur für Bezieher gilt, die in Sicherheitsbehörden bzw. in entsprechenden Fachbereichen bei Aufsichtsbehörden tätig sind.

Nachfolgend wird sowohl die **Neuregistrierung** (s. unter 1.) als auch die **Erweiterung Ihres bisher bereits bestehenden Accounts** (s. unter 2.) beschrieben.

Zur Anmeldung rufen Sie bitte grundsätzlich folgende Internetseite auf:

http://forum-bayern.ordnungsrecht-direkt.de

1.) Neuregistrierung

Bitte klicken Sie zunächst rechts oben auf „**Registrieren**"

Lesen Sie sich die Nutzungsbedingungen aufmerksam durch und bestätigen Sie diese am Ende durch Klick auf „**Ich bin mit den Konditionen dieses Forums einverstanden.**"

Sie gelangen nun zur Einstiegsseite, die Sie bitte mit den geforderten Pflichtangaben befüllen wollen. Diese sind mit einem * gekennzeichnet.

Das Forum soll kein Geheimzirkel sein. Bitte verwenden Sie daher als Benutzernamen eindeutige Kennungen. Vorgeschlagen werden das **Unterscheidungszeichen Ihres Kfz-Zulassungsbezirkes** und **Ihr Nachname** (z. B. N-Müller).

Darüber hinaus müssen Sie bei der Registrierung folgende weitere Pflichtangaben hinterlegen:

- Behörden-E-Mail-Adresse
- Bundesland
- Behörde bzw. Institution

Weitere freiwillige Angaben mit Anschrift, Telefonnummer, Faxnummer und Angaben zur Funktion sind möglich. Sie können auch, wenn Sie es wünschen, ein Bild hinterlegen, das dann bei all Ihren Beiträgen erscheint.

Nach Abschluss Ihrer Eingaben klicken Sie bitte ganz unten auf dieser Seite auf „Absenden." Der Verlag wird sodann Ihre Daten prüfen und Sie freischalten.

2.) Erweiterung Ihres bestehenden Accounts auf das Unterforum „Verwaltungszwang":

Sofern Sie bereits die Werke „Gefahrenhandbuch Tiere", „Obdachlosigkeit", „Verwaltungszwang" und/oder „Handlungsempfehlungen im Umgang mit Fundsachen und Fundtieren" erworben haben, können Sie sich unter den bereits zugeteilten Zugangsdaten einloggen und in der entsprechenden Benutzergruppe mit Eingabe der einschlägigen ISBN – Nummer einen erweiterten Zugriff auf das Forum „Versammlungsrecht" beantragen. Bitte gehen Sie hierbei wie folgt vor:

→ Klicken Sie auf den Button „Benutzergruppen"

→ Durch Klick auf das Drop-Down-Menü „Aktuelle Mitgliedschaften" können Sie erkennen, welchen Gruppen Sie bereits beigetreten sind, hier: Obdachlosigkeit:

→ Klicken Sie nun auf das untere Drop-Down-Menü; um der Gruppe „Versammlungsrecht" beizutreten, klicken Sie diese an und bestätigen Sie durch weiteren Klick auf „**Informationen anzeigen**".

Hinweis: der Beitritt zur entsprechenden Gruppe erfordert die Eingabe der zutreffenden ISBN-Nummer wie oben unter 1.) beschrieben.

Ihr Antrag wird durch abschließenden Klick auf „**Gruppe beitreten**" abgesendet und so schnell als möglich bearbeitet.

Das Forum lebt vom Mitmachen. Bringen Sie Ihr Wissen und Ihre Erfahrung ein. Stellen Sie Fragen und helfen Sie anderen.

Bei auftretenden Fragen oder Problemen im Zusammenhang mit dem Forum kontaktieren Sie uns bitte per E-Mail unter ordnungsrecht@wolterskluwer.de

Carsten Liebold

Carl Link Kommunalverlag

Wolters Kluwer Deutschland

Inhaltsverzeichnis

Abkürzungsverzeichnis	XV
Literaturverzeichnis	XVII

A Die Föderalismusreform und ihre Auswirkungen auf das Versammlungsrecht — 1
I. Das Versammlungsgesetz des Bundes — 1
II. Die Föderalismusreform — 1
   1. Geschichte der Föderalismusreform — 1
   2. Inkrafttreten — 2
   3. Weitergeltung des Bundes-VersG — 2
   4. Bundesländer mit eigenen Versammlungsgesetzen. — 2
III. Freistaat Bayern — 2
IV. Freistaat Sachsen — 5
V. Sachsen-Anhalt — 5
VI. Bewertung der Auswirkungen der Föderalismusreform im Bereich des Versammlungsrechts — 5

B. Die Bedeutung des Versammlungsrechts im demokratischen Rechtsstaat — 7
I. Rechtsgrundlagen des Versammlungsrechts — 7
   1. Grundgesetzliche Vorgaben — 7
   2. Die Verfassung des Freistaates Bayern — 7
   3. Die Verfassung des Freistaates Sachsen — 7
   4. Die Verfassung des Landes Sachsen-Anhalt — 8
   5. Bundesrecht bricht Landesrecht — 8
II. Die Rechtsprechung zum Versammlungsrecht — 8
   1. Bundesverfassungsgericht — 8
   2. Bundesverwaltungsgericht — 10
   3. EuGH — 10
III. Schutzbereich der grundrechtlichen Gewährleistung des Versammlungsrechts — 11
   1. In den Schutzbereich des Art. 8 Abs. 1 GG fallen „Versammlungen" — 11
   2. Deutsche im Sinne des Art. 116 GG — 23
   3. Friedlich und ohne Waffen — 23
   4. Ohne Anmeldung oder Erlaubnis — 26
   5. Vor der Versammlung und nach der Versammlung — 28
   6. Abschließende Übersicht zu Art. 8 GG — 30
   7. Verhältnis von Art. 8 GG zu Art. 5 GG — 31

IV. Grundrechtliche Schranken der Versammlungs- und Meinungsfreiheit 35
 1. Schranken nach Art. 8 Abs. 1 GG 35
 2. Schranken nach Art. 8 Abs. 2 GG 36
 3. Versammlungen rechts- oder linksradikaler Gruppierungen und Parteienprivileg 46
 4. Schranken nach Art. 5 Abs. 2 GG 48
V. Die europarechtliche Bedeutung des Versammlungsrechts 53
 1. Europäische Menschenrechtskonvention 53
 2. EG-Vertrag 54
 3. Die Rechtsprechung des EuGH zum Versammlungsrecht 54

C. Besondere versammlungsrechtliche Problembereiche 57
I. Geltungsbereich der Versammlungsgesetze, insbes. Abgrenzung zu Versammlungen außerhalb des Anwendungsbereich der Versammlungsgesetze 57
 1. Die öffentliche Versammlung unter freiem Himmel 57
 2. Die nicht öffentliche Versammlung unter freiem Himmel 58
 3. Die öffentliche Versammlung nicht unter freiem Himmel 59
 4. Die nicht öffentliche Versammlung nicht unter freiem Himmel 59
 5. Abschließende Übersicht zu den angesprochenen Versammlungsarten: 62
II. Anmeldepflicht von Versammlungen 63
 1. Rechtsnormen 63
 2. § 14 BundesVersG 63
 3. Vorschriften der Länder 63
 4. Verfassungsrechtliche Bedenken 65
 5. Sonderfälle der Eil- oder Spontanversammlungen 65
 6. Begründung der Anmeldepflicht 67
 7. Entfallen der Anmeldepflicht 67
 8. Sogenannte Tarnveranstaltungen 68
 9. Prioritätsgrundsatz bei mehreren Anmeldungen 68
 10. Sanktionen bei Nichtbeachtung der Anmeldepflicht: 70
 11. Keine weiteren Erlaubnisse erforderlich 70
 12. Ablauf des Verwaltungsverfahrens „Anmeldung einer Versammlung" bei der Versammlungsbehörde 71
III. Versammlungsrechtliche Eingriffsmaßnahmen 72
 1. Grundsätzliche Ausführungen 72
 2. Versammlungsverbote oder Auflagen bei „öffentlichen Versammlungen nicht unter freiem Himmel" 75
 3. Versammlungsverbote oder Auflagen (bzw. Beschränkungen) bei „öffentlichen Versammlungen unter freiem Himmel" 76

4.	Versammlungsauflösungen	83
5.	Maßnahmen gegen einzelne Versammlungsteilnehmer	86
6.	Übersicht über die versammlungsrechtlichen Maßnahmen	89
7.	Maßnahmen gegen unfriedliche Gegendemonstranten (außerhalb des Versammlungsrechts)	89

D. Verantwortung und Zuständigkeiten von Versammlungsbehörden und Vollzugspolizei — 91

I. Grundsatz der vertrauensvollen Kooperation — 91
II. Die Zuständigkeitsregelungen in den drei Bundesländern — 93
   1. Freistaat Bayern — 93
   2. Freistaat Sachsen — 94
   3. Land Sachsen Anhalt — 98
   4. Übersicht — 99
III. Die Aufgaben der Versammlungsbehörde — 100
   1. Grundsätzliche Ausführungen — 100
   2. Zügiges Verwaltungsverfahren — 101
   3. Politische Wertungen von Versammlungen — 101
   4. Schriftliche Entscheidungen der Versammlungsbehörde — 102
   5. Beweislast der Versammlungsbehörde — 102
   6. Besonderheit des sogenannten polizeilichen Notstandes — 104
IV. Die versammlungsrechtliche Verantwortung der Vollzugspolizei — 104
   1. Schutz der friedlichen Versammlung — 104
   2. Vorsorge der Polizei, flexible Einsatzstrategien — 105
   3. Nachrangige polizeiliche Eingriffe — 106
   4. Zuständigkeit der Vollzugspolizei im Versammlungsrecht — 107
   5. Polizeiliche Maßnahmen bei „Gefahr im Verzug" — 108
   6. Sogenannter polizeilicher Notstand — 111
   7. Einschreiten gegen unfriedliche Gegendemonstranten — 115
   8. Übersicht über Maßnahmen nach Versammlungs- und Polizeirecht — 117
   9. Staatliches Gewaltmonopol — 117
   10. Strafbarkeit eines Versammlungsteilnehmers wegen Widerstands gegen Vollstreckungsbeamte, § 113 StGB — 118
V. Übersicht: Versammlungsrechtliche Maßnahmen und Zuständigkeit — 118
VI. Anhang: Pressemeldung der Polizeidirektion Pirmasens (Internet) — 119

E.	**Rechtsschutz gegen versammlungsrechtliche Maßnahmen**	121
I.	Verwaltungsgerichtlicher Eilrechtsschutz	121
	1. Einstweiliger Rechtsschutz ach § 80 Abs. 5 VwGO	121
	2. Einstweiliger Rechtsschutz nach § 123 VwGO	125
	3. Übersicht	126
II.	Antrag auf Erlass einer einstweiligen Anordnung durch das BVerfG	126
III.	Sogenanntes verwaltungsgerichtliches Hauptsacheverfahren	129
	1. Fortsetzungsfeststellungsklage, § 113 Abs. 1 S. 4 VwGO	129
	2. Feststellungsklage	130
	3. Übersicht	131
IV.	Verfassungsbeschwerde	131
V.	Praktisches Beispiel für ein versammlungsrechtliches Rechtsschutzverfahren	132
F.	**Musterformulare und Musterbescheide**	133
I.	Zum Aufbau eines „Auflagenbescheides" der Versammlungsbehörde	133
II.	Bescheid der Versammlungsbehörde betreffend ein Versammlungsverbot	134
III.	Muster aus der Praxis der Versammlungsbehörden	135
	1. Informationen des Bayerischen Staatsministeriums des Innern zum Bayerischen Versammlungsgesetz	135
	2. Informationen des Niedersächsischen Ministeriums für Inneres und Sport zum Versammlungsrecht	144
	3. Hinweise der Stadt Heilbronn für geplante Versammlungen	146
	4. Formblatt der Stadt Heilbronn für die Anmeldung einer öffentlichen Versammlung unter freiem Himmel	147
	5. Auflagenbescheid der Stadt Rostock	148
	6. Anmeldebestätigung einer Versammlung mit Standardauflagen	150
G.	**Gesetzestexte**	153
I.	Versammlungsgesetz des Bundes	153
II.	Versammlungsgesetz des Freistaates Bayern	163
III.	Versammlungsgesetz des Freistaates Sachsen	175
IV.	Versammlungsgesetz des Landes Sachsen-Anhalt	185

Abkürzungsverzeichnis

a. A.	anderer Auffassung
BGH	Bundesgerichtshof
BayVersG	Versammlungsgesetz des Freistaates Bayern
BayVwVfG	Bayerisches Verwaltungsverfahrensgesetz
BVerfG	Bundesverfassungsgericht
BVerwG	Bundesverwaltungsgericht
BVersG	Versammlungsgesetz des Bundes
Drucksache	Drucksache des Sächsischen Landtages
GG	Grundgesetz
GVBl.	Sächsisches Gesetz- und Verordnungsblatt
JA	Juristische Arbeitsblätter
JuS	Juristische Schulung (Zeitschrift)
LKV	Landes- und Kommunalverwaltung (Zeitschrift)
NJW	Neue Juristische Wochenschrift
OVG	Oberverwaltungsgericht
PAG	Gesetz über die Aufgaben und Befugnisse der bayerischen staatlichen Polizei, Polizeiaufgabengesetz
SächsVersG	Sächsisches Versammlungsgesetz
SächsVersG-ZuVO	Zuständigkeitsverordnung des SMI
SOGLSA	Gesetz über die öffentliche Sicherheit und Ordnung des Landes Sachsen-Anhalt
VBlBW	Baden-Württembergische Verwaltungsblätter
Versamml-GLSA	Versammlungsgesetz des Landes Sachsen-Anhalt
VG	Verwaltungsgericht
VGH	Verwaltungsgerichtshof
VwGO	Verwaltungsgerichtsordnung
VwVfG	Verwaltungsverfahrensgesetz
SächsPolG	Sächsisches Polizeigesetz
SächsVBl.	Sächsische Verwaltungsblätter
SächsVwVG	Sächsisches Verwaltungsvollstreckungsgesetz

Abkürzungsverzeichnis

VR	Verwaltungsrundschau
ZJS	Zeitschrift für das juristische Studium (Internetzeitschrift)

Literaturverzeichnis

I. Allgemein zum Versammlungsrecht

Albers, Zum Spannungsverhältnis zwischen Art. 8 GG und dem Versammlungsgesetz, NVwZ 1992, 38

Arndt/Droege, Versammlungsfreiheit versus Sonn- und Feiertagsschutz?, NVwZ 2003, 906

Battis/Grigoleit, Neue Herausforderungen für das Versammlungsrecht, NVwZ 2001, 121 ff.

Battis/Grigoleit, Die Entwicklung des versammlungsrechtlichen Eilrechtsschutzes – Eine Analyse der neuen BVerfG-Entscheidungen, NJW 2001, 2051

Battis/Grigoleit, Rechtsextremistische Demonstrationen und öffentliche Ordnung – Roma locuta?, NJW 2004, 3459

Battis/Grigoleit, Anmerkung zu BVerfG, NJW 2007, 2167 (Versammlungsverbot anlässlich des G8-Gipfels in Heiligendamm); NJW 2007, 2171

Behmenburg, Polizeiliche Maßnahmen bei der Anfahrt zur Versammlung, LKV 2003, 500 ff.

Beljin, Neonazistische Demonstrationen in der aktuellen Rechtsprechung, DVBl. 2002, 15

Bolewski, Staatsbesuche und Demonstrationsrecht; DVBl. 2007, 789

Brenneisen, Der polizeilichen Handlungsrahmen im Versammlungsgeschehen, Die Polizei 2008, 104

Brenneisen/Hahn/Martins, Illegales Verwaltungshandeln – Gefahr für den demokratischen Rechtsstaat, Die Polizei 2008, 285

von Coelln, Die eingeschränkte Polizeifestigkeit nichtöffentlicher Versammlungen, NVwZ 2001, 1234

Deger, Polizeirechtliche Maßnahmen bei Versammlungen?, NVwZ 1999, 265 ff.

Deger, Sind Chaos-Tage und Techno-Paraden Versammlungen?, NJW 1997, 923

Deger, Handlungsformen der Polizei gegen störende Ansammlungen, VBlBW 2004, 96

Deutelmoser, Angst vor den Folgen eines weiten Versammlungsbegriffes?, NVwZ 1999, 240

Dietel/Gintzel, Zu kurz gesprungen – Kritische Anmerkungen zur Novellierung des VersG, Die Polizei 2005, 282 ff.;

Dörr, Keine Versammlungsfreiheit für Neonazis ? Extremistische Demonstrationen als Herausforderung für das geltende Versammlungsrecht, VA 2002, 485 ff.

Enders, Der Schutz der Versammlungsfreiheit, Jura 2003, 34 ff.

Enders/Lange, Symbolische Gesetzgebung im Versammlungsrecht?, JZ 2006, 105 ff.

Frenz, Polizei- und Versammlungsrecht – Abgrenzung und Zusammenspiel, JA 2007, 334 ff.

Frowein, Die Versammlungsfreiheit vor dem Bundesverfassungsgericht, NJW 1985, 2376

Führing, Zu den Möglichkeiten der Verhinderung von Skinheadkonzerten, NVwZ 2001, 157 ff.

Geck, Zum Versammlungsbegriff des Art. 8 GG, DVBl. 1980, 797

Gintzel, Beabsichtigte Länderversammlungsgesetze – ein vermeidbares Ärgernis, Die Polizei 2010, 1

Hermanns, Grundfragen des Rechts der Versammlungsfreiheit, JA 2001. 79

Hermanns/Hönig, Die Einschließung bei Versammlungen als Rechtsproblem, NdsVBl. 2002, 201 ff.

Höllein, Das Verbot rechtsextremistischer Veranstaltungen, NVwZ 1994, 635

Hofmann, Zur Frage der Rechtswidrigkeit polizeilicher Maßnahmen – „Hamburger Kessel", NVwZ 1987, 769

Hoffmann-Riem, „Schutzschirm für Alle", Der Spiegel 2000, Heft 37, S. 52

Hoffmann-Riem, Neuere Rechtsprechung des BVerfG zur Versammlungsfreiheit, NJW 2002, 257

Hoffmann-Riem, Demonstrationsfreiheit auch für Rechtsextremisten?, NJW 2004, 2777

Holzner, Die gebändigte Demokratie? – Das Bayerische Versammlungsgesetz auf seinem beschwerlichen Weg zur Verfassungsmäßigkeit; BayVBl. 2009, 485

Holzner, Anmerkung zum Beschluss des BVerfG vom 4.11.2009; DVBl. 2010, 48 ff.

Jahn, Der missglückte Parteitag (Klausur), JuS 2001, 172

Jahn, Das voreilige Versammlungsverbot (Klausur), JuS 2002, 1109

Janz, Perspektiven für ein brandenburgisches Versammlungsrecht de constitutione lata und de lege ferenda, LKV 2009, 481

Kahl, Kurz entschlossener Protest (Klausur), JuS 2000, 1090

Kahl, Klausur Versammlungsrecht, JuS 2004, 894

Kaiser, Ausweitung der Gebührenzone im Versammlungsrecht, VBlBW 2010, 53

Kanther, Zur „Infrastruktur" von Versammlungen: vom Imbisstand bis zum Toilettenwagen; NVwZ 2001, 1239

Kintz, Öffentliches Recht im Assessorexamen, 7. A. 2010

Kirchhoff, Die Versammlungsfreiheit in der Verfassung des Landes Brandenburg, LKV 2009, 193 ff.

Knape, Rechte Aufmärsche im Ostteil Berlins belasten die dort wohnende Bevölkerung erheblich, Die Polizei 2005, 157

Knape, Ausgewählte Problemstellungen des Versammlungsrechts im Zusammenhang mit unfriedlichen Demonstrationen, insbes. Auseinandersetzungen Links-Rechts, Die Polizei 2007, 151 ff.

Knape, Die Polizei als Garant der Versammlungsfreiheit, Die Polizei 2008, 100

Knape, Demonstrationsfreiheit auch für Rechtsextremisten? – Haben Recht Rechte ? Die Polizei 2009, 185

Ketteler, Die Einschränkbarkeit nichtöffentlicher Versammlungen in geschlossenen Räumen, DÖV 1990, 954

Kniesel, Adressatenfragen im Versammlungsrecht, DÖV 1992, 470

Kniesel, Versammlungs- und Demonstrationsfreiheit, NJW 2000, 2857

Kniesel/Poscher, Die Entwicklung des Versammlungsrechts 2000 – 2003, NJW 2004, 422 ff.

Krüger, Rechtliche Problemfelder beim Einschreiten anlässlich nichtöffentlicher Versammlungen, DÖV 1997, 13 ff.

Kutschka, Ist das Versammlungsgesetz noch zeitgemäß?, NJ 2001, 346 ff.

Kutschka, Bewegung in Versammlungsrecht, Die Polizei 2002, 250

Kutschka, Neues Versammlungsrecht – Bayern als Modell?, NVwZ 2008, 1210

Leist, Zur Rechtmäßigkeit typischer Auflagen bei rechtsextremistischen Demonstrationen, NVwZ 2003, 1300

Leist, Kooperation bei (rechtsextremistischen) Versammlungen, BayVBl. 2004, 489 ff.

Leist, Die Änderung des Versammlungsrechts: Ein Eigentor?, NVwZ 2005, 500

Leist, Verherrlichung von NS-Größen als Verbotsgrund für Versammlungen?, BayVBl. 2005, 234

Lembke, Grundfälle zu Art. 8 GG, JuS 2005, 984

Lisken/Denninger, Handbuch des Polizeirechts, 4. A. 2007

Meßmann, Das Zusammenspiel von Versammlungsgesetz und allgemeinem Polizeirecht, JuS 2007, 524 ff.

Möllers, Wandel der Grundrechtsjudikatur, NJW 2005, 1973

Musil; Berlin, Hauptstadt der Demonstrationen, LKV 2002, 115

Oltersdorf, Castor-Einsätze, Die Polizei 2005, 285

Papier, Das Versammlungsrecht in der Rechtsprechung des Bundesverfassungsgerichts, BayVBl. 2010, 225

Pappermann, Anmerkung zum Beschluss des VG Köln vom 11. 12. 1970; NJW 1981, 210 ff.

Pezolt/Osel/Hornfischer, Wunsiedel 2004 – einsatztaktische und versammlungsrechtliche Fragestellungen, Die Polizei 2005, 196

Poscher, Neue Rechtsgrundlagen gegen rechtsextremistische Versammlungen, NJW 2005, 1316

Renck, Skinhead-Konzerte: Die Behörden sind nicht machtlos, BayVBl. 2002, 523

Riedel, Die Anwesenheit der Polizei bei öffentlichen Versammlungen in geschlossenen Räumen, BayVBl. 2009, 391

Robrecht, Verpasste Chancen – Eine Bewertung des Sächsischen Versammlungsgesetzes und der VO des Sächsischen Staatsministeriums des Innern über Zuständigkeiten nach dem SächsVersG, SächsVBl. 2010, 129

Roellecke, Der kommunikative Gegendemonstrant, NJW 1995, 3101

Rossen-Stadtfeld, Öffentliche Ordnung, bürgerliches Vertrauen und die neo-nationalsozialistische Versammlung, BayVBl. 2009, 41

Roth, Rechtsextremistische Demonstrationen in der verwaltungsgerichtlichen Praxis, VBlBW 2003, 41

Rozek/Lehr, Vermummte Weihnachtsmänner (Klausur), JA 2004, 900

Rühl, Die Polizeipflichtigkeit von Versammlungen bei Störungen durch Dritte und bei Gefahren für die öffentliche Sicherheit bei Gegendemonstrationen, NVwZ 1988, 577

Rühl, Versammlungsrechtliche Maßnahmen gegen rechtsradikale Demonstrationen und Aufzüge, NJW 1995, 561

Rühl, „Öffentliche Ordnung" als sonderrechtlicher Verbotstatbestand gegen Neonazis im Versammlungsrecht?, NVwZ 2003, 531

Sander, Wiederkehrthema: Die öffentliche Ordnung – das verkannte Schutzgut, NVwZ 2002, 831

Sachs, Anmerkung zu BVerfG, NJW 2004, 2814); JuS 2004, 1095

Scheffczyk/Wolff, Die verfassungsrechtliche Bewertung des Gesetzes über Versammlungen und Aufzüge an und auf Gräberstätten, LKV 2007, 481 ff.

Scheidler, Das Gesetz zur Änderung des Versammlungsgesetzes und des StGB – ein Vergleich mit der bisherigen Rechtslage, BayVBl. 2005, 453 ff.

Scheidler, Rechtsextremismus und Versammlungsrecht – Die Entwicklung seit der Rechtsänderung 2005, KommunalPraxis Spezial 2008, 18 ff.

Scheidler, Bayerisches Versammlungsgesetz (Textausgabe mit Einführung), 2008

Scheidler, Das neue bayerische Versammlungsgesetz, BayVBl. 2009, 33

Scheidler, Bedenken des BVerfG gegen das Bayerische Versammlungsgesetz, NVwZ 2009, 429

Scheidler, Das Kooperationsgebot im Versammlungsrecht, Die Polizei 2009, 162

Schörnig, Änderung von Zeitpunkt und Ort einer Versammlung im Wege einer Auflage, NVwZ 2001, 1246

Schoch, Grundfälle zum Polizei- und Ordnungsrecht, JuS 1994, 480 ff.

Schmidt-Jortzig, Polizeilicher Notstand und Versammlungsverbot, JuS 1970, 507, 508

Seidel, Das Versammlungsrecht auf dem Prüfstand, DÖV 2002, 283 ff.

Sigrist, Einige Anmerkungen zum Versammlungsrecht, Die Polizei 2002, 132

Sigrist, Polizeiliches Einschreiten gegen Skinhead-Konzerte, Die Polizei 2005, 165 ff.

Soine, Rechtsextremistische Musik unter Grundrechtsschutz?, JuS 2004, 382 ff.

Steinhorst, Die aggressiven Versammlungsteilnehmer (Klausur), JuS 2005, 813

Stohrer, Die Bekämpfung rechtsextremistischer Versammlungen durch den neuen § 15 Abs. 2 VersG, JuS 2006, 15

Thalmair, Skinhead-Konzerte: Sind die Behörden machtlos?, BayVBl. 2002, 517 ff.

Tölle, Polizei- und ordnungsbehördliche Maßnahmen bei rechtsextremistischen Versammlungen, NVwZ 2001, 153

Tschentscher, Versammlungsfreiheit und Eventkultur, NVwZ 2001, 1243

Vosgerau, Grenzen grundrechtlicher Gewährleistungen für Gegendemonstrationen, zugleich eine Anmerkung zum Beschluss des VG Dresden, SächsVBl. 2007, 144 ff., in SächsVBl. 2007, 128 ff.

Waechter, Die Vorgaben des Bundesverfassungsgerichtes für das behördliche Vorgehen gegen politisch extreme Versammlungen: Maßgaben für neue Versammlungsgesetze der Länder, VA 2008, 73 ff.

Weber, Rechtsgrundlagen des Versammlungsrechts, SächsVBl. 2002, 25 ff.

Weber, Verwaltungsrechtliche Realakte, apf 2003, 27 ff.

Weber, Ein unerwünschtes Treffen (Klausur), VR 2003, 25 ff.

Weber, Fälle zum Verwaltungsvollstreckungsrecht, VR 2004, 181 ff.

Weber, Staatsbesuch in Dresden (Klausur), VR 2006, 237 ff.

Weber, Versammlungsrecht in Heiligendamm, KommunalPraxis Spezial 2007, 189 ff.

Weber, Handbuch des Sächsischen Verwaltungsvollstreckungsrechts, 1. A. 2009

Weber, Zur Bestimmtheit von Entscheidungen im Verwaltungs- und Vollstreckungsverfahren, VR 2008, 181 ff.

Weber, Zu den Folgen der Nichtbeachtung des Bestimmtheitsprinzips, VR 2008, 217 ff.

Weber, Versammlungsrechtliche Auflagen nach § 15 Abs. 1 VersG, KommJur 2009, 97 ff.

Weber, Mahnwache in Görliz (Aktenvortrag), JA 2009, 639

Weber, Das BVerfG und das Bayerische Versammlungsgesetz, VR 2009, 26

Weber, Sächsisches Versammlungsrecht (Handbuch mit Kommentar des Sächsischen Versammlungsgesetzes), 1. A. 2010

Weber, Versammlungsverbote nach § 15 Abs. 1 Versammlungsgesetz, KommJur 2010, 172

Weber, Zur Anmeldepflicht bei Versammlungen, KommJur 2010, Heft November 2010

Weber, Der Protestaufruf des Oberbürgermeisters (Aktenvortrag), VR 2010

Weber, Zur Überlassung kommunaler Einrichtungen im Wahlkampf, KommPWahlen, Heft 1, 2010

Wege, Präventive Versammlungsverbote auf dem verfassungsrechtlichen Prüfstand, NVwZ 2005, 900 ff.

Wiefelspütz, Aktuelle Probleme des Versammlungsrechts in der Hauptstadt Berlin, DÖV 2001, 21

Wiefelspütz, Ist die Love-Parade eine Versammlung? NJW 2002, 274

II Zur Föderalismusreform

Brenneisen/Sievers, Hat das BayVersG Modellcharakter? Die Entwicklung des Versammlungsrechts in den Bundesländern nach der Föderalismusreform I, Die Polizei 2009. 71 ff.

Gass, Die Reform des Föderalismus in der Bundesrepublik Deutschland, apf 2006, 321

Hahnzog, Änderung der Gesetzgebungskompetenz im Versammlungsrecht – Erste Aktivitäten der Länder, ZRP 2009, 57 (zu Scheidler, ZRP 2008, 151)

Heidebach/Unger, Das Bayerische Versammlungsgesetz – Vorbild für andere Länder oder Gefährdung der Versammlungsfreiheit unter Föderalismusdruck?, DVBl. 2009, 283

Ipsen, Die Kompetenzverteilung zwischen Bund und Ländern nach der Föderalismusreform, NJW 2006, 2801

Lux, Die Bekämpfung rechtsextremistischer Versammlungen nach der Föderalismusreform, LKV 2009, 491

Rengling, Föderalismusreform und Gesetzgebungskompetenzen, DVBl. 2006, 1537

Scheidler, Grundlagen für Versammlungsgesetze der Länder nach der Föderalismusreform, SächsVBl. 2009, 157

Scheidler, Änderung der Gesetzgebungskompetenz im Versammlungsrecht – Erste Aktivitäten der Länder, ZRP 2008, 151 ff.

Söbekke, Föderalismusreform – Eine Betrachtung aus kommunaler Sicht, KommJur 2006, 402

A Die Föderalismusreform und ihre Auswirkungen auf das Versammlungsrecht[1)]

I. Das Versammlungsgesetz des Bundes[2)]

Das bundesrechtliche Versammlungsgesetz stammt aus dem Jahre 1953 und gründete sich auf Art. 74 Abs. 1 Nr. 3 GG (konkurrierende Gesetzgebung des Bundes).

Das Gesetz wurde mehrfach geändert, letztmals durch Gesetz vom 24. 3. 2005 betr. Änderung des § 15[3)].

Nach Art. 72 Abs. 1 GG hatten die Länder im Bereich der konkurrierenden Gesetzgebung die Befugnis zur Gesetzgebung, solange und soweit der Bund von seiner Gesetzgebungszuständigkeit nicht durch Gesetz Gebrauch gemacht hat.

II. Die Föderalismusreform

1. Geschichte der Föderalismusreform

Im Oktober 2003 setzten Bundestag und Bundesrat eine Kommission zur Modernisierung der bundesstaatlichen Ordnung ein. Die Leitung hatten der damalige Vorsitzende der SPD-Fraktion im Bundestag, Franz Müntefering, und der damalige bayerische Ministerpräsident Edmund Stoiber[4)].

Es gab damals keine Einigung, die Beratungen bildeten aber die Grundlage für weitere Gespräche, die nach der Wahl zum 16. Deutschen Bundestag wieder aufgenommen wurden.

Im Koalitionsvertrag von CDU und SPD vom 18. 11. 2005 wird dazu folgendes ausgesagt:

„Die große Koalition hat sich auf die Modernisierung der bundesstaatlichen Ordnung auf der Grundlage der Vorarbeiten in der Föderalismusreform von Bundestag und Bundesrat ... geeinigt"[5)].

---

1 Waechter, VA 2008, 73 ff.; Scheffczyk/Wolff, LKV 2007, 481 ff.; Scheidler, ZRP 2008, 151 ff., und SächsVBl. 2009, 157; Lisken/Denninger, S. 1020; Weber, VR 2009, 264; Janz, LKV 2009, 481; Lux, LKV 2009, 491
2 Nachfolgend immer als „BVersG" zitiert.
3 Gesetz zur Änderung des Versammlungsgesetzes und des StGB, BGBl. I S. 969, in Kraft seit 1. 4. 2005.
4 Rengeling, Föderalismusreform und Gesetzgebungskompetenzen, DVBl. 2006, 1537
5 Koalitionsvertrag, B V 1.; siehe auch die BR-Drucksache 178/06 und die BT-Drucksache 16/813, beide vom 7. 3. 2006

2. Inkrafttreten

Diese Föderalismusreform trat am 1.9.2006 in Kraft.[6] Damit erhielten die Landesgesetzgeber durch die Änderung des Grundgesetzes u. a. die ausschließliche Zuständigkeit für das Versammlungsrecht, welches bisher Teil der sogenannten konkurrierenden Gesetzgebung nach Art. 74 Abs. 1 S. 3 GG war[7].

Dabei ist zu beachten, dass die Rechtsprechung des BVerfG zum Versammlungsrecht kaum Raum für eine gesetzgeberische Gestaltungsfreiheit in diesem Bereich lässt[8]. Hinzu kommt, dass neben Art. 8 GG auch die Vorgaben der jeweiligen Landesverfassung zu beachten sind.

3. Weitergeltung des Bundes-VersG

Nach Art. 125a Abs. 1 GG gilt das bundesrechtliche Versammlungsgesetz bis zum Erlass einer länderspezifischen Regelung weiter.

4. Bundesländer mit eigenen Versammlungsgesetzen.

Länderspezifische Regelungen haben bisher die Bundesländer **Bayern**, **Sachsen-Anhalt** und **Sachsen** getroffen.

Dabei haben Bayern und Sachsen-Anhalt „eigene" Versammlungsgesetze beschlossen, während Sachsen mit Ausnahme des § 15 komplett das Bundes-VersG übernommen hat.

In allen übrigen Ländern gilt demnach das VersG des Bundes weiter (siehe vor unter 3).

Die Dringlichkeit eigener landesrechtlicher Regelungen in diesem Bereich ist demnach offensichtlich nicht gegeben.

III. Freistaat Bayern

1. Als erstes Bundesland nach der Föderalismusreform hat der Freistaat Bayern mit damaliger CSU-Mehrheit im Landtag ein neues Versammlungsgesetz beschlossen.[9]

Das Gesetz trat nach Art. 28 Abs. 1 am 1.10.2008 in Kraft.

---

6 Gesetz zur Änderung des Grundgesetzes vom 28.8.2006, BGBl. I, S. 2034
7 Siehe dazu Begründung des Gesetzesentwurfs der BT-Fraktionen von CDU/CSU und SPD zur Änderung des Grundgesetzes, BT-Drucksache 16/813, vom 7.3.2006, S. 12 ff.
8 Scheidler, S. 9; Heidebach/Unger, DVBl. 2009, 283
9 GVBl. 2008, 421 ff.

A. Die Föderalismusreform und ihre Auswirkungen auf das Versammlungsrecht

„Der Bayerische Gesetzgeber knüpft zwar vielfach an bestehende Regelungen des VersG, bildet die Vorschriften jedoch unter Berufung auf ein eigenständiges rechts- und ordnungspolitisches Konzept fort und erhöht hierbei die Anforderungen an die Durchführung von Versammlungen. So werden u. a. die Bekanntgabe-, Anzeige- und Mitteilungspflichten für Veranstalter von Versammlungen erheblich formalisiert und ausgeweitet, die Mitwirkungspflicht und die Verantwortlichkeit des Leiters einer Versammlung ausgedehnt und für Versammlungsteilnehmer ein allgemeines Militanzverbot eingeführt. An diese Ge- und Verbote schließen sich Ordnungswidrigkeitstatbestände an, wonach den Betroffenen im Fall eines Verstoßes ohne vorausgehende verwaltungsrechtliche Verfügungen unmittelbar eine Geldbuße auflegt werden kann.

Auch wird eine Befugnis der Versammlungsbehörde geregelt, die vom Veranstalter benannten Leiter und Ordner abzulehnen, wenn sie unzuverlässig oder ungeeignet sind. Weiter ist der Katalog für polizeiliche Beobachtungs- und Dokumentationsmaßnahmen erweitert worden. Die Vorschrift ermächtigt die Polizei, zur Lenkung und Leitung des Polizeieinsatzes Übersichtsaufnahmen und zur Auswertung des polizeitaktischen Vorgehens auch Übersichtsaufzeichnungen von Versammlungen anzufertigen, wobei letztere für Anschlussnutzungen längerfristig und evtl. sogar unbegrenzt gespeichert werden können."[10]

2. Am 15. 9. 2008 haben mehrere Beschwerdeführer (Landesverbände von Gewerkschaften und andere nicht staatliche Organisationen, die regelmäßig Versammlungen veranstalten) beim BVerfG Verfassungsbeschwerde eingelegt. Sie rügten insbes. den versammlungsfeindlichen Charakter des Gesetzes, einzelne Vorschriften des Gesetzes seien verfassungswidrig und beantragten auch eine einstweilige Anordnung nach § 32 BVerfGG (zu diesem Verfahren siehe später unter E II).

Das Gericht hat dann im Rahmen einer einstweiligen Anordnung am 17. 2. 2009[11] einige Regelungen des Bayerischen Versammlungsgesetzes einstweilen außer Kraft gesetzt.

„Insgesamt liegt dem BayVersG ein Konzept zu Grunde, das für unseren demokratischen Rechtsstaat nach dem BVerfG „schlechthin konstituierenden" Bedeutung der Versammlungsfreiheit widerspricht."[12]

Die Entscheidungsformel des Beschlusses des BVerfG wurde am 13. 3. 2009 im Bundesgesetzblatt veröffentlicht[13].

---

10 Pressemitteilung des BVerfG, Nr. 17/2009 vom 27. 2. 2009
11 1 BvR 2492/08; siehe dazu Weber, Das BVerfG und das Bayerische Versammlungsgesetz, VR 2009, 264; Scheidler, Bedenken des BVerfG gegen das Bayerische Versammlungsgesetz, NVwZ 2009, 429; Papier, BayVBl. 2010, 225, 232
12 Hahnzog, ZRP 2009, 57
13 BVBl. I, S. 524

A. Die Föderalismusreform und ihre Auswirkungen auf das Versammlungsrecht

3. Der bayerische Gesetzgeber (Regierungskoalition CSU/FDP) hat daraufhin das Versammlungsgesetz geändert. Es ist nunmehr mit den Änderungen durch Gesetz vom 22. 4. 2010[14)] in Kraft.

„Das Gesetz zur Änderung des Bayerischen Versammlungsgesetzes setzt die Koalitionsvereinbarung (Anm.: CSU- und FDP-Fraktionen im Bayerischen Landtag) um und berücksichtigt die tragenden Gründe der Entscheidung des BVerfG vom 17. 2. 2009 ..."[15)]

Die Änderungen lassen das Kernanliegen des Bayerischen Versammlungsgesetzes, auf die besonderen Probleme rechtsextremistischer Versammlungen sowohl im Vorfeld als auch während der Versammlungen adäquat reagieren zu können, im Wesentlichen unberührt ...[16)]

4. Zum Aufbau des BayVersG

Das Gesetz gliedert sich in sechs Teile. Es bezieht sich auf öffentliche Versammlungen, siehe Art. 1 Abs. 1 i. V. m. Art. 2 Abs. 3.

---

1. Teil, Allgemeine Bestimmungen, Art. 1 – 9
Sie sind insbes. für die im 2. Teil genannten „Versammlungen in geschlossenen Räumen" und für die im 3. Teil angesprochenen „Versammlungen unter freiem Himmel" zu beachten
2. Teil, Versammlungen in geschlossenen Räumen, Art. 10 – 12
3. Teil, Versammlungen unter freiem Himmel, Art. 13 – 16
4. Teil, Befriedeter Bezirk, Art. 17 – 19
Es geht um den Schutz des Landtages, öffentliche Versammlungen unter freiem Himmel sind im befriedeten Bezirk verboten (Art. 18)
5. Teil. Straf- und Bußgeldvorschriften, Art. 20 -22
6. Teil, Schlussbestimmungen, Art. 23 – 28
insbes. Einschränkung von Grundrechten, Zuständigkeiten, keine aufschiebende Wirkung der Klage und Kosten

---

14 GVBl. S. 190
15 Gesetzentwurf von Abgeordneten beider Koalitionsfraktionen, LT-DS 16/1270, vom 6. 5. 2009
16 LT-DS 16/1270

IV. Freistaat Sachsen

Der Landtag des Freistaates Sachsen hat am 20.1.2010 das „Sächsische Versammlungsgesetz" beschlossen. Es trat am Tag nach seiner Verkündung in Kraft[17].

Dabei hat Sachsen im Gegensatz zu Bayern und Sachsen-Anhalt die gesetzgeberische Lösung gewählt, das „alte" Versammlungsgesetz des Bundes fast komplett, insbes. aber mit Ausnahme des § 15 VersG, zu übernehmen und nur einige wenige sonstige Ergänzungen vorgenommen.

V. Sachsen-Anhalt

Das Land Sachsen-Anhalt hat seit 2009 ein eigenes Versammlungsgesetz.

Der Landtag des Landes Sachsen-Anhalt hat dieses in seiner Sitzung vom 8.10.2009 beschlossen[18].

VI. Bewertung der Auswirkungen der Föderalismusreform im Bereich des Versammlungsrechts

1. „Das Bundes-Versammlungsgesetz hat sich zwar grundsätzlich bewährt ...", so die Feststellung im Gesetzentwurf der Bayerischen Staatsregierung zum Entwurf des Bayerischen Versammlungsgesetzes.[19]

Wegen der besonderen Probleme im Bereich der rechtsextremistischen Versammlungen sah man in Bayern die Notwendigkeit des Ersetzens des Bundes-Versammlungsgesetzes durch ein Bayerisches Versammlungsgesetz.

2. Der Freistaat Sachsen hat das Bundes-VersG im Wesentlichen als landesrechtliche Regelung fast unverändert übernommen. Den entscheidenden eigenen Regelungsbedarf sah man nur bei § 15 (wie auch in Bayern und Sachsen-Anhalt)

„Diese Vorschriften sollen durch eigenständige, der sächsischen Situation angepasste landesrechtliche Regelungen zu ersetzen sein. ..."[20].

3. In Sachsen-Anhalt sollte ursprünglich nur § 15 des Bundes-Versammlungsgesetzes ersetzt werden. Es kam dann aber zu einem Gesetzesentwurf betr. ein voll-

---

17 GVBl. 2010, 2 ff., vom 25.1.2010; siehe dazu Weber, Sächsisches Versammlungsrecht, 1.A. 2010.
18 Plenarprotokoll 5/64, S. 4175.
19 Landtagsdrucksache 15/10181, S. 1; ebenso der Innenminister des Landes-Sachsen-Anhalt in der 2. Beratung des Landtages zum Gesetzentwurf eines Versammlungsgesetzes, Plenarprotokoll 5/64 vom 8.10.2009, S. 4177
20 LT-Drucksache 5/286, gemeinsamer Gesetzesentwurf der Fraktionen von CDU und FDP (Regierungskoalition in Sachsen)

A. Die Föderalismusreform und ihre Auswirkungen auf das Versammlungsrecht

ständiges und eigenständiges Landesversammlungsgesetz. Es soll „mehr Rechtssicherheit für die Versammlungsbehörden und die Polizei schaffen".[21]

4. Die Auswirkungen der Föderalismusreform im Versammlungsrecht sind skeptisch zu betrachten.

a) Denn wie schon angesprochen, ist das Versammlungsrecht im Wesentlichen durch die Rechtsprechung. des BVerfG geprägt[22], welches die Bedeutung der Grundrechte der Art. 8 und 5 immer betonte.

Auch die Literatur äußerte sich im überwiegend kritisch.[23] Der Landesgesetzgeber hat deshalb nicht viel „Spielraum" für eigenständige Regelungen.

Interessant ist zudem, dass die übrigen Bundesländer bisher keine eigenen Versammlungsgesetze erlassen haben. Dort gilt also nach wie vor das Bundes-VersG.

b) Anzumerken ist auch, dass sich die Landes-Versammlungsgesetze bei ihrem Regelungsumfang an das Bundes-VersG gehalten haben.

Denn nach wie vor fehlen besondere Regelungen im rechtlich schwierigen, weil verfassungsrechtlich besonders geschützten Bereich der „nicht öffentlichen Versammlungen nicht unter freiem Himmel" (siehe dazu später unter C I zu dem Problem der Abgrenzung zwischen den einzelnen Versammlungsarten).

Ebenso fehlen ausdrückliche versammlungsrechtliche Normen als Rechtsgrundlage für Maßnahmen vor und nach der Versamlung (siehe dazu später unter B III 5).

---

21 Der Innenminister des Landes-Sachsen-Anhalt in der 2. Beratung des Landtages zum Gesetzentwurf eines Versammlungsgesetzes, Plenarprotokoll 5/64 vom 8. 10. 2009, S. 4177 ff.
22 Heidebach/Unger, DVBl. 2009, 283
23 Heidebach/Unger, DVBl. 2009, 283, 292; Weber, Sächsisches Versammlungsrecht, S. 168; Weber, VR 2009, 264, 269; Hahnzog, ZRP 2009, 57; Brenneisen, Die Polizei 2008, 104, 112; Robrecht, SächsVBl. 2010, 129, 137

B. Die Bedeutung des Versammlungsrechts im demokratischen Rechtsstaat

I. Rechtsgrundlagen des Versammlungsrechts
1. Grundgesetzliche Vorgaben

> **Art. 8 GG bestimmt**
>
> „(1) Alle Deutschen haben das Recht, sich ohne Anmeldung oder Erlaubnis friedlich und ohne Waffen zu versammeln.
>
> (2) Für Versammlungen unter freiem Himmel kann dieses Recht durch Gesetz oder auf Grund eines Gesetzes beschränkt werden."

2. Die Verfassung des Freistaates Bayern

> **Artikel 113 der Verfassung des Freistaates Bayern lautet wie folgt:**
>
> „Alle Bewohner Bayerns haben das Recht, sich ohne Anmeldung oder besondere Erlaubnis friedlich und unbewaffnet zu versammeln."

Entgegen der grundgesetzlichen Festlegung in Art. 8 haben in Bayern nicht nur Deutsche, sondern „alle Bewohner Bayerns" das Recht, sich zu versammeln. Auch enthält diese Vorschrift nicht die Schranken entspr. Art. 8 Abs. 2 GG[24].

3. Die Verfassung des Freistaates Sachsen

> **Nach Art. 23 der Verfassung des Freistaates Sachsen haben**
>
> „alle das Recht, sich ohne Anmeldung oder Erlaubnis friedlich und ohne Waffen zu versammeln" (Abs. 1). Nach Abs. 2 „kann dieses Recht für Versammlungen unter freiem Himmel durch Gesetz oder auf Grund eines Gesetzes eingeschränkt werden."

Im Gegensatz zu Art. 8 Abs. 1 GG, der das Versammlungsrecht auf „Deutsche" beschränkt, haben nach Art. 23 Abs. 1 der Sächsischen Verfassung alle Personen (ohne Rücksicht auf die Staatsangehörigkeit) das Recht, sich zu versammeln[25].

Ebenso hat nach § 1 Abs. 1 des Versammlungsgesetzes des Freistaates Sachsen „jedermann" das Recht öffentliche Versammlungen und Aufzüge zu veranstalten und an solchen Veranstaltungen teilzunehmen.

---

24 Hahnzog, ZRP 2009, 57
25 Seidel, DÖV 2002, 283, 284; nach Art. 23 der Verfassung des Landes Brandenburg haben „alle Menschen" das Versammlungsrecht.

4. Die Verfassung des Landes Sachsen-Anhalt

In Artikel 12 der Verfassung des Landes Sachsen-Anhalt ist die Versammlungsfreiheit wie folgt garantiert:

> **Versammlungsfreiheit**
>
> (1) Alle Menschen haben das Recht, sich ohne Anmeldung oder Erlaubnis friedlich und ohne Waffen zu versammeln.
>
> (2) Für Versammlungen unter freiem Himmel kann dieses Recht durch Gesetz oder auf Grund eines Gesetzes beschränkt werden, für Personen, die nicht Deutsche sind, auch für sonstige Versammlungen.

Diese Regelung weist gegenüber der grundgesetzlichen Festlegung (Art. 8) zwei Besonderheiten auf:
1. Nach Art. 12 Abs. 1 wird die Versammlungsfreiheit allen Menschen garantiert.
2. Nach Art. 12 Abs. 2 kann für Nichtdeutsche die Versammlungsfreiheit für alle Arten von Versammlungen eingeschränkt werden.

5. Bundesrecht bricht Landesrecht

Abschließend ist in diesem Zusammenhang auf Art. 31 GG zu verweisen.

Er formuliert den Vorrang des Bundesrechts wie folgt: „Bundesrecht bricht Landesrecht".

Dieser Grundsatz gilt auch im Verhältnis zwischen dem Grundgesetz und den Landesverfassungen.

II. Die Rechtsprechung zum Versammlungsrecht

1. Bundesverfassungsgericht

a) Erstmals[26] und grundsätzlich äußerte sich das BVerfG im bekannten Brokdorf-Beschluss[27] im Jahre 1985 umfassend zum Grundrecht der Versammlungsfreiheit und dessen Bedeutung im freiheitlich-demokratischen Rechtsstaat.

---

26 BVerfG NJW 1985, 2395, 2396: „Die verfassungsgerichtliche Rechtsprechung hat sich bisher mit der Versammlungsfreiheit noch nicht befasst ...".
27 NJW 1985, 2395 ff. (1 BvR 233, 341/81, Verfassungsbeschwerde); BVerfGE 69, 315 ff.; ähnlich OVG Bautzen, SächsVBl. 1998, 6, 7; Lisken/Denninger, S. 1026 ff.
Die Bedeutung der Versammlungsfreiheit als Minderheitenschutz betont das BVerfG im Beschluss vom 22. 12. 2006 (NVwZ 2007, 574).
Die Brokdorf-Entscheidung des BVerfG wird in der Literatur als „Lehrbuch des Versammlungsrechts" und als „Magna Charta der Versammlungsfreiheit" bezeichnet (Wiefelspütz, DÖV 2001, 21, 27), die den hohen Stellenwert dieses Grundrechts betont (Höllein, NVwZ 1994, 635, 637); Scheidler, S. 9: „Grundlegender und wegweisender Brokdorf-Beschluss"; Papier, BayVBl. 2010, 225.

B. Die Bedeutung des Versammlungsrechts im demokratischen Rechtsstaat

Regelmäßig bezieht sich das BVerfG auch in seinen aktuellen Entscheidungen[28] auf diesen grundsätzlichen Beschluss vom 14.5.1985.

„Die Versammlungsfreiheit ist in Art. 8 GG gewährleistet, der Versammlungen und Aufzüge – im Unterschied zu bloßen Ansammlungen oder Volksbelustigungen – als Ausdruck gemeinschaftlicher, auf Kommunikation angelegter Entfaltung schützt. Dieser Schutz ist nicht auf Veranstaltungen beschränkt, auf denen argumentiert und gestritten wird, sondern umfasst vielfältige Formen gemeinsamen Verhaltens bis hin zu nichtverbalen Ausdrucksformen. Es gehören auch solche mit Demonstrationscharakter dazu, bei denen die Versammlungsfreiheit zum Zwecke plakativer oder aufsehenerregender Meinungskundgabe in Anspruch genommen wird ...

Als Abwehrrecht, das auch und vor allem andersdenkenden Minderheiten zugute kommt, gewährleistet Art. 8 GG den Grundrechtsträgern das Selbstbestimmungsrecht über Ort, Zeitpunkt, Art und Inhalt der Veranstaltung und untersagt zugleich staatlichen Zwang, an einer öffentlichen Versammlung teilzunehmen oder ihr fernzubleiben. Schon in diesem Sinne gebührt dem Grundrecht in einem freiheitlichen Staatswesen ein besonderer Rang: das Recht, sich ungehindert und ohne besondere Erlaubnis mit anderen zu versammeln, galt seit jeher als Zeichen der Freiheit, Unabhängigkeit und Mündigkeit des selbstbewussten Bürgers.

In ihrer Geltung für politische Veranstaltungen verkörpert die Freiheitsgarantie aber zugleich eine Grundentscheidung, die in ihrer Bedeutung über den Schutz gegen staatliche Eingriffe in die ungehinderte Persönlichkeitsentfaltung hinausreicht.

Im anglo-amerikanischen Rechtskreis war die im naturrechtlichen Gedankengut verwurzelte Versammlungsfreiheit schon früher als Ausdruck der Volkssouveränität und demgemäß als demokratisches Bürgerrecht zur aktiven Teilnahme am politischen Prozess verstanden worden. Diese Bedeutung ... ist im Schrifttum inzwischen durchgängig anerkannt ...

Wird die Versammlungsfreiheit als Freiheit zur kollektiven Meinungskundgabe verstanden, so ist sie wie die Meinungsfreiheit unmittelbarer Ausdruck der menschlichen Persönlichkeit und als eines der vornehmsten Menschenrechte überhaupt, welches für eine freiheitlich-demokratische Staatsordnung konstituierend ist[29]. Denn sie ermöglicht die ständige geistige Auseinandersetzung und den Kampf der Meinungen als Lebenselement dieser Staatsform ...

Namentlich in Demokratien mit parlamentarischem Repräsentativsystem und geringen plebiszitären Mitwirkungsrechten hat die Versammlungsfreiheit die Bedeutung eines grundlegenden und unentbehrlichen Funktionselementes ...

In der Literatur wird die stabilisierende Funktion der Versammlungsfreiheit für das repräsentative System zutreffend dahin beschrieben, sie gestatte Unzufriedenheit, Unmut und Kritik öffentliche vorzubringen und abzuarbeiten ..."

---

28 BVerfG, NJW 1998, 834; DÖV 2001, 907 ff. (Fuck- und Loveparade); NVwZ 2005, 80, und 2008, 671, 672
29 So auch das BVerwG, DÖV 2007, 883, 884

B. Die Bedeutung des Versammlungsrechts im demokratischen Rechtsstaat

b) Weitere bedeutsame versammlungsrechtliche Entscheidungen des BVerfG (in chronologischer Reihenfolge)

- Beschluss vom 12.7.2001 (1 BvQ28/01 u.a.) „Love- und Fuckparade" (DÖV 2001, 907 ff.)
- Beschluss vom 23.6.2004 (1 BVQ 19/04) „Schranken des Art. 5 Abs. 2 GG, Schutzgut der öffentlichen Ordnung" (NJW 2004, 2814, einstimmige Entscheidung des 1. Senats)
- Beschluss vom 26.10.2004 (1 BvR 1726/01) „Platzverweis" (NVwZ 2005, 80 ff.)
- Beschluss vom 19.12.2007 (1 BvR 2793/04, Verfassungsbeschwerde) „Auflagen, beschränkende Verfügungen nach § 15 Abs. 1 VersG" (NVwZ 2008, 671 ff.
- Beschluss vom 17.2.2009 (1 BvR 2492/08) Einstweilige Anordnung betr. das Bayerische Versammlungsgesetz
- Beschluss vom 4.11.2009 (DVBl. 2010, 41, und BayVBl. 2010, 234) „Einschränkung des Versammlungsrechts für rechtsradikale Gruppierungen verfassungsgemäß" (Verbot einer Rudolf-Heß-Gedenkkundgebung in Wunsiedel im Jahre 2005)
- Beschluss vom 12.5.2010 (LKV 2010, 316): Auflage der polizeilichen Durchsuchung sämtlicher Teilnehmer einer Versammlung

2. Bundesverwaltungsgericht (in chronologischer Reihenfolge)

- Urteil vom 8.9.1981 (1 C 88/77) „Minus-Maßnahme" (NJW 1982, 1008)
- Urteil vom 23.3.1999 (1 C 12/97) „nicht öffentliche Versammlung in geschlossenen Räumen, polizeilicher Notstand" (NVwZ 1999, 991)
- Urteil vom 16.5.2007 (6 C 23.06) „sogenannte gemischte Veranstaltung" (DÖV 2007, 883 ff.)
- Urteil vom 23.6.2008 (6 C 21.07) „Schranken der Meinungsfreiheit in einer Versammlung" (DVBl. 2008, 1248)

3. EuGH

- Urteil vom 12.6.2003 (C 112/00), „Brenner-Blockade" (DVBl. 2003, 1200 ff.)

III. Schutzbereich[30] der grundrechtlichen Gewährleistung des Versammlungsrechts

Überblick

1. In den Schutzbereich des Art. 8 Abs. 1 GG fallen „Versammlungen"
2. Deutsche
3. Friedlich und ohne Waffen
4. Versammlung ohne Anmeldung und ohne Erlaubnis
5. Vor und nach der Versammlung
6. Übersicht
7. Verhältnis von Art. 8 GG zu Art. 5 GG

1. In den Schutzbereich des Art. 8 Abs. 1 GG fallen „Versammlungen"

a) Grundsätzliche Ausführungen
b) „Enger" Versammlungsbegriff des BVerfG
c) Keine Versammlungen
d) Sogenannte gemischte Versammlung
e) Skinhead-Konzerte
f) Grundrechtlicher Schutz der Versammlung
g) Kosten

a) Art. 8 GG schützt die Freiheit, mit anderen Personen zum Zwecke einer gemeinschaftlichen, auf Teilhabe an der öffentlichen Meinungsbildung gerichteten Erörterung oder Kundgebung örtlich zusammenzukommen[31].

Eine „Versammlung" in diesem Sinne ist jedenfalls mehr als eine bloße Ansammlung[32], zum Beispiel Gaffer bei einem Verkehrsunfall als zufällige Personenmehrheit (siehe anschließend unter c). Maßgebend ist das Zusammentreffen einer Personenmehrheit mit einem sie verbindenden Zweck (physische Anwesenheit an einem bestimmten Ort[33]).

Das Bundesverfassungsgericht bezeichnet Versammlungen in der Brokdorf-Entscheidung

„nicht nur als Veranstaltungen, auf denen argumentiert und gestritten wird, sondern (sie) umfasse vielfältige Formen gemeinsamen Verhaltens bis hin zu nicht verbalen Ausdrucksformen. Es gehören auch solche mit Demonstrationscharakter dazu,

---

30 BVerwG, DÖV 2007, 883, 884: „Eröffnung des Schutzbereichs von Art. 8 Abs. 1 GG ..."; NVwZ 1999, 991; BVerfG, NJW 1991, 2694, 2695; NVwZ 2007, 1180, 1181, und 2008, 671, und LKV 2010; VG München, NVwZ 2000, 461, 462; Lisken/Deninger, S. 1027 ff.
31 BVerfG, NJW 2004, 2814, 2815
32 BVerfG NVwZ 2005, 80; BVerwG, NZV 1989, 325, 326; OVG Bremen, DÖV 1987, 253; OVG Münster, NVwZ 2001, 1315; OVG Berlin-Brandenburg, NVwZ-RR 2009, 370
33 Seidel, DÖV 2002, 283, 285

B. Die Bedeutung des Versammlungsrechts im demokratischen Rechtsstaat

bei denen die Versammlungsfreiheit zum Zwecke plakativer oder aufsehenerregender Meinungskundgabe in Anspruch genommen wird."[34]

aa) Eine typische Versammlung ist zum Beispiel die Wahlkampfveranstaltung eines Politikers auf dem Marktplatz in einer Stadt als „öffentliche Versammlung unter freiem Himmel"[35] oder der Bundesparteitag der NPD in der Stadthalle in Pocking/Bayern als nicht-öffentliche Versammlung in einem geschlossenen Raum[36] (zur Abgrenzung siehe später unter C I).

bb) Die gleichzeitige Anwesenheit von mindestens zwei Personen ist ausreichend.[37]

„Ein Sich-Versammeln als Zusammenkunft mehrerer Personen ist bereits bei nur zwei Teilnehmern gegeben"[38].

cc) Es gibt stationäre[39] und sich fortbewegende (z. B. Marsch von der Bahnhofstraße bis zum Rathaus[40]) Versammlungen, insoweit spricht § 1 des Versammlungsgesetzes von „Versammlungen und Aufzügen" (zu sogenannten Aufzügen siehe auch § 19 BVersG).

---

34 BVerfG, NJW 2007, 2173: Mahnwache anlässlich des 40. Jahrestages des sogenannten 6-Tages Krieges zwischen Israel und einer arabischen Kriegsallianz; VGH Mannheim, VBl.BW 2008, 60: Mahnwache zum Volkstrauertag; VG München, NVwZ 2000, 461: Mahnwache; siehe auch Lisken/Denninger, S. 1036: Szenische Darstellungen, Happenings, Mahnwachen usw.
Dabei ist aber zu beachten, dass diese Veranstaltungen oft nicht der Versammlung i. S. des sogenannten „engen" Versammlungsbegriffs entsprechen.
35 Und somit unter dem Regime versammlungsrechtlicher Regelungen stehend; z. B. beabsichtigte Kundgebung vor dem Haus des Bundeskanzlers (OVG Koblenz, NJW 1986, 2659)
36 BVerwG, NVwZ 1999, 991, 992
37 OVG Weimar, DÖV 1998, 123, 124: „Mehrheit natürlicher Personen"; Kniesel, NJW 2000, 2857; Seidel, DÖV 2002, 283, 284, Lisken/Denninger, S. 1027.
Auch das BayVersG fordert in Art. 2 „mindestens zwei Personen".
38 VGH Mannheim, VBlBW 2008, 60
39 BVerwG NZV 1989, 325; Lisken/Denninger, S. 1069
40 Beispiele für Aufzüge:
- BVerfG, NJW 1985, 2395: Marsch an die Baustelle des Kernkraftwerks Brokdorf;
- BVerfG NJW 2000, 3053, 3054: Aufzug von einer Länge von ca. 2,6 km;
- BVerfG, NVwZ-RR 2007, 641: Aufzug der NPD durch das Stadtzentrum von Schwerin am 2.6.2007;
- VG Freiburg, VBlBW 2002, 497: Aufzug durch die Innenstadt von Freiburg;
- BVerwG, DÖV 2007, 853: sogenannter Sternmarsch auf drei Routen zum Alexanderplatz mit 10.000 Teilnehmern

B. Die Bedeutung des Versammlungsrechts im demokratischen Rechtsstaat

Dabei ist zu beachten, dass eine sich fortbewegende Versammlung (sogenannter Aufzug[41]) mehr mögliche Gefahren für Rechtsgüter Dritter auslösen kann als eine stationäre Versammlung[42].

In der Praxis ist es meist so, dass sich die Versammlungsteilnehmer an einem Ort zusammenfinden[43] und dann eine bestimmte Wegstrecke in Form eines „Aufzuges" zurücklegen mit einer Abschlussveranstaltung wieder als stationäre Versammlung[44].

Oder es wird ein sogenannter „Sternmarsch" von verschiedenen Ausgangspunkten aus durchgeführt hin zu einer Abschlusskundgebung[45].

dd) Auch der Zeitpunkt und die Wahl des entspr. Ortes der Versammlung gehört zum Schutzbereich des Art. 8 Abs. 1 GG[46] (insbes. öffentliche Straßen im Rahmen des Widmungszweckes[47]). Nicht umfasst davon ist aber das Recht, fremdes Grundeigentum nach Belieben in Anspruch zu nehmen[48].

„Verkehrsbeeinträchtigungen, die sich zwangsläufig aus der nicht verkehrsüblichen Inanspruchnahme öffentlicher Verkehrsflächen für Versammlungszwecke ergeben, sind, anders als etwa gezielte Verkehrsbeeinträchtigungen, grundsätzlich hinzunehmen... auch bei massiven Verkehrsbeeinträchtigungen muss die Behörde im Rahmen ihrer Entscheidung nach § 15 Abs. 1 VersG versuchen, für einen möglichst scho-

---

41 BVerfG, DVBl. 2005, 969; OVG Bautzen, SächsVBl. 2002, 218 ff; VG Hamburg, NVwZ 1987, 829, 830; Lisken/Denninger, S. 1036, und S. 1070.
Das BayVersG spricht in Art. 13 Abs. 2 Nr. 5 von „sich fortbewegenden Versammlungen".
42 BVerfG, NJW 2000, 3053, 4056; Lisken/Denninger, S. 1068
43 OVG Bautzen, SächsVBl. 2002, 216, 217: sogenannte Auftaktkundgebung mit einer Dauer von 30 Minuten.
44 Also Beginn der Veranstaltung als stationäre Versammlung, auch Kundgebung genannt, dann Aufzug, und zum Abschluss wieder eine stationäre Versammlung.
45 BVerfG, NJW 2007, 2167 (G8-Gipfel in Heiligendamm)
46 BVerfG NJW 1985, 2395, 2396; 1998, 3631; 2000, 3053, 3055; BVerwG NJW 1993, 609; OVG Weimar, DVBl. 1998, 849; Enders, Jura 2003, 104
47 OVG Bautzen, NVwZ-RR 2002, 435, 436: ansonsten ist eine Sondernutzungserlaubnis erforderlich. Das Aufstellen eines 500-Personen-Zeltes auf dem Marktplatz einer Stadt ist deshalb eine über den Gemeingebrauch nach § 18 des Sächsischen Straßengesetzes hinausgehende Sondernutzung. Diese erteilt nicht die Versammlungsbehörde, sondern hier die Stadt, wobei zu berücksichtigen ist, dass das Aufstellen des großen Zeltes für die Durchführung der Versammlung nicht notwendig sein könnte; Lisken/Denninger, S. 1035: Nutzung öffentlicher Straßen ist typisch für eine öffentliche Versammlung unter freiem Himmel.
48 BGH NJW 2006, 1054, 1055 (Versammlung auf Flughafengelände); OVG Frankfurt, NVwZ-RR 2004, 844 (widmungsfremder Zweck der Kranzniederlegung auf einem Friedhof); Lisken/Denninger, S. 1037: es stehen ausreichende öffentliche Versammlungsmöglichkeiten zur Verfügung.

B. Die Bedeutung des Versammlungsrechts im demokratischen Rechtsstaat

nenden Ausgleich der widerstrebenden Interessen zu sorgen insbes. durch Vorgaben räumlicher und zeitlicher Art ..."[49]

Die Nutzung öffentlicher Einrichtungen der Gemeinde mit entspr. Widmungsbeschränkungen (typisch sind Wahlkampfveranstaltungen politischer Parteien[50]) umfasst nicht den Schutzbereich von Art. 8 GG.

„Die Entscheidung über Ort und Zeit der Versammlung setzt die rechtliche Verfügungsbefugnis über den Versammlungsort voraus. Art. 8 GG begründet also kein Benutzungsrecht, das nicht schon nach allgemeinen Rechtsgrundsätzen besteht... es ist jedoch nach pflichtgemäßem Ermessen zu entscheiden, sofern die beanspruchte Hofgartenwiese[51] als öffentliche Einrichtung betrieben wird ... diese Entscheidung muss auf sachgerechten Erwägungen beruhen ... und hat die Wahrnehmung des Grundrechts auf Versammlungs- und Demonstrationsfreiheit gebührend zu berücksichtigen".[52]

Die Nichtzulassung zur Nutzung einer öffentlichen Einrichtung für Versammlungen politischer Parteien bedeutet kein Versammlungsverbot, sondern nur die Nichtzulassung zu einer kommunalen öffentlichen Einrichtung.[53]

ee) Der Veranstalter (siehe z. B. §§ 1 Abs. 1, 2 BVersG sowie Art. 3 Abs. 1 und 13 Abs. 1 BayVersG) hat auch das sogenannte Selbstbestimmungsrecht über das Anliegen, das er mit der Versammlung zur Geltung bringen will (Art und Inhalt der Veranstaltung)[54].

Beispiele aus der Rechtsprechung

- Gegen die Fortführung der bisherigen Atompolitik (OVG Koblenz, NJW 1986, 2659)
- Gegen Lüge und Hetze der Bild-Zeitung – Enteignet Springer (BVerfG, NJW 2000, 3053, 3055)
- Gegen die Kriminalisierung nationaler Deutscher und Niederländer (BVerfG, NJW 2001, 2069)
- Herren im eigenen Land statt Knechte der Fremden (BVerfG, NJW 2001, 2073)
- Gegen die Patentierung von Leben (BVerfG, BayVBl. 2008, 497)

---

49 VGH Mannheim, VBl.BW 2002, 383, 386, unter Hinweis auf die Rechtsprechung des BVerfG; insbes. Erteilung von Auflagen (BVerfG, NJW 1985, 2395, 2398, Brokdorf)
50 Siehe dazu Weber, Zur Nutzung kommunaler öffentlicher Einrichtungen im Wahlkampf, KommPWahlen, Heft 1 2010
51 „Hofgartenwiese" in Bonn in Bonn als universitätseigene öffentliche Einrichtung
52 BVerwG, NJW 1993, 609; Lisken/Denninger, Handbuch des Polizeirechts, 4. A. 2007, S. 1035, auch mit Hinweisen auf andere Auffassungen in der Literatur.
53 VGH München, BayVBl. 1987, 403, 404.
54 BVerfG, NJW 1985, 2395, 2399; DVBl. 2004, 697, 698; NVwZ 2006, 586, 588; OVG Bautzen, SächsVBl. 2002, 216, 217, und 2002, 218, 219

B. Die Bedeutung des Versammlungsrechts im demokratischen Rechtsstaat

- Gegen Repressionen und Polizeiwillkür (BVerfG, NVwZ 2007, 574)
- Veranstaltung zum 40. Jahrestag des Ende des 2. Weltkrieges (VGH Mannheim, NVwZ 1987, 237)
- Arbeitsplätze statt Globalisierung (VGH Mannheim, VBlBW 2002, 383)
- Schützt die Synagogen, nicht die NPD... (OVG Münster, NVwZ 2001, 1315)
- Deutsche wehrt euch – gegen Überfremdung, Islamisierung und Ausländerkriminalität (VG Gelsenkirchen, Urteil vom 18.5.2010, 14 K 5459/08)

Davon umfasst wird auch die Benutzung von Megaphonen und Lautsprechern[55].

ff) Die Teilnahme (Teilnahmerecht[56])

Siehe Art 1 Abs. 1 BayVersG: **„Jedermann hat das Recht, sich friedlich und ohne Waffen öffentlich mit anderen zu versammeln",**

Auch die kritische Teilnahme an der Versammlung ist ebenfalls Teil des Grundrechts aus Art. 8 GG und gehört zu der Versammlung, wenn diese Kritik oder Ablehnung der in der Versammlung verkündeten Meinung mit kommunikativen Mitteln zum Ausdruck gebracht wird. Das kann bis zur scharfen und nachdrücklich vorgebrachten Kritik als argumentative Auseinandersetzung mit den Versammlungsteilnehmern gehen[57].

Das Bundesverfassungsgericht sieht dabei auch das Problem der Abgrenzung zwischen der kritischen Teilnahme und einer gegen diese Versammlung gerichteten Demonstration (zur Verhinderung der Versammlung durch störende Teilnehmer) und bezeichnet diese als im Einzelfall schwierig.

> „Art. 8 GG schützt nicht nur die einheitliche demonstrative Aussage, sondern auch die kontroverse Auseinandersetzung in der Sache. Deshalb haben Versammlungsteilnehmer das Recht auf gleichberechtigtes Agieren in einer Versammlung, etwa durch Zwischenruf, Missfallenskundgebungen und Entfalten von Spruchbändern.
>
> Es ist also auch ein Verhalten garantiert, das sich kritisch zu dem Thema der Veranstaltung verhält, solange die Versammlung und damit das Teilnahmerecht der übrigen Teilnehmer nicht gröblich gestört wird, d.h. in ihrem Bestand akzeptiert wird"[58].

---

55 OVG Berlin-Brandenburg, NVwZ-RR 2009, 370
56 BVerfG, NVwZ 2005, 80, 81
57 BVerfG, NJW 1991, 2694, und 1995, 3110, 3112; VGH Mannheim, NVwZ-RR 1990, 603, 603; Lisken/Denninger, S. 1073
58 BVerfGE 84, 203, 209; Lisken/Denninger, S. 1074 und 1106; Vosgerau, SächsVBl. 2007, 128, 129

B. Die Bedeutung des Versammlungsrechts im demokratischen Rechtsstaat

Zur Abgrenzung zwischen friedlichem Teilnehmer (sogenannte interne Störer) und Störer (als sogenannte externe Störer)	
sogenannte interne Störer	sogenannte externe Störer
Die Grenzziehung endet, wie oben festgestellt, bei den sogenannte **gröblichen Störungen durch Versammlungsteilnehmer** (sogenannte interne Störer), siehe – § 11 Abs. 1 (Art. 11 Abs. 1 BayVersG), bei öffentlichen Versammlungen in geschlossenen Räumen – §§ 17a Abs. 4 S. 2, 18 Abs. 3, 19 Abs. 4 bei öffentlichen Versammlungen unter freiem Himmel. (Art. 15 V, 16 V BayVersG) Dann kann auch ein **Ausschluss** von der Versammlungsteilnahme erfolgen, nach § 11 Abs. 1 und Art. 11 Abs. 1 BayVersG durch den Versammlungsleiter, nach den §§ 17a Abs. 4 S. 2, 18 Abs. 3, 19 Abs. 4 BVersG durch die Vollzugspolizei (in Bayern Art. 24 Abs. 2, Vollzugspolizei)	also unfriedliche Nichtteilnehmer der Versammlung, können sich selbst aber nicht auf Art. 8 GG berufen, da Versammlungen verfassungsrechtlich geschützt sind (unfriedliche Gegendemonstranten) Gegen sie schreitet die Vollzugspolizei zum Schutz der friedlichen Versammlung (Nichtstörer) nach den Vorschriften des allgemeinen Polizeirechts ein **Siehe dazu später unter D IV 7**

b) Insgesamt ging man bisher von einem „weiten" Versammlungsbegriff aus, wofür auch § 17 des BVersG spricht[59].

Dagegen hat sich das BVerfG im Jahre 2001 für den sogenannten „engen" Versammlungsbegriff[60] entschieden:

---

59 BVerwG, NZV 1989, 325, 326; OVG Bremen, DÖV 1987, 253; Höllein, NVwZ 1994, 635, 636; Wiefelspütz, DÖV 2001, 21, 22; Lisken/Denninger, S. 1029; Deger, NJW 1997, 923, 924; Deutelmoser, NVwZ 1999, 240.
Zu den verschiedenartigen Versammlungsbegriffen siehe Meßmann, JuS 2007, 524, 525, und Enders, Jura 2003, 34, 35; Wiefelspütz, NJW 2002, 274; Soine, JuS 2004, 0382, 383.
Man unterscheidet im Wesentlichen zwischen dem „weiten" Versammlungsbegriff, dem „erweiterten" und dem „engen" Versammlungsbegriff.
60 Siehe dazu auch Lisken/Denninger, S. 1028 ff.

B. Die Bedeutung des Versammlungsrechts im demokratischen Rechtsstaat

Enger Versammlungsbegriff

„Versammlungen i. S. des Art. 8 GG sind örtliche Zusammenkünfte mehrerer Personen zwecks gemeinschaftlicher Erörterung mit dem Ziel der Teilhabe an der öffentlichen Meinungsbildung."[61]

aa) Man kann insoweit nunmehr von einer ständigen Rechtsprechung des BVerfG sprechen. Aber:

„Im Zweifel bewirkt der hohe Rang der Versammlungsfreiheit, dass die Veranstaltung wie eine Versammlung behandelt wird".

so das Bundesverfassungsgericht im Jahre 2001 zur „Love- und Fuckparade"[62].

bb) Identität des verfassungsrechtlichen und des versammlungsrechtlichen Versammlungsbegriffes:

Im Urteil vom 16. 5. 2007[63] hat sich das BVerwG zum Versammlungsbegriff geäußert und dabei festgestellt, dass dieser Begriff im Grundgesetz und im Versammlungsgesetz identisch zu betrachten ist. Nicht ausreichend sei, dass die Teilnehmer durch einen beliebigen Zweck verbunden seien, vielmehr müsse es sich entspr. der genannten Rechtsprechung des BVerfG um eine Angelegenheit handeln, die zur öffentlichen Meinungsbildung bestimmt und geeignet ist.

Jedoch gehört das Aufstellen von Imbiss- und Verkaufsständen im öffentlichen Straßenraum zum Verkauf von Speisen und Getränken und anderen Gegenständen an die Teilnehmer einer Versammlung nicht mehr zu den durch Art. 8 GG geschützten Tätigkeiten. Hierfür bedarf es einer straßen- und straßenverkehrsrechtlichen Erlaubnis[64].

„Nach § 1 Abs. 1 der Versammlungsgesetzes (Anm.: Bundes-VersG) hat jedermann u. a. das Recht, öffentliche Versammlungen zu veranstalten. Der Versammlungsbegriff des VersG entspricht demjenigen des GG (unter Hinweis auf die oben angesprochene Entscheidung des BVerwG). Die Gleichsetzung beider Versammlungsbegriffe erweist sich als verfassungsgemäß. Hinzutreten muss nach dem Versammlungsgesetz lediglich das Merkmal der Öffentlichkeit der Versammlung".[65]

---

61 DVBl. 2001, 907, 908 (Love- und Fuckparade); im konkreten Fall hat des deshalb das BVerfG diese Musik- und Tanzveranstaltung nicht als Versammlung betrachtet; ebenso BVerfG, NVwZ 2005, 80, und 2007, 1180; DVBl. 2005, 969, 970; OVG Berlin-Brandenburg, NVwZ-RR 2009, 370
62 Zustimmend VGH Mannheim, 1 S 349/10 (Skinhead-Konzert); ebenso Hoffmann-Riem, NJW 2002, 257, 259
63 DÖV 2007, 883; OVG Münster, NVwZ 2001, 1315
64 OVG Berlin, LKV 1999, 372
65 VGH Mannheim, 1 S 349/10, Beschluss vom 12. 7. 2010.
Daraus folgt, dass sich die Versammlungsgesetze nur mit den „öffentlichen Versammlungen" befassen, und nicht mit den „nichtöffentlichen Versammlungen"; siehe später unter C I.

cc) Auch das BayVersG hat sich in Art. 2 Abs. 1 für den „engen" Versammlungsbegriff entschieden[66]:

„Eine Versammlung ist eine Zusammenkunft von mindestens zwei Personen zur gemeinschaftlichen, überwiegend auf die Teilnahme an der öffentlichen Meinungsbildung gerichteten Erörterung oder Kundgebung".

c) Keine Versammlungen

Nicht geschützt sind die sogenannten „Ansammlungen"[67], also das zufällige Zusammentreffen mehrerer Personen, z. B. an einer Bushaltestelle oder die sogenannten Gaffer bei einem Verkehrsunfall.

Ebenso kann nicht von „Versammlungen" gesprochen werden bei Volksfesten (siehe aber § 17 BVersG) und Vergnügungsveranstaltungen (z. B. Zuschauer eines Fußballspiels[68]), ebenso Veranstaltungen, die der bloßen Zurschaustellung eines Lebensgefühls dienen oder die als eine auf Unterhaltung ausgerichtete öffentliche Massenparty gedacht sind[69]. Auch eine private Geburtstagsfeier ist demnach keine Versammlung i. S. von Art. 8 Abs. 1 GG[70], ebenso genießt die Aufstellung eines Informationsstandes grundsätzlich nicht den Schutz der Versammlungsfreiheit[71]:

„Ist diese Veranstaltung aber auf die Einbeziehung Außenstehender angelegt (Meinungen sollten auf vorbereiteten Karten (Anm.: an einem Informationsstand) schriftliche niedergelegt und ab eine vorhandene Lattenkonstruktion angebracht werden, nicht bloße Unterschriftenlisten), so wird der Vorgang der Meinungsbildung vor Ort beeinflusst ... Einbeziehung einer möglichst großen Zahl dritter Personen in einen Prozess der kollektiven Meinungsbildung ... die Veranstaltung hat sich nach ihrem Gesamtgepräge aus Sicht eines sich zum Zeitpunkt der Veranstaltung am Ort befindlichen durchschnittlichen Betrachters als Versammlung i. S. des Versammlungsgesetzes und des Art. 8 Abs. 1 GG dargestellt... dagegen spricht auch nicht der Umstand, dass die Veranstaltung über einen Zeitraum von mehr als 2 Wochen stattfinden sollte und sich auch insoweit von typischen Versammlung unterschieden hätte".

---

66 Kutscha, NVwZ 2008, 1210; Brenneisen/Sievers, Die Polizei 2009, 71, 77
67 BVerfG, NVwZ 2005, 80; OVG Münster, NVwZ 2001, 1315; VG Hamburg, NVwZ 1987, 829, 830; Gusy, JuS 1993, 555, 556
68 Lisken/Denninger, S. 1031, spricht von sogenannten „Alltagsveranstaltungen" und hat keine Bedenken, sie in den Schutzbereich des Art. 8 GG aufzunehmen (gemeinsames Musizieren, Zusammentreffen zu einem gemeinsamen Ballspiel)
69 BVerwG DÖV 2007, 883, 884; ähnlich bereits das BVerfG 1985 im Brokdorf-Beschluss; VGH Mannheim, NVwZ 1998, 761, 763; Deutelmoser, NVwZ 1999, 240, 242
70 VG Lüneburg, NJW 2006, 3299, 3302
71 BVerwG UPR 2008, 107

d) Sogenannte gemischte Veranstaltung

Jedoch hat das BVerwG[72] auch betont, dass bei einer sogenannten. „gemischten" Veranstaltung (Zusammenkunft von Personen, die sowohl auf die Teilhabe an der öffentlichen Meinungsbildung gerichtet ist als auch anderen Zwecken, z. B. eine Musikdarbietung, dient) als Versammlung i. S. des GG und des VersG anzusehen ist, wenn die anderen Zwecke nicht aus der Sicht eines durchschnittlichen Betrachters erkennbar im Vordergrund stehen.

Auch hier gilt also: **Im Zweifel für die Versammlungsfreiheit!**

Diese „gemischte" Veranstaltung prüft das BVerwG in mehreren Schritten

– Im 1. Schritt sind alle diejenigen Modalitäten der geplanten Veranstaltung zu erfassen, die auf die Teilhabe an der öffentlichen Meinungsbildung zielen. Zu vernachlässigen sind solche Anliegen und die ihrer Umsetzung dienenden Elemente, bei denen erkennbar ist, dass mit ihnen nicht ernsthaft die Teilhabe an der öffentlichen Meinungsbildung bezweckt wird, die mithin nur vorgeschoben sind, um den Schutz der Versammlungsfreiheit beanspruchen zu können. Bei der Ausklammerung von an sich auf die Meinungsbildung gerichteten Elementen unter Hinweis auf die mangelnde Ernsthaftigkeit des Anliegens ist mit Blick auf die besondere Bedeutung der Versammlungsfreiheit Zurückhaltung zu üben und ein strenger Maßstab anzulegen.

In die Betrachtung einzubeziehen sind nur Elemente der geplanten Veranstaltung, die sich aus Sicht eines durchschnittlichen Betrachters als auf die Teilhabe an der Meinungsbildung gerichtet darstellen. Abzustellen ist in 1. Linie auf einen Außenstehenden, der sich zum Zeitpunkt der Veranstaltung an ihrem Ort befindet. Auf diesen Betrachter kommt es deshalb in 1. Linie an, weil eine Versammlung vorrangig durch ihre Präsenz an einen bestimmten Ort zu einer bestimmten Zeit auf die öffentliche Meinung einwirken will.

Entgegen der Auffassung des OVG ist aber die Betrachtung nicht auf solche Umstände beschränkt. Es können auch Umstände von Bedeutung sein, die nicht von einem Außenstehenden „vor Ort" wahrgenommen werden können. So liegt es etwa,

---

[72] DÖV 2007, 853: Im konkreten Fall sollte in Berlin ein Sternmarsch auf 3 Routen zum Alexanderplatz führen mit gerechneten 10.000 Teilnehmern unter dem Motto „Fuckparade 2001 – 5 Jahre Hateparade" als „Gegendemonstration zur Berliner Love-Parade".
In der Anmeldung waren angegeben „Keine Zensur durch Kommerz, Love-Parade raus aus dem Tiergarten, Leben statt Hauptstadtwahn, Keine Party ist illegal". Dabei sollten die Forderungen der Veranstalter auf Spruchbändern mitgeführt werden, die auch von Außenstehenden wahrgenommen werden konnten, ebenso die Verteilung von Handzetteln mit den Forderungen. Die Veranstalter hatten im Vorfeld bereits im Internet entspr. Forderungen erhoben und waren damit für jedermann zugänglich.; ebenso VGH Mannheim, 1 S 349/10

wenn im Rahmen von den Veranstaltern zurechenbaren öffentlichen Äußerungen im Vorfeld der Veranstaltung zum Ausdruck gebracht wird, dass mit der Veranstaltung auf die öffentliche Meinungsbildung eingewirkt werden soll, diesen Äußerungen die Ernsthaftigkeit nicht abgesprochen werden kann und sie von einem durchschnittlichen Betrachter wahrgenommen werden können.

Solche Äußerungen sind jedenfalls dann von Relevanz, wenn bei der geplanten Veranstaltung selbst Elemente der Teilhabe an der öffentlichen Meinungsbildung für einen Außenstehenden erkennbar gewesen wären. In diesem Fall erweisen sich die Äußerungen im Vorfeld als gewichtiges Indiz dafür, dass die geplante Veranstaltung mit Ernsthaftigkeit auch auf die Teilhabe an der öffentlichen Meinungsbildung gerichtet gewesen wäre. Im Anschluss an die Erfassung der zu berücksichtigenden Gesichtspunkte sind diese ihrer Bedeutung entspr. zu würdigen und in ihrer Gesamtheit zu gewichten.

– **Im 2. Schritt** der Gesamtschau sind die nicht auf die meinungsbildenden Modalitäten der Veranstaltung wie Musik und Tanz zu würdigen und insgesamt zu gewichten.

– **Im 3. und abschließenden Schritt** sind die auf den beiden ersten Stufen festgestellten Gewichte (einerseits die Elemente der Teilhabe an der öffentlichen Meinungsbildung betreffend und andererseits die von diesen zu unterscheidenden Elemente) zueinander in Beziehung zu setzen und aus der Sicht eines durchschnittlichen Betrachters zu vergleichen.

– Überwiegt das Gewicht der zuerst genannten Elemente, ist die Veranstaltung ihrem Gesamtgepräge nach eine Versammlung. Im umgekehrten Fall genießt die Veranstaltung nicht den Schutz des Versammlungsrechts.

– Ist ein Übergewicht des einen oder des anderen Bereichs nicht zweifelsfrei festzustellen, ist die Veranstaltung wie eine Versammlung zu behandeln: „Da sich nach alledem das Gesamtgepräge der „Fuckparade 2001" nicht zweifelsfrei feststellen ließ, war es von Verfassungs wegen geboten, sie als Versammlung zu behandeln."[73]

e) Zunehmend aktuell wird die Frage nach der Einordnung von sogenannten Skinhead-Konzerten als Versammlung[74].

Dabei handelt es sich entweder um anmeldepflichtige Versammlungen nach § 14 NVersG[75] (bzw. Art. 13 BayVersG) oder um typische gewerbliche Veranstaltungen nach den Vorschriften der GewO.

---

73 BVerwG, DÖV 2007, 883, 886
74 VG Halle, NJW 2004, 2846; VG Lüneburg, NJW 2006, 3299; VGH Mannheim, 1 S 349/10; Soine, JuS 2004, 382; Thalmair, BayVBl. 2002, 517; Führing, NVwZ 2001, 157; Sigrist, Die Polizei 2005, 165
75 Oder bei einer öffentlichen Versammlung in geschlossenen Räumen nach den §§ 5 ff. VersG (VGH Mannheim, 1 S 349/10, Urteil vom 12. 7. 2010)

B. Die Bedeutung des Versammlungsrechts im demokratischen Rechtsstaat

Zu Skinheadkonzerten äußerte sich der VGH Mannheim[76] aktuell wie folgt:

„Skinheadkonzerte sind dadurch geprägt, dass mit der Musik zugleich auch eine politische Botschaft vermittelt wird. Einerseits thematisieren die Texte rechtsextremistischer Skinheadbands das Selbstverständnis und Lebensgefühl der rechtsextremistischen Skinheadszene. Andererseits ist die Musik das wichtigste Propagandamedium, über das rechtsextremistische Inhalte in die Skinheadszene transportiert werden. Die innere Bindung der Besucher auf ideologischer Ebene, der Zweck, die eigene weltanschauliche und politische Identität zu stärken und nicht zuletzt die Rekrutierungsfunktion heben ein solches Skinheadkonzert deutlich von anderen Konzerten ab, bei denen der Musikgenuss im Vordergrund steht. Selbst wenn man davon ausgeht, dass der Konzertbesuch auch dem Musikkonsum dient und eine Art Freizeitgestaltung ist, so lässt sich kein Übergewicht der nicht auf die Meinungsbildung zielenden Modalitäten der Veranstaltung feststellen, so dass die Veranstaltung jedenfalls nach der Zweifelsregel wie eine Versammlung zu beurteilen ist."

f) Liegt also eine „Versammlung" vor, so genießt sie grundrechtlichen Schutz[77].

„Die Versammlungsbehörde ist im Rahmen ihrer Kooperationspflicht gehalten, nach Wegen zu suchen, die Versammlung gegen Gefahren zu schützen, die nicht von ihr selbst ausgehen"[78].

„Die Versammlungsteilnehmer sind unter Ausschöpfung aller sinnvoll anwendbaren Mittel zu schützen"[79].

„Art. 8 garantiert das Grundrecht der Versammlungsfreiheit als Abwehrrecht und ist zugleich die verfassungsrechtliche Grundlage der Demonstrationsfreiheit als der Freiheit zu kollektiver Meinungskundgabe, die auch und vor allem andersdenkenden Minderheiten zugute kommt"[80].

aa) Dieser Schutz bleibt auch für die friedlichen Teilnehmer einer Versammlung erhalten, wenn einzelne Demonstranten oder eine Minderheit Ausschreitungen begehen[81].

– Weiterhin obliegt es der Polizei, die Versammlung, falls erforderlich, gegen rechtswidrige Übergriffe von Außenstehenden zu schützen[82]

---

76 VGH Mannheim, 1 S 349/10(Versammlung in einem geschlossenen Raum)
77 BVerfG, NJW 1985, 2395, 2400; 2000, 3053, 3056; VGH Mannheim, NVwZ 1987, 237, 238, und VBlBW 2002, 383, 385; OVG Saarlouis, DÖV 1970, 53, 54; Hoffmann-Riem, NJW 2002, 257, 265, und NJW 2004, 2777, 2778
78 BVerfG, NJW 2000, 3053, 3056; zur Kooperation siehe später unter D I
79 BVerwG, NVwZ 1999, 991, 993; VG Köln, NJW 1971, 210, 212
80 BVerwG, NJW 1993, 609
81 BVerfG, NJW 1985, 2395, 2400
82 BVerfG, NJW 1985, 2395, 2400: Gegendemonstranten, Störergruppen; BVerwG, NVwZ 1999, 991, 993: erhebliche Gegendemonstrationen auch unfriedlicher Art; VGH Mannheim, NVwZ-RR 1990, 602, 603; VG München, NVwZ 2000, 461, 453; Siehe dazu die Ausführungen unter D IV (Gegendemonstranten, polizeilicher Notstand)

bb) Die Vollzugspolizei kann in diesem Zusammenhang die Versammlung (insbes. in Form eines sogenannten Aufzugs, d. h. sich fortbewegende Versammlung) auch „polizeilich begleiten"[83] oder sogar verpflichtet sein, diese zu begleiten. Damit wird die Durchführung der Versammlung gewährleistet (gefahrenabwehrende Begleitung), bevor man zu Eingriffsmaßnahmen schreitet (z. B. Ausschluss von Störern oder sogar die Auflösung der Versammlung vornimmt bzw. Gegendemonstranten abwehrt).

„Es ist Aufgabe der zum Schutz der rechtsstaatlichen Ordnung berufenen Polizei, in unparteiischer Weise auf die Verwirklichung des Versammlungsrechts hinzuwirken".[84]

g) Polizeikosten im Zusammenhang mit der Durchführung einer Versammlung können nicht auf Veranstalter oder Teilnehmer verlagert werden. Dadurch entstünde ein Abschreckungseffekt (im Zusammenhang mit der Bereitschaft zur Teilnahme an einer Versammlung), der mit der Bedeutung der Versammlungsfreiheit für ein demokratisches Gemeinwesen unvereinbar ist[85].

aa) Dagegen sind Kosten der Straßenreinigung nach einer Demonstration kein unmittelbares versammlungsrechtliches Problem. Diese „Folgenbeseitigung" bei übermäßig verunreinigten Straßen auf der Grundlage von straßenrechtlichen Bestimmungen ist mit Art. 8 GG vereinbar[86].

bb) Gebühren (Kostenbescheid für den Erlass versammlungsrechtlicher Auflagen) können die Durchführung einer Versammlung erschweren und ggf. Grundrechtsberechtigte von der Ausübung ihres Grundrechts abhalten[87]. Auch die bloße Verursachung der Amtshandlung durch Anmeldung nach § 14 BVersG oder Durchführung einer Versammlung genügt nicht den Voraussetzungen einer Gebührenerhebung.

cc) Nach Art. 26 des BayVersG sind Amtshandlungen nach dem VersG kostenfrei mit Ausnahme von Entscheidungen über Erlaubnisse nach Art. 6 BayVersG (Waffenverbot).

---

83 VG Hamburg, NVwZ 1097, 829, 832. Hofmann (NVwZ 1987, 769, 771) spricht von der „Garantenstellung" der Polizei für die Verwirklichung des Versammlungsrechts; Knape, Die Polizei 2007, 151, 156, und 2009, 185, 190.
84 VGH Mannheim, VBlBW 2002, 383, 385
85 VGH Mannheim, VBlBW 1986, 299; Seidel, DÖV 2002, 283, 287; Lisken/Denninger, S. 1038
86 BVerwG, NJW 1989, 52: Lisken/Denninger, S. 1039; Wiefelspütz, DÖV 2001, 21, 24
87 BVerfG, BayVBl. 2008, 497; dagegen hält der VGH Mannheim (VBlBW 2009, 310, mit Anmerkung von Fuerst in ZJS 2009, 574) die Festsetzung einer Verwaltungsgebühr bei versammlungsrechtlichen Auflagen für rechtmäßig. Im konkreten Fall hob das Gericht aber den Gebührenbescheid wegen fehlerhafter Ermessenserwägungen auf.

B. Die Bedeutung des Versammlungsrechts im demokratischen Rechtsstaat

Im Zusammenhang mit der Bedeutung der Versammlungsfreiheit ist diese klarstellende Regelung ausdrücklich zu begrüßen.

2. Deutsche im Sinne des Art. 116 GG

Sie genießen den Schutz der Versammlungsfreiheit nach Art. 8 GG[88], Ausländer können sich nur auf Art. 2 Abs. 1 GG berufen.

Auf die davon unterschiedlichen Formulierungen in den jeweiligen Landesverfassungen ist bereits hingewiesen worden., ebenso auf die Regelung des Art. 31 GG.

3. Friedlich und ohne Waffen[89]

Überblick

a) friedliche Versammlung
b) ohne Waffen
c) Sitzblockaden
d) Aufmärsche mit einschüchternden Begleitumständen

a) Friedliche Versammlung

Friedlich ist eine Versammlung, wenn weder ihr Zweck noch ihr Verlauf die Begehung von Straftaten mit sich bringt.

„Die Versammlung ist erst unfriedlich, wenn Handlungen von einiger Gefährlichkeit durch aggressive Ausschreitungen gegen Personen oder Sachen oder sonstige Gewalttätigkeiten stattfinden"[90]

oder wenn

„der Veranstalter oder sein Anhang Gewalttätigkeiten beabsichtigen oder ein solches Verhalten anderer zumindest billigen werden"[91].

Die Unfriedlichkeit einer Versammlung ist z. B. zu bejahen bei Plakaten, Spruchbänder und Sprechchöre mit Aufrufen zu Gewalt- und Mordtaten gegen den Bundeskanzler[92].

---

88 Lisken/Denninger, S. 1036
89 BVerfG, NJW 1985, 2395, 2400, und LKV 2010, 316; Gusy, JuS 1993, 555, 556; Kniesel, DÖV 1992, 470, 473
90 BVerfG, NVwZ 2005, 80; Lisken/Denninger, S. 1033; die Versammlung wird demnach nicht bei jeder „Störung" oder Verstößen gegen die Rechtsordnung unfriedlich; OVG Münster, NVwZ 2001, 1315, 1316: bei Gewalttätigkeiten aller Versammlungsteilnehmer oder einer Mehrzahl von ihnen.
91 BVerfG, NJW 1985, 2395, 2400
92 VG Köln, NJW 1971, 210, 211

aa) Ausschreitungen einzelner Versammlungsteilnehmer machen die Veranstaltung insgesamt noch nicht zu einer unfriedlichen Versammlung[93]:

„Gewaltsame Handlungen nur einzelner Teilnehmer einer Demonstration führen nicht dazu, dass die gesamte Versammlung sich außerhalb des Schutzbereichs aus Art. 8 GG bewegt"[94].

Auch bei Unfriedlichkeit einer Minderheit von Teilnehmern muss versucht werden, den friedlichen Teilnehmern die Möglichkeit der Durchführung der Versammlung zu erhalten und beschränkende Maßnahmen vorab nur gegen die unfriedlichen Teilnehmer (sogenannte interne Störer) zu richten[95].

bb) „Ein Teilnehmer verhält sich jedenfalls dann unfriedlich, wenn er Gewalttätigkeiten gegen Personen oder Sachen begeht"[96].

- Unfriedliche „öffentliche Versammlungen in geschlossenen Räumen" können nach Art. 12 Abs. 1 Nr. 3 BayVersG verboten oder nach Art. 12 Abs. 2 Nr. 2 aufgelöst werden[97].
- Ähnliche Regelungen gibt es in Art. 15 BayVersG für unfriedliche „öffentliche Versammlungen unter freiem Himmel".

cc) Auf das Grundrecht des Art. 8 Abs. 1 GG kann sich somit auch nicht berufen, wer eine Versammlung in der Absicht aufsucht, sie durch seine Einwirkung zu verhindern (siehe insoweit auch Art. 8 und 16 BayVersG).

Das gilt auch dann, wenn er seinerseits im Verein mit anderen auftritt.

„Der Umstand, dass mehrere Personen zusammenwirken, bringt diese nicht in den Genuss der Versammlungsfreiheit, wenn der Zweck ihres Zusammenwirkens nur in der Unterbindung einer Versammlung besteht"[98].

dd) Dagegen ist die kritische Teilnahme an der Versammlung ausdrücklich von Art. 8 mit geschützt, solange es nicht um deren Verhinderung geht („argumentative Auseinandersetzung mit den Versammlungsteilnehmern")[99].

---

93 BVerfG, NVwZ 2007. 1180, 1181: dann kann man an einen Ausschluss dieses Teilnehmers von der Versammlung denken, die Versammlung selbst kann weitergehen; OVG Münster, NVwZ 2001, 1315, 1316.
94 OLG Celle, NVwZ-RR 2005, 543; Waechter, VA 2008, 73, 76
95 Ketteler, DÖV 1990, 954, 959
96 BVerfG NJW 1985, 2395, 2400; VG Köln, NJW 1971, 211: Aufrufe zu Gewalttaten gegen den damaligen Bundeskanzler; Ketteler, DÖV 1990, 954, 958
97 Ketteler, DÖV 1990, 954, 958
98 BVerfG NJW 1991, 2694, 2695; Höllein, NVwZ 1994, 635, 638; Gusy, JuS 1993, 555. 558
99 BVerfG NJW 1991, 2694; Kniesel, DÖV 1992, 470, 473: Friedlichkeit kann nicht gleichbedeutend mit Konfliktlosigkeit sein.

Als vertretbar wird man hierbei noch ansehen können Zwischenrufe, Missfallenskundgebungen und Erzeugung von Lärm durch Trillerpfeifen[100] (wobei der übermäßige und intensive Einsatz von Trillerpfeifen schon einen Grenzfall darstellt)[101].

„Jedenfalls ist die Annahme, schon die Kundgabe einer anderen Meinung bei einer Versammlung mache die Träger der abweichenden Meinung zu einer eigenen Versammlung, unter Berücksichtigung des Schutzumfangs von Art. 8 GG unhaltbar. Teilnahme an einer Versammlung setzt nicht die Billigung der mit der Versammlung verfolgten Ziele oder der auf ihr vertretenen Meinungen voraus. Der Grundrechtsschutz kommt vielmehr auch denjenigen zugute, die den in der Versammlung verkündeten Meinungen kritisch oder ablehnend gegenüberstehen und dies in der Versammlung mit kommunikativen Mitteln zum Ausdruck bringen wollen"[102].

ee) Unfriedliche Versammlungen oder Demonstrationen werden von der Gewährleistung des Art. 8 GG überhaupt nicht erfasst. Ihre Auflösung und Verbot können daher dieses Grundrecht nicht verletzen[103].

b) Ohne Waffen[104], also ohne Waffen i. S. des § 1 WaffenG und ohne Gegenstände i. S. des § 2 Abs. 3 BVersG[105] (ebenso Art. 6 und 16 BayVersG). Dazu hat das Bundesverfassungsgericht im Brokdorf-Beschluss ausgeführt:

„Eine in diesem Sinne unfriedliche Demonstration wird von der Gewährleistung des Art. 8 überhaupt nicht erfasst, ihre Auflösung oder ihr Verbot können daher dieses Grundrecht nicht verletzen."

c) Praktische Probleme bereiten die sogenannten Sitzblockaden[106]. Die weite Auslegung des Gewaltbegriffs wird nicht mehr vertreten, der Straftatbestand des § 240 Abs. 1 StGB scheidet aus, weshalb es sich dabei grundsätzlich (bei passiver Resistenz) um Versammlungen im Schutzbereich des Art. 8 GG handelt[107].

d) Aufmärsche mit einschüchternden Begleitumständen (siehe Art. 7 BayVersG):

„Art. 8 GG schützt Aufzüge, nicht aber Aufmärsche mit paramilitärischen oder sonst wie einschüchternden Begleitumständen. Bei der rechtlichen Beurteilung einer geplanten Versammlung kann bedeutsam werden, dass einzelne je für sich unbe-

---

100 Ketteler, DÖV 1990, 954, 958
101 Kniesel, DÖV 1992, 470, 474
102 BVerfG, NJW 1995, 3110, 3112
103 BVerfG, NJW 1985, 2395, 2400: klare Rechtslage; VG Gelsenkirchen, 14 LG 70/2010, Beschl. v. 3. 9. 2010
104 Siehe Art. 113 der Verfassung des Freistaates Bayern, Art. 23 Abs. 1 des Freistaates Sachsen und Art. 12 Abs. 1 der Verfassung des Landes Sachsen-Anhalt
105 Lisken/Denninger, S. 1033
106 BVerfG, NJW 1995, 1141; Gusy, JuS 1993, 555, 558, Lisken/Denninger, S. 1047
107 OVG Lüneburg, DVBl. 2008, 987, 989; Kahl, JuS 2000, 1090, 1092; Lembke, Jus 2005, 984, 985, mit Hinweisen auf die Rechtsprechung

denkliche Verhaltensweisen in ihrer Gesamtheit der Versammlung einen die schutzfähigen Anschauungen über ein friedliches Zusammenleben der Bürger bedrohenden Charakter verschaffen".[108]

4. Ohne Anmeldung oder Erlaubnis (so ausdrücklich Art. 8 Abs. 1 GG und die genannten Landesverfassungen)[109]

Überblick

a) Keine Genehmigung erforderlich
b) Anmeldepflicht
c) Sogenannte Eil- und Spontanversammlungen

Anmerkung: siehe dazu die umfangreichen Ausführungen unter C II.

a) Keine Genehmigung erforderlich

Jedenfalls sind Versammlungen (entgegen einer weit verbreiteten Meinung, auch die Presse spricht immer wieder davon) Erlaubnis- und Genehmigungsfrei[110].

„Es ist systemwidrig, von einer nicht genehmigten Versammlung zu sprechen. Versammlungen von einer Erlaubnis der Verwaltung abhängig zu machen wäre mit deren grundrechtlicher Gewährleistung unvertretbar"[111].

Es ergeht somit kein den Antragsteller begünstigender Verwaltungsakt bzw. eine entspr. Ablehnung eines Antrages[112]. Ebenso bedürfen Versammlungen nach

---

108 BVerfG, NJW 2001, 2069, 2071: Geplantes Mitführen schwarzer Fahnen und dadurch symbolische Nähe zur SS, gewählter Termin, Einsatz von Trommeln und Marschieren in Marschordnung (im Wesentlichen vom BVerfG als Auflage nach § 15 Abs. 1 VersG untersagt). Die Versammlungsbehörde hatte ein sogenanntes Totalverbot ausgesprochen. *„Die angenommene Gefahr kann durch ein milderes Mittel als ein Verbot, insbes. durch versammlungsrechtliche Auflagen, beseitigt werden"*, so das BVerfG.
109 Siehe dazu Lisken/Denninger, S. 1075 ff.; Gusy, JuS 1993, 555, 557,
110 BVerfG NJW 1995, 3110, 3112; BVerwG NZV 1989, 325, 326; OVG Bautzen, NVwZ-RR 2002, 435 und 3 BS 216/03
Interessant ist das Urteil des VG Lüneburg vom 30. 3. 2004 (NVwZ-RR 2005, 248: Dort wird im Sachverhalt von einer „genehmigten" Demonstration gesprochen !
Siehe dazu Weber, Zur Anmeldepflicht bei Versammlungen, KommJur 2010
111 VG Hamburg, NVwZ 1987, 829, 832
112 Diese Rechtslage ist selbst seriösen Medien unbekannt:
– So meldete die „FAZ" am 2.6.2007, S. 12, zum G-8-Treffen in Heiligendamm: „Auch von den sechs Dutzend angemeldeten Protestveranstaltungen in Mecklenburg-Vorpommern sind bisher zwei Drittel genehmigt worden".
– Ähnlich die Süddeutsche Zeitung am 20. 3. 2004 zu einer Versammlung der NPD mit Gegendemonstrationen: „Im Polizeipräsidium hieß es dazu ... der Aufzug der NPD sei nun einmal genehmigt worden ...".
– Und in der FAZ vom 3.9.2005, S.4, wird wieder von „genehmigten Gegendemonstrationen" gesprochen (anlässlich einer NPD-Versammlung in Chemnitz).

B. Die Bedeutung des Versammlungsrechts im demokratischen Rechtsstaat

Art. 8 Abs. 1 GG auch keiner Anmeldung, auch einer „Bestätigung" der Versammlung durch die Versammlungsbehörde bedarf es nicht[113].

b) Anmeldepflicht

Dagegen verlangt § 14 Abs. 1 BVersG[114] (ebenso die neuen Versammlungsgesetze der Länder, siehe dazu später ausführlich unter C II) die Anmeldung einer Versammlung unter freiem Himmel, die Abhaltung einer Versammlung ohne vorgeschriebene Anmeldung ist sogar nach § 26 Nr. 2 BVersG strafbar! (im BayVersG nach Art. 21 Abs. 1 Nr. 7 und Abs. 2 Nr. 6 als Ordnungswidrigkeiten).

Diese einfach-gesetzlich normierte Anmeldepflicht ist wegen der eindeutigen Aussage in Art. 8 Abs. 1 GG verfassungsrechtlich bedenklich[115]. Sie ist nur vertretbar, wenn man im Rahmen verfassungskonformer Auslegung des § 14 BVersG (und der entspr. landesrechtlichen Bestimmungen) der Versammlungsbehörde die Möglichkeit einräumen will, sich entsprechend zu informieren, um Vorkehrungen für einen störungsfreien Ablauf der Versammlung zu treffen.

„Die mit der Anmeldung verbundene Kontaktaufnahme ermöglicht einen Dialog und eine Kooperation (zwischen Anmelder und Behörde) ..., die sich auch für den Demonstrationsträger im eigenen Interesse empfehlen. Dabei werden schon im Vorfeld kollidierende Interessen, etwaige Konfliktsituationen und wechselseitige Belastbarkeiten deutlich."[116]

c) Sogenannte Eil- und Spontanversammlungen

Besondere Probleme bereiten in diesem Zusammenhang die so genannten Eil- oder Spontanversammlungen[117] (mehr dazu später unter C II).

---

113 OVG Münster, NVwZ 2001, 1315
114 Siehe dazu Enders, Jura 2003, 103 ff., Weber, Zur Anmeldepflicht bei Versammlungen, KommJur 2010 Heft November 2010
115 Lisken/Denninger, S. 1075; BVerfG, NJW 1985, 2395, 2397: Die Anmeldepflicht schränkt das Grundrecht im Regelfall nur unerheblich ein, wenn dabei beachtet wird, dass die Anmeldepflicht nicht ausnahmslos eingreift und dass ihre Verletzung nicht schon schematisch zum Verbot oder Auflösung einer Versammlung berechtigt.
116 BVerfG, NJW 1985, 2395, 2399; 2001, 1411, 1412, und 2078, 2079; OVG Weimar, DÖV 1998, 123, 126; VGH Mannheim, NVwZ 1994, 87, 89; Lisken/Denninger, S. 1076
117 Lembke, JuS 2005, 984, 987; Seidel, DÖV 2002, 283, 286; Weber, SächsVbl. 2002, 25, 26 ff.; Lisken/Denninger, S. 1076; Enders, Jura 2003, 103

5. Vor der Versammlung und nach der Versammlung[118]

a) Übersicht

Grundrecht der Versammlungsfreiheit nach Art. 8 GG		
Vor der Versammlung →	Versammlung → Stationäre oder beweglich Versammlung (sog Aufzug)	Nach der Versammlung

Vor der Versammlung sieht das BVersG nur die Möglichkeit vor, präventiv nach den §§ 5 und 15 tätig zu werden, und zwar nur gegen den Veranstalter, nicht gegen die Teilnehmer einer Versammlung[119].

Auch die neuen landesrechtlichen Versammlungsgesetze enthalten keine ausdrücklichen Regelungen darüber hinaus. Diese Lücke (auch für Maßnahmen nach der Versammlung) wird nun nach wie vor durch die höchstrichterliche Rechtsprechung ausgefüllt, wie anschließend erörtert wird.

b) Vor der Versammlung

Art. 8 Abs. 1 GG schützt nicht nur die Versammlung selbst, sondern auch die Vorbereitung einer Versammlung und das Recht auf Teilnahme an der Versammlung[120], zum Beispiel in Vorbereitung die Versendung Einladungen, sowie insbes. auch die Anreise zu einer Versammlung[121].

„Der Schutz aus Art. 8 (GG) beschränkt sich nicht allein auf die Teilnahme an einer bestehenden Versammlung, sondern umfasst auch den gesamten Vorgang des Sich-Versammelns, also auch den Zugang zu einer bevorstehenden oder sich bildenden Versammlung. Andernfalls liefe die Versammlungsfreiheit Gefahr, durch staatliche Maßnahmen im Vorfeld der Grundrechtsausübung ausgehöhlt zu werden."[122]

---

118 VG Hamburg, NVwZ 1987, 829; VG Lüneburg, NVwZ-RR 2005, 248; Seidel, DÖV 2002, 283, 287; Deger, NVwZ 1999, 265, 267; Gusy, JuS 1993, 555, 556; Lisken/Denninger, S. 1025 ff., und S. 1031, und S. 1054; Hofmann, NVwZ 1987, 769; Albers, NVwZ 1992, 38; Knape, Die Polizei 2009, 185, 189
119 Messmann, JuS 2007, 524, 526; Lisken/Denninger, S. 1025
120 BVerfG, LKV 2010, 316: freier Zugang zu einer bevorstehenden Versammlung; OVG Bautzen, SächsVBl. 1998, 6, 7; VGH München, DÖV 2008, 1006: Zugang zu einer Versammlung
121 BVerfG, NJW 1991, 2694, und LKV 2010, 316: freier Zugang zu einer bevorstehenden Versammlung; OVG Lüneburg, NJW 2006, 391, 393; VG Hamburg, NVwZ 1987, 829, 830 („Hamburger Kessel"); Deger, NVwZ 1999, 265, 267; Enders, Jura 2003, 34, 41; Lembke, JuS 2005, 984, 986; a.A. Hofmann, NVwZ 1987, 769
122 BVerfG, NJW 1991, 2694; VG Lüneburg, NVwZ-RR 2005, 248, 249

Das gilt auch dann, wenn deutsche Staatsbürger das Staatsgebiet der Bundesrepublik Deutschland verlassen wollen, um an einer Versammlung im Ausland teilzunehmen. Die Anreise wird dann vom Schutzbereich des Art. 8 Abs. 1 GG erfasst[123]. Auch öffentliche Äußerungen im Vorfeld einer Versammlung genießen den Schutz des Art. 8 GG[124].

Deshalb sind der Zugang zu einer Demonstration durch Behinderung von Anfahrten und schleppende vorbeugende Kontrollen mit Art. 8 unvereinbar[125], da niemand davon abgeschreckt werden darf, eine Versammlung aufzusuchen.

aa) Insbes. vor einer geplanten Versammlung soll eine Kooperation zwischen Versammlungsbehörde und Veranstalter stattfinde

Anmerkung: Siehe dazu die Ausführungen später unter D I.

bb) Unter Beachtung dieser verfassungsrechtlichen Vorgaben begegnet es aber keinen Bedenken, wenn einzelne polizeiliche Maßnahmen im Vorfeld einer Versammlung mangels spezieller Ermächtigungsgrundlagen im Versammlungsgesetz[126] auf die Vorschriften des Landespolizeigesetzes (allgemeines Polizeirecht)- gestützt werden[127], natürlich immer unter Beachtung der Bedeutung des Art. 8 GG[128].

cc) Hinzu kommt, dass es nach den Vorschriften des BVersG verboten ist
- auf dem Weg zu einer Versammlung Schutzwaffen mitzuführen (§ 17 a Abs. 1),
- sich vermummt zu einer Versammlung zu begeben (§ 17 a Abs. 2 Nr. 1),
- auf dem Weg zu einer Versammlung Gegenstände mit sich zu führen, die geeignet und den Umständen nach dazu bestimmt sind, die Feststellung der Identität eines Teilnehmers zu verhindern (§ 17 a Abs. 2 Nr. 2).
- Dementsprechende Strafbestimmungen befinden sich in § 27 BVersG.

---

123 OVG Lüneburg, NJW 2006, 391, 393
124 BVerwG, DÖV 2007, 883, 885
125 BVerfG, NJW 1985, 2395, 2397; VGH Mannheim, NVwZ-RR 1994, 87, 89; VBlBW 2005, 431, 432; VG Lüneburg, NVwZ-RR 2005, 248, 249; Deger, NVwZ 1999, 265, 267; Seidel, DÖV 2002, 283, 287; Waechter, VA 2008, 73, 81
126 Die Vorschriften über den Ausschluss einzelner Teilnehmer von einer Versammlung (§§ 11 Abs. 1 bei öffentlichen Versammlungen in geschlossenen Räumen; §§ 18 Abs. 3 und 19 Abs. 4 bei öffentlichen Versammlungen unter freiem Himmel) sind nicht anwendbar; Lisken/Denninger, S. 1025
127 VGH Mannheim, NVwZ 1998, 761; VG Lüneburg, NVwZ-RR 2005, 249: z. B. Identitätsfeststellung und Durchsuchung; Messmann, JuS 2007, 524, 526; Behmenburg, LKV 2003, 500 ff.; Lisken/Denninger, S. 1025 ff., und S. 1104
128 Hofmann, NVwZ 1987, 769, 770

Zur Rechtslage in Bayern ist auf die Art. 6, 7, 16, 20 Abs. 1 Nr. 1 und 21 Abs. 1 Nr. 2 BayVersG zu verweisen.

Nach Art. 16 Abs. 1 ist es ausdrücklich verboten, bei öffentlichen Versammlungen „oder auf dem Weg dorthin" Schusswaffen... mit sich zu führen.

Die angesprochenen Regelungen dienen insgesamt der Gewährleistung einer friedlichen Versammlung, weshalb es unproblematisch ist, insoweit gegen Bewaffnete und Gewalttäter einzuschreiten[129].

c) Umstritten ist, wie lange Art. 8 Abs. 1 GG nachwirkenden Schutz, also nach Ende der Versammlung, entfaltet[130] (siehe §§ 12 a und 13 Abs. 2 BVersG).

Man wird zumindest die Möglichkeit des freien Verlassens der Versammlung unter dem Gesichtspunkt der Bedeutung der Versammlungsfreiheit bejahen müssen[131].

Dieser Schutz kann aber keinesfalls für Gewalttäter usw. gelten, da diese generell den Schutz des Art. 8 GG nicht genießen[132].

6. Abschließende Übersicht zu Art. 8 GG

Versammlungsrecht, Art. 8 Abs. 1 GG			
Vor der Versammlung			
Versammlung „enger" Versammlungsbegriff	Deutsche, nach SächsVerf „jedermann"	Friedlich und ohne Waffen	Ohne Erlaubnis und ohne Anmeldung
Nach der Versammlung			

---

129 Deger, NVwZ 1999, 265, 267
130 VG Hamburg, NVwZ 1987, 829, 833: *„Recht auf freien Abgang, gesichert durch Art. 8 GG"*; VGH Mannheim, NVwZ 1998, 762, 764; Gusy, JuS 1993, 555, 556; Deger, NVwZ 1999, 265, 267: Die Anwendung des Polizeigesetzes ist hier wesentlich leichter als bei Vorfeldmaßnahmen; Albers, NVwZ 1992, 38, 39
131 VG Hamburg, NVwZ 1987, 829, 833; Hoffmann-Riem, NJW 2002, 257, 259; Lisken/Denninger, S. 1032
132 Hoffmann-Riem, NJW 2002, 259; VG Hamburg, NVwZ 1987, 829, 833; Deger, NVwZ 1999, 265, 268

B. Die Bedeutung des Versammlungsrechts im demokratischen Rechtsstaat

7. Verhältnis von Art. 8 GG zu Art. 5 GG[133]

Gliederung

a) Bedeutung der Meinungsfreiheit im demokratischen Rechtsstaat
b) Schutzbereich von Art. 5 Abs. 1 GG
c) Verhältnis von Art. 8 zu Art. 5 GG
d) Bewertung von Meinungsäußerungen in einer Versammlung

a) Die Bedeutung der Meinungsfreiheit im demokratischen Rechtsstaat

„Die Meinungsfreiheit ist für die freiheitlich demokratische Ordnung des GG schlechthin konstituierend. Es gilt die Vermutung zu Gunsten freier Rede. Die Bürger sind rechtlich nicht gehalten, die Wertsetzungen der Verfassung persönlich zu teilen. Das GG baut zwar auf der Erwartung auf, dass die Bürger die allgemeinen Werte der Verfassung akzeptieren und verwirklichen, erzwingt die Werteloyalität aber nicht. Die Bürger sind daher auch frei, grundlegende Wertungen der Verfassung in Frage zu stellen, solange sie dadurch Rechtsgüter anderer nicht gefährden. Die plurale Demokratie des GG vertraut auf die Fähigkeit der Gesamtheit der Bürger, sich mit Kritik an der Verfassung auseinanderzusetzen und sie dadurch abzuwehren".[134]

b) Schutzbereich von Art. 5 Abs. 1 GG

aa) Der Schutzbereich von Art. 5 Abs. 1 GG[135] umfasst die Meinungsäußerung (das Recht, sich hören zu lassen) auch in Form der Teilnahme an einer Demonstration (verfassungsrechtlich geschützter Meinungsbildungsprozeß im Rahmen der Versammlungsfreiheit[136]).

Beispiele aus der Rechtsprechung

- Mitführen von Plakaten und das Verteilen von Flugblättern[137].
- Ein weiteres typisches Beispiel für eine Meinungsäußerung in einer Versammlung mit dem Motto „Gegen die Patentierung von Leben" vor dem Europäischen Patentamt in München ist das Tragen von Tiermasken[138].
- Ebenso ist als Meinungsäußerung anzusehen das Mitführen eines Transparents mit der Aufschrift „Freiheit stirbt mit Sicherheit" einschl. des Haltens einer Ansprache[139].

---

133 BVerfG, NJW 2001, 2076; 2004, 2814; Lisken/Denninger, S. 1057 ff.
134 BVerfG, NJW 2001, 2069, 2070; die Bedeutung der Meinungsfreiheit im Zusammenhang mit Versammlungen und Demonstrationen wird auch vom BVerwG (DÖV 2007, 883, 884) hervorgehoben; VGH Mannheim, VBlBW 2002, 383, 386;
siehe dazu die entspr. Regelungen in den Landesverfassungen ...
135 BVerfG, NJW 2004, 2814, 2815; und DVBl. 2010, 41; BVerwG, DVBl. 2008, 1248, 1249
136 BVerfG, NJW 2007, 2167, 2169
137 VGH Mannheim, VBlBW 2008, 60, 61
138 BVerfG, BayVBl. 2008, 499
139 BVerfG, NVwZ 2007, 1180

B. Die Bedeutung des Versammlungsrechts im demokratischen Rechtsstaat

– Auch das Verteilen von Flugblättern während einer „öffentlichen Versammlung unter freiem Himmel" erfolgt im Rahmen der grundrechtlich garantierten Meinungsfreiheit nach Art. 5 Abs. 1 GG[140].

bb) Da die Vermutung zugunsten freier Rede gilt, greift ein sogenanntes „Redeverbot" als präventive versammlungsrechtliche Maßnahme besonders intensiv in die Meinungsäußerungsfreiheit aus Art. 5 Abs. 1 S. 1 GG ein[141]. Zählt ein Redebeitrag zu den Programmpunkten einer öffentlichen Versammlung, so beeinträchtigt das Redeverbot die Möglichkeit kommunikativer Entfaltung in Gemeinschaft mit anderen Versammlungsteilnehmern und beeinträchtigt damit auch das Grundrecht der Versammlungsfreiheit aus Art. 8 Abs. 1 GG.

„Soweit Beschränkungen (Anm.: z. B. Auflagen nach § 15 Abs. 1 BVersG) mit dem Inhalt der die Versammlung betreffenden Meinungsäußerungen begründet werden, ist die besondere Gewährleistung der Meinungsfreiheit aus Art. 5 Abs. 1 GG zu berücksichtigen. Der Inhalt von Meinungsäußerungen, der im Rahmen des Art. 5 Abs. 1 GG nicht unterbunden werden darf, kann auch nicht zur Rechtfertigung von Maßnahmen herangezogen werden, die das Grundrecht des Art. 8 GG beschränken... Meinungen i. S. des Art. 5 Abs. 1 GG sind durch die subjektive Einstellung des sich Äußernden zum Gegenstand der Äußerung gekennzeichnet. Für sie ist das Element der Stellungnahme und des Dafürhaltens kennzeichnend. Unerheblich ist, ob die Äußerung „wertvoll" oder „wertlos", „richtig" oder „falsch", „emotional" oder „rational" begründet ist".[142]

cc) Der Schutzbereich von Art. 8 ist aber nicht nur betroffen, wenn eine Versammlung verboten oder aufgelöst wird, sondern auch, wenn die Art und Weise ihrer Durchführung durch staatliche Maßnahmen beschränkt wird (Anm.: z. B. durch Auflagen oder Beschränkungen[143]), also wenn versammlungstypische Äußerungsformen wie etwa Aufrufe, gemeinsame Lieder oder Transparente behindert werden.

Typische Beispiele sind Redeverbote oder die Untersagung der Verwendung von öffentlichkeitswirksamen Symbolen wie Fahnen (durch Auflagen). Solche Beschränkungen in der Kombination des Inhalts und der versammlungsspezifischen

---

140 VGH München, DÖV 1979, 569
141 BVerfG, NVwZ 2002, 713; Lisken/Denninger, S. 1062
142 BVerfG, NVwZ 2008, 671, 673
143 BVerfG, NVwZ 2008, 671, 672: Die Versammlungsbehörde verfügte u. a. folgende Auflagen: „Das Rufen von Parolen mit der Wortfolge „Nationaler Widerstand" wie z. B. „Hier marschiert der Nationale Widerstand" wird untersagt. Die Verwendung dieser Parolen in schriftlicher Form, wie z. B. auf Flugblättern, Plakaten usw. wird ebenfalls untersagt. In Versammlungsreden und Sprechchören sowie auf Transparenten haben Aussagen zur verbotenen „Freiheitlichen Arbeiterpartei Deutschlands (FAP)" bzw. zu den Bezeichnungen „Nationaler Widerstand Hochsauerland" und „Freie Nationalisten Sauerland/Siegerland" zu unterbleiben". Die dagegen gerichtete Verfassungsbeschwerde war erfolgreich.

Ausdrucksform von Meinungen betreffen ebenfalls die Meinungsfreiheit des Art. 5 Abs. 1 GG und sind daher auch vor Art. 5 Abs. 2 GG zu rechtfertigen[144].

dd) Aber auch verfassungswidrige und –feindliche Ansichten sind durch Art. 5 Abs. 1 GG geschützt:

„Die Bürger sind rechtlich nicht gehalten, die Wertsetzungen der Verfassung persönlich zu teilen … Die Bürger sind frei, grundlegende Wertungen der Verfassung in Frage zustellen, solange sie dadurch Rechtsgüter anderer nicht gefährden. Die pluralistische Demokratie des GG vertraut auf die Fähigkeit der Gesamtheit der Bürger, sich mit Kritik an der der Verfassung auseinanderzusetzen und si dadurch abzuwehren"[145].

„Geschützt sind von Art. 5 Abs. 1 GG auch Meinungen, die auf eine grundlegende Änderung der politischen Ordnung zielen, unabhängig davon, ob und wie weit sie im Rahmen der grundgesetzlichen Ordnung durchsetzbar sind … Selbst die Verbreitung national-sozialistischen Gedankengutes als radikale Infragestellung der geltenden Ordnung fällt nicht von vornherein aus dem Schutzbereich des Art. 5 Abs. 1 GG heraus"[146].

c) Verhältnis von Art. 8 zu Art. 5 GG

Beide Grundrechte (Art. 8 und Art 5 GG) stehen nicht in einem Konkurrenzverhältnis, sondern sind in ihrer Gesamtschau einheitlich zu prüfen, denn die Versammlungsfreiheit wird als Freiheit zur kollektiven Meinungskundgabe verstanden. Viele öffentliche Versammlungen dienen der Meinungsbildung und wirken als kollektive Meinungsäußerung[147].

> Zum Verhältnis dieser bedeutsamen Grundrechte zueinander hat sich das BVerfG in der Grundsatzentscheidung vom 23. 6. 2004[148] wie folgt geäußert:
>
> „Staatliche Beschränkungen des Inhalts und der Form einer Meinungsäußerung betreffen den Schutzbereich des Art. 5 Abs. 1 GG. Ihre Rechtfertigung finden sie, auch wenn in einer oder durch eine Versammlung erfolgt, in den Schranken des Art. 5 Abs. 2 GG.
>
> Demgegenüber schützt Art. 8 Abs. 1 GG die Freiheit, mit anderen Personen zum Zwecke einer gemeinschaftlichen, auf die Teilhabe an der öffentlichen Meinungsbildung gerichteten Erörterung oder Kundgebung örtlich zusammenzukommen. Der Schutzbereich dieser Grundrechtsnorm ist betroffen, wenn eine

---

144 BVerfG, NVwZ 2008. 671, 672
145 BVerfG, NJW 2001, 2970, und NVwZ 2004, 91
146 BVerfG, DVBl. 2010, 41, 42
147 Lisken/Denninger, S. 1057
148 Einstimmiger Beschluss des 1. Senats (NJW 2004, 2814); kritisch dazu Sachs, JuS 2004, 1095 ff., und Battis/Grogoleit, NJW 2004, 3459 ff.

B. Die Bedeutung des Versammlungsrechts im demokratischen Rechtsstaat

> Versammlung verboten oder aufgelöst oder durch die Art und Weise ihrer Durchführung durch staatliche Maßnahmen beschränkt wird.
> Die in den Abs. 2 von Art. 5 und Art. 8 GG enthaltenen Schranken sind auf die jeweiligen Schutzbereiche der betroffenen Grundrechtsnorm bezogen.
> Der Inhalt einer Meinungsäußerung, der im Rahmen des Art. 5 GG nicht unterbunden werden darf, kann daher auch nicht zur Rechtfertigung von Maßnahmen herangezogen werden, die das Grundrecht des Art. 8 GG beschränken".

aa) Art. 8 Abs. 1 GG umfasst die Teilnahme an und die Meinungskundgabe im Rahmen von Versammlungen. Er beinhaltet auch die Pflicht des Staates, die Durchführung von Versammlungen zu ermöglichen und sich „versammlungsfreundlich" zu verhalten, wobei dies umso mehr gilt, wenn sich die Versammelnden friedlich und kooperativ verhalten[149].

bb) Während Art. 5 Abs. 1 S. 1 GG mehr den Inhalt der öffentlich geäußerten Meinung in einer Versammlung gegen staatliche Eingriffe schützt, gewährleistet Art. 8 Abs. 1 GG vor allem die kollektive Form der Meinungsäußerung bei gleichzeitiger Anwesenheit mehrerer Personen[150].

Demnach sind

- staatliche Beschränkungen der äußeren Form und Durchführung der Versammlung (sonstige Art und Weise der Durchführung einer Versammlung) an der Versammlungsfreiheit (Art. 8 GG),
- Beschränkungen inhaltliche Aussagen auf einer Versammlung (Versammlungstypische Äußerungsformen wie z. B. Aufrufe, gemeinsame Lieder oder Transparente und Redeverbote[151]) zusätzlich an der Meinungsfreiheit (Art. 5 GG) zu messen[152].

Artikel 8 GG	Artikel 5 GG
staatliche Beschränkungen der **äußeren Form und Durchführung** der Versammlung (sonstige Art und Weise der Durchführung einer Versammlung) an der Versammlungsfreiheit	Beschränkungen **inhaltlicher** Aussagen auf einer Versammlung (Versammlungstypische Äußerungsformen wie z. B. Aufrufe, gemeinsame Lieder oder Transparente und Redeverbote)

---

149 BVerfG, NJW 1985, 2395; VG München, NVwZ 2000, 461, 463
150 BVerfG, DVBl. 2006, 368; Wege, NVwZ 2005, 900, 902: Die Abgrenzung der Schutzbereiche fällt schwer; Lemke, JuS 2005, 1084
151 BVerfG, NVwZ 2008, 671, 672
152 BVerfG, NJW 2004, 2814, 2815; DVBl. 2006, 368; Lemke, JuS 2005, 1084; Weber, VR 2006, 237, 244 ff.; kritisch Sachs, JuS 2004, 1095, 1097

cc) So greift z. B. auch die Vorschrift des § 130 Abs. 4 StGB in den Schutzbereich der Meinungsfreiheit ein[153], und wenn diese Äußerung in einer oder durch eine Versammlung erfolgt, ist die Verfassungsmäßigkeit ihrer Beschränkung an Art. 5 und nicht an Art. 8 GG zu messen (siehe dazu später unter IV 4).

d) Bewertung von Meinungsäußerungen in einer Versammlung

Es ist nicht Aufgabe von Gerichten, den Inhalt von Meinungsäußerungen zu bewerten, es sei denn, die Anwendung der allgemeinen Gesetze fordere eine Bewertung nach Maßgabe ihrer tatbestandlichen Voraussetzungen. Das Grundgesetz und die übrige Rechtsordnung (z. B. StGB) verbieten Meinungsäußerungen nur unter engen Voraussetzungen. Sind diese nicht gegeben, gilt der Grundsatz der freien Rede[154].

IV. Grundrechtliche Schranken der Versammlungs- und Meinungsfreiheit

> **Überblick**
>
> 1. Schranken nach Art. 8 Abs. 1 GG
> 2. Schranken nach Art. 8 Abs. 2 GG
> 3. Rechtsradikale Versammlungen und Parteienprivileg
> 4. Schranken nach Art. 5 Abs. 2 GG

1. Schranken nach Art. 8 Abs. 1 GG

Artikel 8 Abs. 1 GG

„Alle Deutschen haben das Recht, sich ohne Anmeldung oder Erlaubnis friedlich und ohne Waffen zu versammeln"

enthält keine geschriebenen Schranken.

„Dem Grundrecht des Art. 8 Abs. 1 fehlt zwar ein ausdrücklicher Gesetzesvorbehalt, es besteht aber eine sogenannte „immanente" Schranke".[155]

a) Es handelt sich dabei um die verfassungsrechtliche Rechtfertigung für einen Eingriff in den Schutzbereich des vorbehaltlosen Grundrechts aus Art. 8 Abs. 1 GG, da dort eine geschriebene Schranke fehlt.

---

153 BVerfG, DVBl. 2010, 41 (Verfassungsbeschwerde), vorangehend BVerwG, DVBl. 2008, 1248, 1249; Lisken/Denninger, S. 1057: In der Freiheit der geistigen Auseinandersetzung sollen nur Argumente, nicht aber die staatliche Autorität, den Ausschlag geben.
154 BVerfG, NJW 2001, 2076, 2077
155 BVerfG NJW 1975, 1641, 1642; BVerwG, NVwZ 1999, 991, 992; VGH Mannheim, NVwZ 1998, 761, 764; Schmidt-Jortzig, JuS 1970, 507, 508; Weber, SächsVBl. 2002, 25, 27; Lisken/Denninger, S. 1041, und S. 1050

B. Die Bedeutung des Versammlungsrechts im demokratischen Rechtsstaat

Die Ausübung der Versammlungsfreiheit darf deshalb nur zum Schutz gleichgewichtiger anderer Rechtsgüter (kollidierende Grundrechte und andere Verfassungsgüter[156]) unter strikter Wahrung des Verhältnismäßigkeitsgrundsatzes begrenzt werden (verfassungsrechtliche Grundentscheidung in Art. 8 GG), so das Bundesverfassungsgericht in der Brokdorf-Entscheidung.

b) Das Fehlen eines ausdrücklichen Gesetzesvorbehalts bei Art. 8 Abs. 1 hat entscheidende Bedeutung bei der Frage nach den Eingriffsbefugnissen der Behörde im Zusammenhang mit dem Einschreiten gegen Versammlungsteilnehmer und Versammlungen i. S. von Art. 8 Abs. 1 GG.

„Das Versammlungsrecht in geschlossenen Räumen ... ist uneingeschränkt garantiert"[157] bzw. „nach Art. 8 Abs. 1 GG vorbehaltlos gewährleistet"[158].

„Dieser Schutz reicht aber nicht so weit, dass er überhaupt keine Einschränkungen zuließe. Vielmehr darf der Staat unter dem Gesichtspunkt der Einheit der Verfassung selbst vorbehaltlos gewährte Grundrechte einschl. des Grundrechts aus Art. 8 Abs. 1 GG einschränken, wenn dies zum Schutz der Grundrechte Dritter oder anderer mit Verfassungsrang ausgestatteter Rechtswerte notwendig ist. Insbes. findet die Versammlungsfreiheit dort ihre Grenzen, wo die Ausübung dieses Grundrechts durch den Grundrechtsträger auf das Recht auf Leben und körperliche Unversehrtheit anderer Menschen trifft".[159]

Es handelt sich bei Versammlungen gemäß Art. 8 Abs. 1 GG im Gegensatz zu Art. 8 Abs. 2 GG um Versammlungen nicht unter freiem Himmel, also Versammlungen in sogenannten geschlossenen Räumen[160] (z. B. Stadthalle, Gaststätte).

2. Schranken nach Art. 8 Abs. 2 GG[161]

> **Überblick**
>
> a) Gefahren bei einer Versammlung „unter freiem Himmel"
> b) Bedeutung des Verhältnismäßigkeitsprinzips
> c) Versammlungsgesetze
> d) Versammlungen „nicht unter freiem Himmel"
> e) Abgrenzung zwischen öffentlichen und nicht öffentlichen Versammlungen
> f) „Gefährliche" Versammlungen

---

156 Lisken/Denninger, S. 1050
157 OVG Saarlouis, DÖV 1973, 863, 864; VGH Mannheim, NVwZ 1998, 761, 764
158 BVerwG, NVwZ 1999, 991, 992; VGH München, DÖV 2008, 1006: ohne allgemeinen Gesetzesvorbehalt
159 BVerwG, NVwZ 1999, 991, 992, unter Hinweis auf die Rechtsprechung des BVerfG
160 BVerwG, NVwZ 1999, 991, 992; OVG Saarlouis, DÖV 1970, 53, 54 und 1973, 863, 864; VGH Mannheim, NVwZ 1998, 761, 764, und 1 S 349/10; Lisken/Denninger, S. 1051
161 BVerfG, NJW 2004, 2814; Lisken/Denninger, S. 1041 ff.

g) Vorrang der Versammungsgesetze
h) Sonn- und Feiertagsgesetz
i) Beachtung des Grundrechts aus Art. 2 Abs. 1 GG
j) Sonstige Rechtsgrundlagen für Eingriffsmaßnahmen (außerhalb der Versammlungsgesetze)
k) Sogenannte „faktische" Eingriffe in die Versammlungsfreiheit

Nur für „*Versammlungen unter freiem Himmel*" kann der Gesetzgeber ausdrückliche Schranken „*durch oder aufgrund eines Gesetzes*" festlegen, sogenannte Gesetzesvorbehalt[162] im Zusammenhang mit kollidierenden Interessen anderer Personen.

Demnach muss unterschieden werden zwischen „Versammlungen unter freiem Himmel" und solchen „nicht unter freiem Himmel"[163].

a) Gefahren bei einer Versammlung „unter freiem Himmel"

Wegen der von „Versammlungen unter freiem Himmel" grundsätzlich ausgehenden Gefahr durch die Teilnahme einer Vielzahl von Menschen sollen die Risiken für Rechtsgüter Dritter minimiert werden („*Der Demonstrant kann bei der Ausübung des Versammlungsrechts Rechtspositionen Dritter beeinträchtigen*"[164]).

Es ist ohne weiteres nachvollziehbar, dass das Gefahrenpotenzial für Rechtsgüter Dritter bei einer (öffentlichen) Versammlung unter freiem Himmel (z. B. Bundeskanzler bei einer Wahlkampfveranstaltung auf dem Marktplatz, oder die Großdemonstration gegen das Atomkraftwerk in Brokdorf, sogenannter Aufzug) erheblich größer ist als bei einer Versammlung nicht unter freiem Himmel, also typischerweise im Saale[165]. Denn es können bei Versammlungen „unter freiem Himmel" jederzeit weitere Teilnehmer (unkontrolliert) hinzutreten (siehe Art. 1 Abs. 1 BayVersG) mit der dadurch bedingten erhöhten Störanfälligkeit, da es sich bei Versammlungen „unter freiem Himmel" i. d. R. um öffentliche Versammlungen handelt[166].

---

162 BVerfG NJW 1985, 2395, 2397; NJW 1998, 834, 835, und LKV 2010, 316; BVerwG, NVwZ 1999, 991, 992; OVG Saarlouis, DÖV 1973, 863, 864; Schoch, JuS 1994, 481; Lisken/Denninger, S. 1041, und S. 1068; Weber, SächsVBl. 2002, 25, 27; Gesetzentwurf der Staatsregierung zum BayVersG, LT-DS 15/10181, S. 26: „Der Gesetzesvorbehalt des Art. 8 Abs. 2 GG findet auf Versammlungen in geschlossenen Räumen keine Anwendung".
163 Lisken/Denninger, S. 1094; Höllein, NVwZ 1994, 635, 636; siehe dazu später unter C I.
164 BVerfG, NJW 1985, 2395, 2397
165 Lisken/Denninger, S. 1068; Gusy, JuS 1993, 555, 556; Battis/Grogoleit, NVwZ 2001, 121, 129: Scheidler, S. 8
166 BVerfG, NJW 1985, 2395: Mehr als 50.000 Teilnehmer in Brokdorf; Höllein, NVwZ 1994, 635, 637

B. Die Bedeutung des Versammlungsrechts im demokratischen Rechtsstaat

Als Versammlungen unter freiem Himmel versteht man demnach solche, die nicht durch feste Außenwände von der Umwelt abgegrenzt sind. Nicht entscheidend ist, ob ein Dach vorhanden ist, sondern die seitliche Begrenzung[167].

b) Bedeutung des Verhältnismäßigkeitsprinzips

Trotzdem müssen auch diese Vorbehaltsschranken nach Art. 8 Abs. 2 GG im Lichte der Bedeutung des Grundrechts der Versammlungsfreiheit (Art. 8 GG) gesehen werden. Im Brokdorf-Beschluss hat das Bundesverfassungsgericht eindeutig festgelegt, dass bei allen begrenzenden Regelungen die Versammlungsfreiheit nur zum Schutze gleichwertiger anderer Rechtsgüter und unter strikter Wahrung des Grundsatzes der Verhältnismäßigkeit eingeschränkt werden darf[168].

c) Versammlungsgesetze

aa) Das (bundesrechtliche) Versammlungsgesetz aus dem Jahre 1953 war das in der Praxis bedeutsamste auf Art. 8 Abs. 2 begründete Vorbehaltsgesetz (Art. 74 Abs. 1 Satz 3 GG).

Zu beachten ist, dass es sich wegen der Festlegung in Art. 8 Abs. 2 GG nur auf Versammlungen unter freiem Himmel bezieht.

„Dabei lässt es sich nicht ausschließen, dass sich die versammlungsrechtlichen Regelungen als lückenhaft erweisen und dass der Schutz des Art. 8 GG über solche Versammlungen hinausreicht, für welche der Gesetzgeber des Jahres 1953 Regelungen getroffen hat."[169].

bb) Diese Feststellungen gelten auch für die nunmehr in Folge der Föderalismusreform erlassenen landesrechtlichen Versammlungsgesetze als Ablösung des BVersG.

d) Versammlungen „nicht unter freiem Himmel"

Bei den Versammlungen nicht unter freiem Himmel (also in sogenannten geschlossenen Räumen) ist das Versammlungsgesetz als Rechtsgrundlage für Einschränkungen der Versammlungsfreiheit wg. Art 8 Abs. 1 GG nicht anwend-

---

167 Gusy, JuS 1993, 555, 556; Seidel, DÖV 2002, 283, 284; Lisken/Denninger, S. 1041; Ketteler, DÖV 1990, 954, 955; von Coelln, NVwZ 2001, 1234, 1237; Weber, VR 2006, 237, 243; Thalmair, BayVBl.2002, 517, 519: also insbes. seitliche Begrenzung und evtl. Zugangskontrollen gegen nicht steuerbares Hinzutreten vieler Personen. Die Teilnehmerzahl ist bei den Versammlungen in geschlossenen Räumen relativ begrenzt und übersichtlich im Gegensatz zu den „öffentlichen Versammlungen unter freiem Himmel" mit einer nicht kontrollierbaren und überschaubaren Anzahl von Teilnehmern.
168 Ebenso OVG Bautzen, SächsVBl. 1998, 6, 7; OVG Koblenz, NJW 1986, 2659; Lisken/Denninger, S. 1069; Weber, SächsVBl. 2002, 25, 27
169 BVerfG, NJW 1985, 2395, 2399

bar[170], man beachte aber die problematischen Regelungen in den §§ 5 ff. des BVersG[171].

Hier wird es grundsätzlich nur um die Regelung versammlungsinterner Konflikte gehen[172], die Gefährdung von Rechtsgütern Dritter (aus der Versammlung heraus) ist dabei als gering einzuschätzen[173].

Art. 8 GG: Differenzierung zwischen einer Versammlung „unter freiem Himmel" und „nicht unter freiem Himmel"	
Unter freiem Himmel, Art. 8 Abs. 2 GG	Nicht unter freiem Himmel, Art. 8 Abs. 1 GG (Versammlungen in geschlossenen Räumen)
Gesetzesvorbehalt, Versammlungsgesetze anwendbar	Versammlungsgesetze nicht anwendbar, (aber z. B. Art. 10 ff. BayVersG beachten)

e) Abgrenzung zwischen öffentlichen und nicht öffentlichen Versammlungen

Neben der Differenzierung zwischen Versammlungen „unter freiem Himmel" und nicht unter freiem Himmel ist zu beachten, dass der Anwendungsbereich der Versammlungsgesetze auf sogenannte öffentliche Versammlungen beschränkt ist[174] (außer den §§ 3, 21 und 28 BVerSG[175]), denn § 1 Abs. 1 des BVersG lautet:

„Jedermann hat das Recht, öffentliche Versammlungen und Aufzüge zu veranstalten und an solchen Veranstaltungen teilzunehmen."[176]

Es ist deshalb nach öffentlichen und nicht öffentlichen Versammlungen zu differenzieren[177], wobei das GG in Art. 8 diese Unterscheidung nicht kennt.

---

170 OVG Saarlouis, DÖV 1973, 863, 864: uneingeschränkte Garantie des Versammlungsrechts; Lisken/Denninger, S. 1042; Brenneisen/Sievers, Die Polizei 2009, 71, 79: fehlender Gesetzesvorbehalt
171 Ebenso jetzt in den §§ 5 ff. SächsVersG, Art. 10 ff. BayVersG und §§ 4 ff. VersammlGLSA
172 Lisken/Denninger, S. 1094
173 Lisken/Denninger, S. 1042
174 VGH Mannheim, 1 S 349/10
175 BVerwG, NVwZ 1999, 991, 992; Deger, NVwZ 1999, 265, 268; Messmann, JuS 2007, 524, 526.
176 Siehe auch Art. 2 Abs. 3 BayVersG (z. B. Art. 7 und 16 Abs. 1) und § 1 Abs. 1 VersammlGLSA
177 OVG Weimar, DÖV 1998, 123; Lisken/Denninger, S. 1094; Schmidt-Jortzig, JuS 1970, 507, 508

B. Die Bedeutung des Versammlungsrechts im demokratischen Rechtsstaat

aa) Öffentliche Versammlungen

Die Öffentlichkeit einer Versammlung bestimmt sich danach, ob die Versammlung einen abgeschlossenen oder einen individuell nicht abgegrenzten Personenkreis umfasst[178].

> **Art. 2 Abs. 2 BayVersG definiert die öffentliche Versammlung wie folgt:**
>
> „Eine Versammlung ist öffentlich, wenn die Teilnahme nicht auf einen individuell feststehenden Personenkreis beschränkt ist".

Öffentliche Versammlungen sind demnach für jedermann ohne Einschränkung zugänglich[179] (siehe auch § 1 Abs. 1 BVersG und Art. 1 BayVersG), wie z. B. der Sternmarsch zum Alexanderplatz in Berlin[180] oder die die Demonstration in Brokdorf, ebenso der bereits angesprochene Informationsstand mit Beteiligung außenstehender Dritter[181]. Dabei handelt es sich dann um die typischen „öffentlichen Versammlungen unter freiem Himmel"[182].

bb) Nicht öffentliche Versammlungen (die VersG sind nicht anwendbar[183]):

Nicht öffentlich sind Versammlungen, die nur für einen bestimmten Personenkreis zugänglich sind, wie z. B. Vereinsmitglieder und andere individuell bestimmte Personen[184] (sogenannte geschlossene Veranstaltungen, z. B. Bundesparteitag der NPD 1983 in Pocking[185]).

---

178 BVerwG, NVwZ 1999, 991, 992; OVG Weimar, DÖV 1998, 123, 124.
  „Eine Versammlung ist öffentlich, wenn die Teilnahme nicht auf einen individuell fest-stehenden Personenkreis beschränkt ist", Art. 2 Abs. 2 BayVersG.
179 VGH Mannheim, 1 S 349/10; BayObLG, NVwZ-RR 1995, 202; OVG Weimar, DÖV 1998, 123, 124; Lisken/Denninger, S. 1070
180 BVerwG, DÖV 2007, 853
181 BVerwG, UPR 2008, 107
182 BVerwG, NZV 1989, 325, 326: Veranstaltung in der Fußgängerzone mit Informationsständen; siehe auch VGH Mannheim, NVwZ 1998, 761, 763, zu einer „öffentlichen Versammlung in geschlossenen Räumen".
183 OVG Lüneburg, NVwZ 1988, 638; BayObLG, NVwZ-RR 1995, 202, 203; Schmidt-Jortzig, JuS 1970, 507, 508; Gusy, JuS 1993, 555, 556; Seidel, DÖV 2002, 283, 286; Messmann, JuS 2007, 524, 526-
  Nach Art. 2 Abs. 3 BayVersG gilt das Gesetz nur für öffentliche Versammlungen, soweit nichts anderes bestimmt ist (z. B. Art. 7, sogenanntes Militanzverbot und Art. 8, Störungsverbot).
184 OVG Saarlouis, DÖV 1970, 53; OVG Lüneburg, NVwZ 1988, 638; BayObLG, NVwZ-RR 1995, 202: Parteimitglieder der NPD und deren Ehegatten; OVG Weimar, DÖV 1998, 123, 124: Mitgliederversammlungen von Parteien und Gewerkschaften; Lisken/Denninger, S. 1070
185 BVerwG, NVwZ 1999, 991

B. Die Bedeutung des Versammlungsrechts im demokratischen Rechtsstaat

Nach Art. 10 Abs. 1 BayVersG können bei „Versammlungen in geschlossenen Räumen" bestimmte Person en oder Personenkreise in der Einladung von der Teilnahme an der Versammlung ausgeschlossen werden.

Diese „nicht öffentlichen Versammlungen" finden i. d. R. in geschlossenen Räumen statt[186]. Denn es ist praktisch unmöglich, eine nicht öffentliche Versammlung unter freiem Himmel durchzuführen (das Hinzutreten außenstehender Personen kann nicht verhindert werden).

Die „Gefährlichkeit" derartiger Versammlungen (in Bezug auf die Gefährdung schützenswerter Rechtsgüter Dritter) im Gegensatz zu den „öffentlichen" Versammlungen ist als gering einzuschätzen, weshalb das BVersG dazu keine Regelungen getroffen hat[187].

Differenzierung zwischen einer öffentlichen und einer nicht öffentlichen Versammlung	
Versammlungen, Art. 8 Abs. 1 GG	
Öffentliche Versammlung (Versammlungsgesetze anwendbar) für jedermann zugänglich	Nicht öffentliche Versammlung (Versammlungsgesetze nicht anwendbar) Sogenannte geschlossene Veranstaltung (siehe dazu auch die Ausführungen oben zum sogenannten „engen" Versammlungsbegriff

f) „Gefährliche Versammlungen"

Betont werden muss, dass eine Versammlung i. S. des Art. 8 Abs. 1 GG, § 1 Abs. 1 SächsVersG (es ist bereits dargelegt worden, dass die Versammlungsbegriffe des GG und der landesrechtlichen Versammlungsgesetze identisch sind) selbst dann dem Regime des Versammlungsgesetzes unterfällt, wenn von ihr Gefahren für die öffentliche Sicherheit oder Ordnung ausgehen (und sie damit unfriedlich geworden ist). Denn die Beachtung der öffentlichen Sicherheit oder Ordnung durch eine Versammlung ist keine konstitutive Voraussetzung, um den Versammlungsbegriff zu erfüllen.

aa) Diese Ansicht wird bestätigt durch § 15 BVersG (ebenso Art. 15 BayVersG), der für den Fall, dass von einer Versammlung unmittelbar Gefahren für die

---

186 BVerwG, NVwZ 1999, 991; OVG Lüneburg, NVwZ 1988, 638; OVG Weimar, DÖV 1998, 123, 124; Deger, NVwZ 1999, 265, 268
187 BVerfG, NJW 1985, 2395, 2399; Ketteler, DÖV 1990, 954, 956; von Coelln, NVwZ 2001, 1234, 1236; Deger, NVwZ 1999, 265, 268; Scheidler, S. 16, zum BayVersG.

B. Die Bedeutung des Versammlungsrechts im demokratischen Rechtsstaat

öffentliche Sicherheit oder Ordnung ausgehen, die Versammlung nicht etwa von der Geltung des Versammlungsgesetzes ausnimmt, sondern auch und gerade für derartige Versammlungen die Notwendigkeit vorheriger Auflösung normiert und damit die speziellen Regelungen des Versammlungsgesetzes auch für derartige Versammlungen zur Geltung bringt[188].

bb) Auch die Ausschlussmöglichkeiten „unfriedlicher" Teilnehmer einer Versammlung richten sich nach den Vorschriften des BVersG, konkret die §§ 17 a Abs. 4 S. 2, 18 Abs. 3 und 19 Abs. 4 (siehe dazu umfassend unter C III 5). Demnach sind in diesem Bereich auch Eingriffsmöglichkeiten nach allgemeinem Polizeirecht ausgeschlossen.

Die nachfolgenden Beispiele zeigen, dass es um die Abwehr von unmittelbaren Gefahren (für die öffentliche Sicherheit oder Ordnung) handelt, die von der Versammlung selbst ausgehen (aus der Versammlung heraus ...)[189]:

- Verhinderung von Straftaten nach den §§ 86, 86 a, 90 und 130 StGB[190]
- Straftaten nach §§ 86, 86 a StGB; 130, 131 StGB, Landfriedensbruch nach § 125 StGB, aber auch Verstöße gegen §§ 27. 28 VersG (Mitführen von Waffen und verbotenen Uniformen)[191]
- Aufrufe zur gewaltsamen Bekämpfung von politischen Gegnern sowie der verfassungsmäßigen Ordnung der Bundesrepublik Deutschland und ihrer Einrichtungen wie z. B. „Wir brauchen den Umsturz in Deutschland" und „Ohne Blut gibt es kein neues Deutschland"[192].
- Aufrufe zu Gewalt- und Mordtaten gegen den damaligen Bundeskanzler[193]

g) Vorrang der Versammlungsgesetze

Für Maßnahmen zur Abwehr versammlungstypischer Gefahren

d. h. gezielte behördliche Eingriffe in das Versammlungsrecht, weil die unmittelbare Gefahr für die öffentliche Sicherheit aus der Versammlung heraus resultiert[194], wie die vorgenannten Beispiele aus der Rechtsprechung zeigen,

---

188 OVG Münster, DVBl. 2001, 839, 840, = NJW 2001, 1315; OVG Bremen, DÖV 1987, 253; Kniesel, DÖV 1992, 470, 473;
VG Hamburg, NVwZ 1987, 829, 831: Den §§ 2 Abs. 3, 5 Nr. 2 und 3, 13 Abs. 1 Nr. 2 und 3 sowie 15 VersG ist zu entnehmen, dass auch unfriedliche oder bewaffnete Versammlungen erfasst werden.
189 VG Freiburg, VBlBW 2002, 497, 499
190 VGH Mannheim, NVwZ 1998, 761, 763
191 VG Halle, NVwZ 1994, 719
192 OVG Greifswald, LKV 1999, 232
193 VG Köln, NJW 1971, 211:
194 BVerfG, LKV 2010, 316, 317: Eine von der Versammlung selbst ausgehende Gefahr für die öffentliche Sicherheit

B. Die Bedeutung des Versammlungsrechts im demokratischen Rechtsstaat

gilt insoweit der Vorrang der Versammlungsgesetze[195], d. h. abschließende Regelung der Eingriffsmaßnahmen durch das Versammlungsgesetz.

Eingriffe in das Versammlungsrecht (sofern das Versammlungsgesetz anwendbar ist!) auf der Grundlage des allgemeinen Polizeirechts sind demnach nicht möglich und rechtswidrig[196].

In diesem Zusammenhang spricht man auch von der „Polizeifestigkeit" des Versammlungsgesetzes[197].

„Das Versammlungsgesetz geht als Spezialgesetz dem allgemeinen Polizeirecht vor. Ein auf allgemeines Polizeirecht, z. B. Platzverweis, gegründete Maßnahme scheidet aus, solange sich eine Person in einer Versammlung befindet und sich auf die Versammlungsfreiheit berufen kann."[198]

h) Sonn- und Feiertagsgesetz[199]

Die Feiertagsgesetze der Länder sind an Art. 8 Abs. 2 GG zu messen und unterfallen dem Schutzgut der öffentlichen Sicherheit nach § 15 Abs. 1 BVersG[200].

Das Sächsische Sonn- und Feiertagsgesetz[201] (siehe auch Art. 140 GG) verbietet z. B. an bestimmten Tagen (z. B. Sonn- und Feiertags) „Handlungen, die geeignet sind, religiöse Veranstaltungen zu stören. Dasselbe gilt am 24.12. für die Zeit ab 14 Uhr" (§ 5).

---

195 BVerfG, NVwZ 2007, 1180, 1182; VGH Mannheim, NVwZ-RR 1990, 602. 603; NVwZ 1998, 761, 763; OVG Münster, NVwZ 2001, 1315; VG Hamburg, NVwZ 1987, 829, 832; Schoch, JuS 1994, 480; Messmann, JuS 2007, 524, 526; Kniesel, DÖV 1992, 470, 473
196 BVerfG NVwZ 2005, 80; OVG Münster, DVBl. 2001, 839, 840 = NVwZ 2001, 1315 („Sperrwirkung" des Versammlungsgesetzes); OVG Bremen, DÖV 1987, 253; VGH Mannheim, NVwZ 1998, 761, 763; VG Hamburg, NVwZ 1987, 829, 832
197 VG Hamburg, NVwZ 1987, 829, 832, und LG Hamburg, NVwZ 1987, 833; VG Gelsenkirchen, Beschl. v. 3. 9. 2010, 14 L 970/10; Lembke, JuS 2005, 984, 987; Gusy, JuS 1993, 555, 556; Kahl, JuS 2000, 1090, 1092; Lisken/Denninger, S. 1020; Deutelmoser, NVwZ 1999, 240, 244; Kniesel, DÖV 1992, 470, 473
198 BVerfG NVwZ 2005, 80, 81, und 2007, 1180, 1182: Sperrwirkung versammlungsrechtlicher Regelungen; Frenz, JA 2007, 334 ff.
Nach Versammlungsauflösung ist aber allgemeines Polizeirecht anwendbar, da dann der Schutz nach Art. 8 GG nicht mehr existiert.
199 Arndt/Droege, NVwZ 2003, 906; OVG Frankfurt, NVwZ 2003, 623, bestätigt durch BVerfG, NVwZ 2003, 601 (Verbot einer Versammlung am Volkstrauertag), zum Feiertagsgesetz des Landes Brandenburg
200 OVG Frankfurt, NVwZ 2003, 623
201 GVBl. 1992, 536; siehe dazu Lisken/Denninger, S. 1044, BVerfG, NVwZ 2007, 574: Verbot einer Demonstration (Aufzug) am 24. Dezember von 11 bis 16 Uhr in Minden (nach dem Sonn- und Feiertagsgesetz von Nordrhein-Westfalen sind an diesem Tag öffentliche Versammlungen bis 11 Uhr und nach 16 Uhr verboten); VGH Mannheim, VBlBW 2008, 60, 61

B. Die Bedeutung des Versammlungsrechts im demokratischen Rechtsstaat

Nach § 6 sind an bestimmten Gedenk- und Feiertagen „... öffentliche Veranstaltungen, die dem ernsten Charakter dieser Tage zuwiderlaufen, am Karfreitag während des ganzen Tages, an den übrigen Tagen von 3 bis 24 Uhr verboten".

aa) Ein generelles Verbot an diesen Tagen ist bedenklich, da sich der Gesetzesvorbehalt des Art. 8 Abs. 2 GG nur auf öffentliche Versammlungen unter freiem Himmel beschränkt.

Außerdem wird dem Grundrecht der Versammlungsfreiheit in Abwägung zum Sonn- und Feiertagsschutz grundsätzlich eine höhere Bedeutung beizumessen sein.

bb) So hat der VGH Kassel[202] eine Kundgebung mit Kranzniederlegung am Volkstrauertag an einer für eine derartige Veranstaltung offenstehenden Gedenkstätte nicht als Durchbrechung des ernsten Charakters des Volkstrauertages angesehen(die äußere Tagesruhe drohte durch die geplante Veranstaltung nicht gestört zu werden):

„Was die innere Haltung der Veranstalterin und ihre allgemeine Programmatik angeht, so sind diese Gesichtspunkte versammlungsrechtlich so lange nicht entscheidend von Gewicht, als sich die Versammlung allgemein im Rahmen der geltenden Gesetze hält und keine unmittelbare und konkrete Störung der öffentlichen Sicherheit und Ordnung zu befürchten ist".

cc) Am Volkstrauertag als sogenanntem „stillen" oder „ernsten" Feiertag können unter Beachtung der Bedeutung der Versammlungsfreiheit nicht alle öffentlichen Versammlungen unter freiem Himmel schlechthin verboten werden, sondern nur dann, wenn durch die Versammlung eine ernsthafte Störung des geschützten Gutes zu besorgen ist. In dieser Auslegung bleibt das Gesetz auch unter Verhältnismäßigkeitsgesichtspunkten im Einklang mit Art. 8 GG, denn es verbietet bezogen auf diesen einen Trauer- und Gedenktag eine Versammlung nur dann, wenn sie den Charakter und die Würde des Feiertags ernsthaft stört[203]

---

202 DVBl. 1990, 1052, 1053
203 OVG Frankfurt, NVwZ 2003, 623: Hier gerechtfertigtes Verbot einer Versammlung unter dem Motto „*Ruhm und Ehre den deutschen Frontsoldaten*" mit angemeldeten 1000 Teilnehmern. Sie sollte zu einem Waldfriedhof führen, auf dem 20.000 Soldaten und Zivilpersonen ruhen, die bei der sogenannten Kesselschlacht um Halbe noch im April 1945 gefallen sind und weitere Personen... Am Friedhof sollten die Teilnehmer Aufstellung nehmen, begleitet von Lautsprecherfahrzeugen, Fahnenträgern und Transparenten. Nach Ansprachen sollte der „Einmarsch" erfolgen mit Niederlegung von ca. 30 Kränzen, das Ganze begleitet von einem zeremoniellen Gehabe mit militärischem Gruß, Salut und Trompetenstößen. "*Es geht nicht um ein stilles Trauern, sondern um die Abhaltung einer unter einem bestimmten Motto stehenden politischen Versammlung auf einem Friedhof am Volkstrauertag... es geht um den Schutz der Hinterbliebenen vor einer Störung der stillen und würdevollen Trauer um ihre Angehörigen durch eine Versammlung gerade an diesem Tag und an diesem Ort...*".

B. Die Bedeutung des Versammlungsrechts im demokratischen Rechtsstaat

(eine ernsthafte Störung war in dem zuvor besprochenen Fall des VGH Kassel nicht zu befürchten).

i) Beachtung des Grundrechts aus Art. 2 Abs. 1 GG

Nach Art. 2 Abs. 1 GG besteht für Personen auch das Recht, ihr Wohnhaus jederzeit betreten und verlassen und sich ungestört dort aufhalten zu können. Insoweit liegt ein Schutz des unantastbaren Bereichs privater Lebensgestaltung vor.

„Art. 2 Abs. 1 GG gewährt dem einzelnen um der freien und selbstverantwortlichen Entfaltung der Persönlichkeit willen einen „Innenraum", in den er sich zurückziehen kann, zu dem die Umwelt keinen Zutritt hat und in dem er in Ruhe gelassen wird. Dieser jedem Bürger zustehende unantastbare Bereich Gebühr auch und gerade den herausgehobenen Persönlichkeiten des öffentlichen Lebens ...

Sie bedürfen des wirksamen Schutzes ihrer Privatsphäre ... dazu zählt insbes. die Privatwohnung ... Dieser Schutz erfordert auch das Freihalten der unmittelbaren Umgebung der Privatwohnung von solchen Kundgebungen von einiger Dauer, die der aktiven Teilnahme am politischen Meinungs- und Willensbildungsprozeß dienen und Bezug zur öffentlichen Tätigkeit des Betroffenen (Anm.: im konkreten Fall der Bundeskanzler) haben. Denn diese würden einen unmittelbar auf seinen privaten Bereich wirkenden, mit dem Grundrecht aus Art. 2 Abs. 1 GG nicht vereinbarenden Psychischen Druck („Belagerungssituation") erzeugen".[204]

j) Sonstige Rechtsgrundlagen für Eingriffsmaßnahmen (außerhalb der Versammlungsgesetze)

aa) Es können Maßnahmen und Regelungen zur Abwehr von Gefahren, die nicht spezifisch aus dem Stattfinden der Versammlung resultieren (z. B. nach Bauordnungsrecht oder Umweltrecht[205]), die also auch zum Schutz von Teilnehmern an einer Versammlung vor anderweitigen Gefahren ergehen, außerhalb des Anwendungsbereichs der jeweiligen Versammlungsgesetze (bei allen Versammlungsarten) getroffen werden.[206]

---

204 OVG Koblenz, NJW 1986, 2659 (geplante Kundgebung von 150 Teilnehmern vor der Privatwohnung von Bundeskanzler Kohl); VGH Kassel, NJW 1994, 1750; siehe dazu Weber, Mahnwache in Görlitz, JA 2009, 639 (Aktenvortrag): sogenannte „Mahnwache" vor dem Haus einer Staatsanwältin
205 BVerwGE 80, 158, 159; Weitere Spezialgesetze mit möglichen Auswirkungen auf die Versammlungsfreiheit siehe bei Schoch, JuS 1994, 482, und Lisken/Denninger, S. 1045
206 BVerwGE 80, 158, 159 (Straßenreinigung); VGH Mannheim, NVwZ 1998, 761, 763; Schoch, JuS 1994, 480; Gusy, JuS 1993, 555, 556; Ketteler, DÖV 1990, 954, 960

bb) So hat der VGH Mannheim[207] am 12.7.2010 entschieden, dass rechtsextreme Skinhead-Konzerte i. d. R. unter den Schutz der Versammlungsfreiheit fallen, so dass ihr Verbot oder ihre Auflösung nur unter den engen Voraussetzungen des BVersG[208] in Betracht kommt. Eine polizeiliche Maßnahme kann jedoch auf der Grundlage der sogenannten polizeilichen Generalklausel zum Schutz von Leben und Gesundheit der Versammlungsteilnehmer gerechtfertigt sein:

„Bei der Anwendung der polizeirechtlichen Generalklausel ist der hohe Rang der durch Art. 8 GG geschützten Versammlungsfreiheit zu berücksichtigen".[209]

k) Sogenannte „faktisch" Eingriffe in die Versammlungsfreiheit

„Auch eine faktische Behinderung stellt einen Grundrechtseingriff dar, wenn sie nicht nur geringfügig ist und die Ausübung des Versammlungsrechts durch den geschützten Personenkreis beeinträchtigt. Ein Eingriff liegt z. B. vor, wenn die Maßnahme Personen von der Teilnahme an Versammlung abschreckt oder Versammlungsteilnehmer sich durch die Polizeipräsenz veranlasst sehen, ihre Meinungsfreiheit in der Versammlung nicht oder nicht in vollem Umfang auszuüben".[210]

3. Versammlungen rechts- oder linksradikaler Gruppierungen und Parteienprivileg

Überblick

a) Parteienprivileg
b) Kein Sonderrecht für radikale Personen oder Parteien
c) Koalitionsfreiheit

a) Bei Versammlungen von politischen Parteien ist zusätzlich noch das sogenannte Parteienprivileg nach Art. 21 Abs. 2 GG zu beachten[211] (siehe auch z. B. die Art. 1 Abs. 2, 12 Abs. 1 Nr. 1 BayVersG).

„Zur Frage der Verfassungswidrigkeit einer Partei besteht ein Entscheidungsmonopol des BVerfG, da nur dieses gemäß Art. 21 Abs. 2 GG hierüber befinden kann ... Parteien sind als verfassungsrechtlich notwendige Instrumente für die politische

---

207 1 S 349/10: feuerpolizeiliche Gefahren wg. der Nutzung eines Kellerraumes auf einem ehemaligen Fabrikgelände, fensterloser Raum mit nur einem engen Zugang (öffentliche Versammlung in einem geschlossenem Raum).
208 Welches in Baden-Württemberg nach wie vor gilt, da bisher keine Landes-Versammlungsgesetz erlassen wurde.
209 VGH Mannheim, 1 S 349/10, Urteil vom 12.7.2010
210 VGH München, DÖV 2008, 1006, 1007
211 BVerfG, NJW 2001, 2076; OVG Saarlouis, DÖV 1973, 53, 54; OVG Bautzen, SächsVBl. 1998, 6, 7; und 2001, 82; OVG Weimar, DÖV 1998, 123, 126; VG Freiburg, VBlBW 2002, 497, 498; Seidel, DÖV 2002, 283, 290; Enders, Jura 2003, 104

Willensbildung des Volkes in Art. 21 Abs. 1 S. 1 GG anerkannt und damit in den Rang einer verfassungsrechtlichen Institution erhoben ... daraus folgt die freie Parteitätigkeit einer Partei, die nicht vom BVerfG als verfassungswidrig verboten ist ..." [212].

Im Zusammenhang mit einer Versammlung der Partei „Die Republikaner" äußerte sich der VGH Mannheim[213] wie folgt:

„Fehl geht insbesondere die Ansicht des Klägers, den „Republikanern" stehe der Schutz der Versammlungsfreiheit nicht zur Seite. Als Partei, die nicht durch das BVerfG für verfassungswidrig erklärt (§ 1 Abs. 2 Nr. 3 VersG) und deren Eigenschaft als Ersatzorganisation einer verbotenen Partei nicht festgestellt ist (§ 1 Abs. 2 Nr. 2 VersG, § 33 Abs. 3 PartG), sind die „Republikaner" berechtigt, öffentliche Versammlungen zu veranstalten. Diese Rechtslage hat auch der Kläger zu respektieren. Seine dagegen erhobenen Einwände liegen neben der Sache".

„Die Funktionäre, Mitglieder und Anhänger einer Partei dürfen dementsprechend grundsätzlich nicht daran gehindert werden, die Ziele dieser Partei einer breiten Öffentlichkeit zu vermitteln und insbes. auch auf offenen Parteiveranstaltungen im Namen ihrer Partei für eine bestimmte Beantwortung politischer Fragen zu werben", so ausdrücklich das BVerfG.[214]

b) Versammlungsrechtlich gesehen gibt es kein Sonderrecht für politisch als rechtsradikal eingestufte Personen oder Organisationen gibt.[215] Deshalb können sich rechtsradikale Personen und rechtsradikale Organisationen wie jedermann auf die Art. 5 Abs. 1 und 8 Abs. 1 GG berufen. Politische Wertungen von Versammlungen und Veranstalter verbieten sich[216].

Diese Ausführungen gelten ebenso auch für linksradikale Parteien und Gruppierungen[217].

---

212 BVerfG, NJW 2001, 2076, 2077; NVwZ 2002, 713; OVG Bautzen, SächsVBl. 1998, 6, 7; OVG Berlin, NVwZ 2000, 1201, 1202; OVG Weimar, NVwZ-RR 2003, 207, 209; siehe dazu BVerfG, DVBl. 2003, 593 ff.: Einstellung des NPD-Verbotsverfahrens (Beschluss vom 18.3.2003).
213 NVwZ-RR 1990, 602, 604; ähnlich OVG Saarlouis, DÖV 1979, 54, 54; nochmals der VGH Mannheim, VBlBW, 2002, 363, 366, zur NPD.
214 BVerfG, NVwZ 2002, 713
215 OVG Berlin, NVwZ 2000, 1201, 1202; OVG Bautzen, SächsVBl. 1998, 6, 8; VG Köln, NJW 1971, 210; VG Halle, NVwZ 1994, 719; Rühl, NJW 1995, 561, 562
216 BVerfG, DVBl. 2005, 969, 970: *„Strikte Beachtung des Grundsatzes staatlicher Neutralität gegenüber den Inhalten von Versammlungszwecken"*; VG Halle, NVwZ 1994, 719; VG Köln, NJW 1971, 210; Seidel, DÖV 2002, 283, 290; Hoffmann-Riem, NJW 2004, 2777, 2778
217 BVerfG, NVwZ 2006, 1049, 1050; OVG Weimar, DÖV 1998, 123, 126

B. Die Bedeutung des Versammlungsrechts im demokratischen Rechtsstaat

c) Weiterhin ist auf Art. 9 Abs. 1 GG (Koalitionsfreiheit) hinzuweisen im Zusammenhang mit Versammlungen von Vereinen[218]. Nicht verbotene Vereine[219] haben genießen demnach Grundrechtsschutz und üben insoweit verfassungsmäßige Grundrechte aus. Schon deshalb kann ein derartiger Verein – sofern von seinem oder seiner Mitglieder Verhalten keinerlei Rechtsverstoß ausgeht – niemals ordnungsrechtlicher Handlungsstörer sein[220].

Unter der Voraussetzung einer besonderen Gefährdung der freiheitlichen demokratischen Ordnung kennen Art. 9 Abs. 2, 18, 21 Abs. 2 GG allerdings besondere Vorkehrungen der Gefahrenabwehr als Ausdruck einer wehrhaften und streitbaren Demokratie. Diese Normen dienen auch dem Ziel, ein Wiederaufleben des Nationalsozialismus zu verhindern".[221]

Auch hier ist wieder (wie beim „Parteienprivileg"), z. B. auf Art. 1 Abs. 2 Nr. 4 BayVersG hinzuweisen.

Das Recht, eine öffentliche Versammlung zu veranstalten, hat demnach „nicht, ... eine Vereinigung, die nach Art. 9 Abs. 2 GG verboten ist".

4. Schranken nach Art. 5 Abs. 2 GG

Überblick

a) Keine schrankenlose Meinungsfreiheit
b) Gerechtfertigter Eingriff in die Meinungsfreiheit
c) Bedeutung der Menschenwürde
d) Erteilung von Auflagen bzw. Beschränkungen als Einschränkung der Meinungsfreiheit

a) Keine schrankenlose Meinungsfreiheit

Die Meinungsfreiheit ist (wie auch die Versammlungsfreiheit) nicht schrankenlos gewährleistet, es gibt Grenzen der Meinungsäußerung[222].

Beschränkungen der Freiheit, seine Meinung in Wort, Schrift und Bild frei zu äußern (Meinungsäußerung), bedürfen aber der Rechtfertigung anhand der Schranken des Art. 5 Abs. 2 GG, auch wenn die Äußerung in einer oder durch eine Versammlung erfolgt[223].

---

218 Lisken/Denninger, S. 1057 ff.
219 VG Köln, NJW 1971, 210, 212; OVG Lüneburg, NVwZ 1988, 638, 639
220 OVG Lüneburg, NVwZ 1988, 638, 639; zu den „Störern" als Adressaten versammlungs- und polizeirechtlicher Maßnahmen siehe die späteren Ausführungen bei C III.
221 BVerfG, NJW 2001, 2069, 2070
222 BVerfG, NJW 2003, 3689, 3690; NVwZ 2008, 671, 673
223 BVerwG, DVBl. 2008, 1248, 1249, unter Hinweis auf die ständige Rechtsprechung des BVerfG (so auch BVerfG NJW 2004, 2814); VGH Mannheim, VBlBW 2008, 60, 61; VGH München, DÖV 1979, 569

b) Gerechtfertigter Eingriff in die Meinungsfreiheit:

Ein Eingriff in den Schutzbereich des Art. 5 GG ist gerechtfertigt, wenn es sich dabei um ein „allgemeines Gesetz" i. S. von Art. 5 Abs. 2 GG handelt, so z. B. evtl. im Falle des § 130 Abs. 4 StGB[224].

aa) „Allgemeine Gesetze" sind Gesetze, die nicht eine Meinung als solche verbieten, sondern dem Schutz eines schlechthin ohne Rücksicht auf eine bestimmte Meinung zu schützendes Rechtsgut dienen. Dieses Rechtsgut muss in der Rechtsordnung allgemein und unabhängig davon geschützt sein, ob es durch Meinungsäußerungen oder auf andere Weise verletzt sein kann[225]. Soweit Rechtsnormen auslegungsbedürftig sind, darf die Auslegung nicht zur Außerachtlassung des Schutzgehalts von Art. 5 Abs. 1 GG führen[226].

So ist auch § 15 Abs. 1 BVersG als „allgemeines Gesetz" anzusehen[227].

„Beschränkungen einer Meinungsäußerung und der für sie gewählten Ausdrucksform unter Einschluss des Gebrauchs von Symbolen sind rechtmäßig, wenn sie dem Schutz eines ohne Rücksicht auf eine bestimmte Meinung zu schützenden Rechtsguts dienen, dem bei einer Güterabwägung Vorrang vor dem Schutz der Meinungsfreiheit gebührt".[228]

„Eine Grenze der Meinungsfreiheit bilden gemäß Art. 5 Abs. 2 GG Strafgesetze, die zum Rechtsgüterschutz ausnahmsweise bestimmte geäußerte Inhalte verbieten, wie allgemein §§ 185 StGB (Beleidigung, Verleumdung) und speziell im Bereich politischer Auseinandersetzungen etwa § 130 StGB (Volksverhetzung), § 86 a StGB (Verwendung von Kennzeichen verfassungswidriger Organisationen) oder §§ 90 a, b StGB (Verunglimpfung des Staates oder seiner Symbole oder von Verfassungsorganen). Daneben kommen zusätzliche „verfassungsimmanente Grenzen" der Inhalte von Meinungsäußerungen nicht zum Tragen".[229]

---

224 BVerwG, DVBl. 2008, 1248, 1249 (das BVerfG hat im Rahmen einer Verfassungsbeschwerde zur Frage des § 130 Abs. 4 anders entschieden, siehe nachfolgend unter bb); BVerfG, NJW 2001, 2069, 2070, und 2003, 3689, 3690: §§ 185, 130, 86 a, 90 a und b StGB.
225 BVerfG, DVBl. 2010, 41, 42
226 BVerfG NJW 2004, 2814, 2815, unter bes. Hinweis auf das Tatbestandsmerkmal der „öffentlichen Ordnung" in § 15 Abs. 1 VersG; Sachs, JuS 2004, 1095, 1096
227 Battis/Grigoleit, NJW 2004, 3459, 3461; Weber, VR 2006, 237, 245
228 BVerfG, NJW 2001, 2069, 2071
229 BVerfG, NJW 2001, 2069, 2070; 2003, 3689, 3690, und 2004, 2814, 2815; VGH Mannheim, VBlBW 2002, 383, 386, und 2008, 60, 61: „*Die Grenzen des Strafrechts überschreiten die Äußerungen auf den Plakaten offensichtlich nicht, ebenso der Inhalt des Faltblatts...*".

B. Die Bedeutung des Versammlungsrechts im demokratischen Rechtsstaat

bb) Nunmehr hat sich das BVerfG[230] zu der Strafbestimmung des § 130 Abs. 4 StGB geäußert[231], der an die Billigung, Verherrlichung und Rechtfertigung der nationalsozialistischen Gewalt- und Willkürherrschaft anknüpft und diese unter bestimmten Voraussetzungen unter Strafe stellt.

Die Vorschrift lautet wie folgt

> „Mit Freiheitsstrafe bis zu drei Jahren oder mit Geldstrafe wird bestraft, wer öffentlich oder in einer Versammlung den öffentlichen Frieden in einer die Würde der Opfer verletzenden Weise dadurch stört, dass er die nationalsozialistische Gewalt- und Willkürherrschaft billigt, verherrlicht oder rechtfertigt".

Das BVerfG hat (im Gegensatz zur vorangegangenen Entscheidung des BVerwG) festgestellt, dass dieser Straftatbestand kein „allgemeines Gesetz" i. S. von Art. 5 Abs. 2 GG ist:

> „An der Allgemeinheit eines Gesetzes fehlt es, wenn eine inhaltsbezogene Meinungsbeschränkung nicht hinreichend offen gefasst ist und sich von vornherein nur gegen bestimmte Überzeugungen, Haltungen oder Ideologien richtet ...
>
> Hiervon ausgehend ist § 130 Abs. 4 StGB kein allgemeines Gesetz. Zwar dient die Vorschrift dem öffentlichen Frieden und kann damit dem Schutz eines Rechtsguts, das auch sonst in der Rechtsordnung vielfältig geschützt wird. Jedoch gestaltet § 130 Abs. 4 StGB diesen Schutz nicht in inhaltsoffener, allgemeiner Art aus, sondern bezogen allein auf Meinungsäußerungen, die eine bestimmte Haltung zum Nationalsozialismus ausdrücken. Die Vorschrift dient nicht dem Schutz von Gewaltopfern allgemein und unterstellt bewusst nicht auf die Billigung, Verherrlichung und Rechtfertigung der Gewalt- du Willkürherrschaft totalitärer Regime insgesamt ab, sondern ist auf Äußerungen allein in Bezug auf den Nationalsozialismus begrenzt ... Die Vorschrift pönalisiert Meinungsäußerungen, die sich allein aus einer bestimmten Deutung der Geschichte ... ergeben können. Sie ist damit nicht blind gegenüber vorfindlichen Grundpositionen, sondern normiert bereits im Tatbestand konkret-

---

230 BVerfG, BayVBl. 2010, 234, und DVBl. 2010, 41 (Wunsiedel, öffentliche Versammlung unter freiem Himmel mit dem Thema „Gedenken an Rudolf Heß"), mit kritischer Anmerkung von Holzner, S. 48 ff.
231 Im Zusammenhang mit einem Versammlungsverbot im Jahre 2005 nach § 15 Abs. 1 Bundes-VersG, gestützt auf § 130 Abs. 4 StGB. Diese Vorschrift wurde 2005 gleichzeitig mit § 15 Abs. 2 Bundes-VersG eingefügt (siehe dazu Holzner, BayVBl. 2009, 485).
„Der Entstehungsgeschichte nach wurde die Vorschrift des § 130 Abs. 4 St5GB maßgeblich als Antwort auf öffentliche Versammlungen und Aufmärsche von Rechtsradikalen verstanden, die in ihren Kundgebungen an die Zeit des Nationalsozialismus anknüpfen – nicht zuletzt gerichtet gerade auch gegen die jährlichen Gedenkveranstaltungen für Rudolf Heß. Sie ist insoweit die Reaktion des Gesetzgebers auf konkrete politische, als besonders gefährlich beurteilte Auffassungen im öffentlichen Meinungskampf (BVerfG, DVBl. 2010, 41, 43) und bezweckt den Schutz des öffentlichen Friedens" (BVerfG, S. 46).

standpunktbezogene Kriterien. Sie ist damit kein allgemeines Gesetz, sondern Sonderrecht zur Abwehr von speziell solchen Rechtsgutverletzungen, die sich aus der Äußerung einer bestimmten Meinung, nämlich der Gutheißung der nationalsozialistischen Gewalt- und Willkürherrschaft, ergeben ...".

Damit stand das BVerfG vor dem Problem, dass „das Erfordernis der Allgemeinheit meinungsbeschränkender Gesetze gemäß Art. 5 Abs. 2 GG"[232] nicht gegeben war. Dazu führte das Gericht dann aus:

„§ 130 Abs. 4 StGB ist auch als nichtallgemeines Gesetz mit Art. 5 Abs. 1 und Abs. 2 GG vereinbar. Angesichts des sich allgemeinen Kategorien entziehenden Unrechts und des Schreckens, die die nationalsozialistische Herrschaft über Europa und weite Teile der Welt gebracht hat, und der als Gegenentwurf hierzu verstandenen Bundesrepublik Deutschland ist Art. 5 Abs. 1 und Abs. 2 GG für Bestimmungen, die der propagandistischen Gutheißung des nationalsozialistischen Regimes in den Jahren zwischen 1933 und 1945 Grenzen setzen, eine Ausnahme vom Verbot des Sonderrechts für meinungsbezogene Gesetze immanent (Anm.: verfassungsimmanente Schranke der antinationalsozialistischen Ausrichtung des GG) ...

Außerdem dient die Vorschrift dem Schutz des öffentlichen Friedens. Hierin liegt ein legitimer Schutzzweck, der bei sachgerechtem, im Licht des Art. 5 Abs. 1 GG eingegrenzten Verständnis den Eingriff in die Meinungsfreiheit rechtfertigen kann".

cc) Das BVerfG begründet in dieser Entscheidung also den Vorrang der beiden Rechtsgüter

– die anti-nationalsozialistische Ausrichtung des GG sowie
– den Schutz des öffentlichen Friedens.

Demnach ist § 130 Abs. 4 StGB auch als nichtallgemeines Gesetz mit Art. 5 Abs. 1 und Abs. 2 GG vereinbar (als Ausnahme vom Verbot des Sonderrechts).

dd) Bei ausländerfeindlichen Äußerungen ist zu beachten, dass diese im StGB (§ 130) nicht als solche schon unter Strafe gestellt sind[233].

c) Bedeutung der Menschenwürde

Die Menschenwürde (Art. 1 Abs. 1 GG) setzt der Meinungsfreiheit eine absolute Grenze, so z. B. bei der Verletzung der Menschenwürde der Opfer der nationalsozia-

---

232 BVerfG, DVBl. 2010, 41, 44
233 VGH Mannheim, VBlBW 2002, 383, 384. Es muss die Verwirklichung eines Straftatbestandes drohen, denn der Gesetzgeber hat durch die enge Fassung der Straftatbestände zum Ausdruck gebracht, im Übrigen keinen Vorrang des Rechtsgüterschutzes gegenüber Meinungsäußerungen anzuerkennen.
Zur Verwirklichung des Straftatbestandes des § 130 StGB siehe z. B. auch BVerfG, DVBl. 2004, 697 (rechtmäßiges Versammlungsverbot)

B. Die Bedeutung des Versammlungsrechts im demokratischen Rechtsstaat

listischen Gewaltherrschaft. Dabei ist die Menschenwürde im Verhältnis zur Meinungsfreiheit nicht abwägungsfähig[234].

d) Auflagen nach § 15 Abs. 1 BVersG[235]

Insbes. bei der Erteilung von Auflagen nach § 15 Abs. 1 BVersG (bzw. Beschränkungen nach Art. 15 BayVersG) liegt oftmals eine Einschränkung der Meinungsfreiheit vor:

- Verbot des Tragens von Bomberjacken und Springerstiefeln, Fackeln mitzuführen und zu verwenden, einschl. Untersagung des Einsatzes einer Person als Ordner oder Leiter des Ordnungsdienstes;[236]
- Untersagung der Benutzung von Trommeln und Fahnen – außer der Bundesflagge und Fahnen deutscher Bundesländer – und von Transparenten strafbaren Inhalts, die Verwendung von Kennzeichen verfassungswidriger Organisationen sowie das Tragen von Uniformen, Uniformteilen oder gleichartiger Kleidungsstücke als Ausdruck einer gemeinsamen politischen Gesinnung[237]
- Untersagung des Rufens von Parolen mit der Wortfolge „Nationaler Widerstand …"[238]
- „Mündliche" Auflage der Versammlungsbehörde[239]:
  1. Der Versammlungsleiter hat sich mit dem Einsatzleiter der Polizei in Verbindung zu setzen,
  2. Der Aufstellungsort richtet sich nach Weisung der Polizei,
  3. Die Personen, die Tiermasken tragen, haben sich auf Verlangen beim Einsatzleiter der Polizei auszuweisen

---

234 BVerwG, DVBl. 2008, 1248, 1250; das BVerfG hat sich in seiner Entscheidung zu § 130 Abs. 4 StGB dazu nicht geäußert.
235 In Art. 15 Abs. 1 BayVersG nunmehr zutreffend als „Beschränkung" bezeichnet.; ebenso in § 13 Abs. 1 VersammlGLSA.
236 OVG Bautzen, NVwZ-RR 2002, 435: rechtmäßige Auflagen
237 Vom BVerfG (NJW 2001, 2060) im Wege der einstweiligen Anordnung festgelegt. Die Versammlungsbehörde hatte ein Versammlungsverbot unter Anordnung der sofortigen Vollziehung ausgesprochen.
238 BVerfG, NVwZ 2008, 671: „Das Rufen von Parolen mit der Wortfolge „Nationaler Widerstand" wie z.B. „Hier marschiert der Nationale Widerstand" oder „Hier spaziert der nationale Widerstand" wird untersagt. Die Verwendung dieser Parolen in schriftlicher Form wie z.B. auf Flugblättern, Plakaten usw. wird ebenfalls untersagt. In Versammlungsreden und Sprechchören sowie auf Transparenten haben Aussagen zur verbotenen „Freiheitlichen Arbeiterpartei Deutschlands (FAP" bzw. zu den Bezeichnungen „Nationaler Widerstand Hochsauerland" und „Freie Nationalisten Hochsauerland/Siegerland" zu unterbleiben".
Die dagegen erhobene Verfassungsbeschwerde hatte Erfolg. Siehe dazu auch Leist, NVwZ 2003, 1300, 1304
239 BVerfG, BayVBl. 2008, 497 (erfolgreiche Verfassungsbeschwerde).

B. Die Bedeutung des Versammlungsrechts im demokratischen Rechtsstaat

Anmerkung: Zu den versammlungsrechtlichen „Auflagen" bzw. Beschränkungen siehe später unter C III 2.

V. Die europarechtliche Bedeutung des Versammlungsrechts[240]

Überblick
1. Europäische Menschenrechtskonvention
2. EG-Vertrag
3. Die Rechtsprechung des EuGH zu Versammlungen

1. Europäische Menschenrechtskonvention

Die Europäische Menschenrechtskonvention (EMRK)[241] schützt in Art. 11 die Versammlungsfreiheit gemeinsam mit der Vereinigungs- und Koalitionsfreiheit.

Art. 11
Versammlungs- und Vereinigungsfreiheit

(1) Jede Person hat das Recht, sich frei und friedlich mit anderen zu versammeln und sich frei mit anderen zusammenzuschließen; dazu gehört auch das Recht, zum Schutz seiner Interessen Gewerkschaften zu gründen und Gewerkschaften beizutreten.

(2) Die Ausübung dieser Rechte darf nur Einschränkungen unterworfen werden, die gesetzlich vorgesehen und in einer demokratischen Gesellschaft notwendig sind für die nationale oder öffentliche Sicherheit, zur Aufrechterhaltung der Ordnung oder zur Verhütung von Straftaten, zum Schutz der Gesundheit oder der Moral oder zum Schutz der Rechte und Freiheiten anderer. Dieser Artikel steht rechtmäßigen Einschränkungen der Ausübung dieser Rechte für Angehörige der Streitkräfte, der Polizei oder der Staatsverwaltung nicht entgegen.

Die EMRK ist seit 1953 in Kraft und gewährleistet bestimmte elementare Menschenrechte.

Bekannt als Organ der EMRK ist der „Europäische Gerichtshof für Menschenrechte" nach Art. 19.

Praktisch bedeutsam ist Art. 34 der Konvention, wonach u. a. jede natürliche Person den Gerichtshof mit einer Beschwerde befassen kann, wenn sie die Verletzung eines Konventionsrechts durch einen Mitgliedsstaat rügt (sogenannte Individualbeschwerde).

---

240 EuGH, DVBl. 2003, 1200, 1204; Lembke, JuS 2005, 1084 ff.
241 BVerwG, NJW 2009, 98, 100; OVG Lüneburg, NJW 2006, 391, 393; Siehe dazu Herdegen, Europarecht, 6. A. 2004, S. 14 ff.; Lisken/Denninger, S. 1017 ff.

| B. Die Bedeutung des Versammlungsrechts im demokratischen Rechtsstaat |

In Deutschland gelten die Bestimmungen der EMRK als Zustimmungsgesetz nach Art. 59 Abs. 2 S. 1 GG, aber nicht im Range von Verfassungsrecht.

„Bei der Auslegung des Grundgesetzes sind auch Inhalt und Entwicklungsstand der EMRK in Betracht zu ziehen, sofern es nicht zu einer Einschränkung oder Minderung des Grundrechtsschutzes nach dem GG führt... Deshalb dient insoweit auch die Rechtsprechung des Europäischen Gerichtshofs für Menschenrechte als Auslegungshilfe für die Bestimmung von Inhalt und Reichweite von Grundrechten und rechtsstaatlichen Grundsätzen des GG"[242].

2. EG-Vertrag

Die Europäische Gemeinschaft (EG) ist nach Art. 1 des Unionsvertrages (EU) „Grundlage der Union" und besitzt eine eigene Rechtspersönlichkeit.

Der Vertrag über die Europäische Gemeinschaft (EGV) enthält keine ausdrückliche Bestimmung über das Recht der Versammlungsfreiheit.

Der EuGH verweist in seiner Grundsatzentscheidung „Schmidberger"[243] u. a. auf die Verankerung des Versammlungsrechts in der EMRK

3. Die Rechtsprechung des EuGH zum Versammlungsrecht

Der EuGH hat sich im Jahre 2003[244] grundlegend mit dem Versammlungsrecht (*„wesentliche Grundlage einer demokratischen Gesellschaft"*) befasst aus Anlass der Blockade des Brenner-Passes in Österreich (30-stündige völlige Blockade der Autobahn am 12. und 13. 6. 1998).

a) Die Demonstranten wollten auf eine Gefährdung der Gesundheit und der Umwelt durch einen ständig steigenden Schwerlastverkehr auf der Brenner-Autobahn hinweisen und die zuständigen Stellen veranlassen, die Maßnahmen zur Verringerung dieses Verkehrs und der dadurch verursachten Umweltbelastung der hochempfindlichen Alpenregion zu verstärken.

Der damalige Kläger (ein Spediteur) verlangte von der Republik Österreich Schadensersatz wegen Verstoßes gegen das Gemeinschaftsrecht, weil die österreichischen Behörden diese Versammlung mit vollständiger Verkehrsblockade nicht untersagten. Dabei beruft sich der Kläger auf den im EGV verbürgten Grundsatz des freien Warenverkehrs (Art. 3 Abs. 1 c i. V. mit Art. 30 EGV). Die Nichtuntersagung der Blockade

---

242 BVerfGE 74, 358, 370
243 DVBl. 2003, 1200 ff. (Urteil vom 12. 6. 2003, C 112/00), Brennerblockade; siehe dazu Lisken/Denninger, S. 1019
244 DVBl. 2003, 1200 ff.

B. Die Bedeutung des Versammlungsrechts im demokratischen Rechtsstaat

„kann eine Beeinträchtigung des innergemeinschaftlichen Warenverkehrs darstellen und deshalb mit den gemeinschafts-rechtlichen Verpflichtungen, die sich aus den Art. 30 und 34 EGV i. V. mit Art. 5 EGV ergeben, unvereinbar sein, sofern dieser Umstand nicht objektiv gerechtfertigt werden kann"[245].

b) Dabei erinnert der EuGH[246] daran, „dass die Grundrechte nach seiner ständigen Rechtsprechung zu den allgemeinen Rechtsgrundsätzen gehören, deren Wahrung der EuGH zu sichern hat. Dabei lässt sich der EuGH von den gemeinsamen Verfassungstraditionen der Mitgliedsstaaten sowie von den Hinweisen leiten, die die völkerrechtlichen Verträge über den Schutz der Menschenrechte gegen, an deren Abschluss die Mitgliedsstaaten beteiligt waren oder denen sie beigetreten sind" unter ausdrücklichem Hinweis auf die EMRK und Art. 6 Abs. 2 des EU-Vertrages.

„Daraus folgt, dass in der Gemeinschaft keine Maßnahme als rechtens anerkannt werden können, die mit der Beachtung der so anerkannten und gewährleisteten Menschenrechte unvereinbar sind....Hier haben die staatlichen Stellen geltend gemacht, die Notwendigkeit der Achtung der durch die EMRK und die Verfassung des betreffenden Mitgliedsstaates (Anm.: Republik Österreich) gewährleisteten Grundrechte erlaube es, eine im Vertrag verankerte Grundfreiheit zu beschränken ...

Unstreitig ist, dass es sich um eine Versammlung handelte, mit der Bürger ihre Grundrechte ausübten und bei der sie eine ihnen im öffentlichen Leben wichtig erscheinende Meinung äußerten. Außerdem steht fest, dass diese öffentliche Demonstration nicht den Zweck hatte, den Handel mit Waren einer bestimmten Art oder Herkunft zu beeinträchtigen ...".

Abschließend verwies der EuGH auf das weite Ermessen, über das die Mitgliedsstaaten in diesem Regelungsbereich verfügen:

„Ein schlichtes Verbot der Versammlung hätte einen nicht hinnehmbaren Eingriff in die Grundrechte der Demonstranten, sich zu versammeln und ihre Meinung friedlich öffentlich zu äußern, dargestellt ...".

---

245 EuGH, DVBl. 2003, 1200, 1203
246 DVBl. 2003, 1200, 1204

C. Besondere versammlungsrechtliche Problembereiche

I. Geltungsbereich der Versammlungsgesetze, insbes. Abgrenzung zu Versammlungen außerhalb des Anwendungsbereich der Versammlungsgesetze

Überblick
1. Öffentliche Versammlung unter freiem Himmel 2. Nicht öffentliche Versammlung unter freiem Himmel 3. Öffentliche Versammlung nicht unter freiem Himmel 4. Nicht öffentliche Versammlung nicht unter freiem Himmel 5. Übersicht

Vorab ist festzuhalten, dass sich die Versammlungsgesetze nur auf öffentliche Versammlungen beziehen (siehe z. B. § 1 BVersG), nicht öffentliche Versammlungen sind von seinem Anwendungsbereich ausgeschlossen. Wie bereits angesprochen handelt es sich bei den „öffentlichen" Versammlungen um Versammlungen nach Art. 8 Abs. 2 GG mit dem dort festgelegten Gesetzesvorbehalt.

Systematisch betrachtet sind vier Arten von Versammlungen zu unterscheiden, wobei auch praktisch bedeutsam ist, dass nicht jede Versammlung den Regeln des Versammlungsgesetzes unterliegt[247].

1. Die öffentliche Versammlung unter freiem Himmel

Versammlung	öffentlich	unter freiem Himmel

– Es handelt sich um eine Versammlung unter dem Gesetzesvorbehalt des Art. 8 Abs. 2 GG, die Versammlungsgesetze sind deshalb anwendbar. Sie ist als „öffentliche Versammlung" für jedermann zugänglich und nicht auf einen individuell bezeichneten Personenkreis beschränkt.[248] Art. 8 GG differenziert nicht nach „öffentlich" oder „nicht öffentlich".
– Es handelt sich um die „typischen" Versammlungen unter dem Regime der Versammlungsgesetze (öffentlich und unter freiem Himmel[249]), z. B. eine Wahlkampfveranstaltung auf dem Marktplatz in Chemnitz, der Aufmarsch

---

247 Zu der nachfolgend dargestellten Systematik siehe Weber, SächsVBl. 2002, 28; Waechter, VA 2008, 73, 75
248 BayObLG NVwZ-RR 1995, 2202; OVG Weimar, DÖV 1998, 123, 124; VGH Mannheim, 1 S 349/10
249 BVerwG, NZV 1989, 325, 326; NVwZ 1999, 991, 992; BVerfG, BayVBl. 2010, 234 (Wunsiedel)

einer rechtsgerichteten Partei innerhalb einer Stadt[250] oder die Großdemonstration in Brokdorf[251], die Anlass zur bereits mehrfach angesprochenen grundlegenden Entscheidung des Bundesverfassungsgerichts zum Versammlungsrecht war.
– Öffentliche Versammlungen unter freiem Himmel sind im sogenannten befriedeten Bezirk des Landtages nach Art. 18 S. 1 BayVersG verboten.

„Für die Ausübung der Versammlungsfreiheit unter freiem Himmel besteht wegen der Berührung mit der Außenwelt ein besonderer, namentliche organisations- und verfahrensrechtlicher Regelungsbedarf, um einerseits die realen Voraussetzungen für die Ausübung zu schaffen und andererseits kollidierende Interessen anderer hinreichend zu wahren",

so das BVerfG im Brokdorf-Beschluss zur Begründung des Gesetzesvorbehalts[252].

2. Die nicht öffentliche Versammlung unter freiem Himmel

Versammlung	Nicht öffentlich	unter freiem Himmel

Diese Versammlung ist nicht öffentlich, weil der Zutritt durch die Einladung oder in sonstiger Weise auf einen individuell bezeichneten Personenkreis beschränkt ist, sogenannte geschlossene Veranstaltungen[253]. Einladungen nur an einen bestimmten Personenkreis führen zur Nichtöffentlichkeit der Versammlung, z. B. Mitgliederversammlungen von Parteien und Gewerkschaften[254]. Diese nicht öffentlichen Versammlungen unter freiem Himmel unterliegen ebenfalls dem Gesetzesvorbehalt des Art. 8 Abs. 2 GG, das Versammlungsgesetz ist aber nicht anwendbar.

Aus der Praxis sind „nichtöffentliche Versammlungen unter freiem Himmel" unbekannt, denn es ist schwer vorstellbar, die Nichtöffentlichkeit „unter

---

250 BVerfG, DVBl. 2010, 41
251 BVerfG, NJW 1985, 2395 ff.; NJW 2004, 2510 (öffentliche Versammlung unter freiem Himmel im Jahre 2001); DVBl. 2006, 368 (Versammlung im Jahre 2006); NVwZ 2008, 671 (Versammlung am 30.6.2001); VG München, NVwZ 2000, 461 (Mahnwache), dazu die Klausur von Weber, VR 2006, 237 ff.; BVerwG, NJW 2009, 92
252 BVerfG, NJW 1985, 2395, 2397; Wiefelspütz, DÖV 2001, 21, 22.
 Dabei besteht in Betrachtung der Gefahrenlage ein Unterschied, ob es sich um einen Aufzug (als sich fortbewegende Versammlung) oder eine stationäre Versammlung handelt (BVerfG, NJW 2000, 3053, 3056)
253 OVG Lüneburg, NVwZ 1988, 638
254 OVG Weimar, DÖV 1998, 123, Höllein, NVwZ 1994, 635, 636; Rühl, NVwZ 1988, 577, 580; Ketteler, DÖV 1990, 954; Gusy, JuS 1993, 555, 556

freiem Himmel", also z. B. bei einer Veranstaltung auf einem Marktplatz, zu gewährleisten[255]

3. Die öffentliche Versammlung nicht unter freiem Himmel

| Versammlung | öffentlich | nicht unter freiem Himmel |

- Damit ist die öffentliche Versammlung in einem Saale gemeint[256] oder in einem Sportstadion mit abzugrenzenden Ein- und Ausgängen, z. B. Stadion von Borussia Dortmund oder Olympiastadion in Berlin, also eine Veranstaltung in sogenannten. geschlossenen Räumen (ohne „Berührung mit der Außenwelt"). Nicht entscheidend ist die freie Sicht nach oben.
- Dabei handelt es sich nicht um eine Versammlung unter dem Gesetzesvorbehalt des Art. 8 Abs. 2 GG (da nicht unter freiem Himmel!), sondern Art. 8 Abs. 1 GG ist anzuwenden (siehe oben unter B IV 1). Bezüglich der Anwendung des Versammlungsgesetzes bei derartigen Versammlungen werden die §§ 5 ff. BVersG (bzw. Art. 10 ff. BayVersG) als Rechtsgrundlage bejaht, obwohl das Versammlungsgesetz nur für Versammlungen unter freiem Himmel anwendbar ist (Art. 8 Abs. 2 GG!).

4. Die nicht öffentliche Versammlung nicht unter freiem Himmel

| Versammlung | Nicht öffentlich | nicht unter freiem Himmel |

- Die „nicht öffentliche Versammlung nicht unter freiem Himmel" ist die grundrechtlich am stärksten geschützte Versammlung[257]. Gerade weil sie „nicht unter freiem Himmel" stattfindend, ist Art. 8 Abs. 2 GG nicht anzuwenden, deshalb auch nicht das Versammlungsgesetz[258]. Typisch für diese Art von Versammlungen sind die bereits genannten Mitgliederversammlungen

---

255 von Coelln, NVwZ 2001, 1234, 1237; Deger, NVwZ 1999, 265, 268: Nicht öffentliche Versammlungen finden in der Regel in geschlossenen Räumen statt; Höllein (NVwZ 1994, 635, 637) erwähnt bei seiner Darstellung der „Versammlungstypen" diese mögliche Art von Versammlungen nicht und spricht allgemein nur von „Versammlungen unter freiem Himmel".
256 VGH München, DÖV 2008, 1006; VGH Mannheim, 1 S 349/10.
Das BayVersG spricht im 2. Teil von „Versammlungen in geschlossenen Räumen", das Versamml GLSA im 2. Abschnitt von „öffentlichen Versammlungen in geschlossenen Räumen" (so auch Abschnitt 2 des BVersG und des SächsVersG).
257 BVerwG NVwZ 1999, 991, 992; Schoch, JuS 1994, 481; Ketteler, DÖV 1990, 954, 961; Rühl, NVwZ 1988, 577, 581; Führing, NVwZ 2001, 157, 160; Deger, NVwZ 1999, 265, 268; Schmidt-Jortzig, JuS 1970, 507, 508; Höllein, NVwZ 1994, 635, 636
258 OVG Lüneburg, NVwZ 1988, 638; Seidel, DÖV 2002, 283, 286; Schoch, JuS 1994, 481 Zu evtl. Ausnahmen siehe oben Schranken nach 8 Abs. 2 und 3 VersG

C. Besondere versammlungsrechtliche Problembereiche

von Parteien in einer Gaststätte oder der bereits angesprochene Bundesparteitag der NPD im Jahr 1993[259].

- Wegen des Problems der Eingriffsbefugnis der Behörden zum Einschreiten gegen derartige Versammlungen (da die VersG nicht anwendbar sind) waren Streitigkeiten wegen Maßnahmen der Behörde gegen diese Veranstaltungen immer wieder Gegenstand verwaltungsgerichtlicher Entscheidungen bis hin zum BVerfG. Vertreten wird die analoge Anwendung von Vorschriften des Versammlungsgesetzes, die Rechtsprechung greift jedoch auf das allgemeine Polizei- und Ordnungsrecht zurück (Anwendung der polizeirechtlichen Generalklausel)[260].

„Die besondere Bedeutung dieser grundrechtlich geschützten Versammlung ist dabei in der Verhältnismäßigkeitsabwägung des Entschließungs- und Handlungsermessens einzubringen"[261].

An dieser Art der Versammlung sieht man deutlich, dass die Regelungsbereiche des Art. 8 GG und die der Versammlungsgesetze nicht deckungsgleich sind[262]. Denn auch die „neuen" landesrechtlichen Versammlungsgesetze befassen sich nicht mit diesen Formen von Versammlungen.

---

259 BVerwG NVwZ 1999, 991; OVG Saarlouis, DÖV 1970, 53; ...
260 BVerwG NVwZ 1999, 991: „Der Gesetzgeber hat bewusst auf Verbotsnormen für nichtöffentliche Versammlungen verzichtet, da er deren Gefahrenpotenzial geringer eingestuft und den Eintritt der evtl. Voraussetzungen eines polizeilichen Notstands insoweit offenbar nicht ins Auge gefasst hat"; OVG Saarlouis, DÖV 1970, 53; OVG Lüneburg, NVwZ 1988, 638; Gusy, JuS 1993, 555, 556; Höllein, NVwZ 1994, 635, 636; Schoch, JuS 1994, 481; Enders, Jura 2003, 34, 40; Deger, NVwZ 1999, 265, 268; Schmidt-Jortzig, JuS 1970, 507, 508; Lisken/Denninger, S. 1021; Deger, NVwZ 1999, 265, 268; kritisch Seidel, DÖV 2002, 283, 286, und Messmann, JuS 2007, 5424, 526, sowie Rühl, NVwZ 1988, 577, 581
261 OVG Lüneburg, NVwZ 1988, 638: also nach Bejahung des Tatbestandes bei der Rechtsfolge „kann"; Entschließungsermessen (Ob), dann Handlungsermessen (Wie) entspr. § 3 Abs. 2 – Abs. 4 SPolG (Verhältnismäßigkeit, Erforderlichkeit, Geeignetheit); Deger (NVwZ 1999, 265, 268) spricht von verfassungskonformer Anwendung des Polizeigesetzes in diesem Bereich; ebenso Lisken/Denninger, S. 1021.
Gusy (JuS 1993, 555, 557) fordert eine restriktive Auslegung des Polizeirechts. Von Coelln (NVwZ 2001, 1234, 1239) verweist auf das verfassungsrechtliche „Übermaßverbot".
262 Deger, NVwZ 1999, 265, 266; von Coelln, NVwZ 2001, 1234, 1236; Lisken/Denninger, S. 1021.
Nur bei den §§ 3 und 21 BVersG besteht ausnahmsweise auch der Anwendungsbereich für nicht öffentliche Versammlungen (BVerwG, NVwZ 1999, 991, 992; Lisken/Denninger, S. 1021).

C. Besondere versammlungsrechtliche Problembereiche

In diesem Zusammenhang hat das BVerfG zum Bundes-VersG ausgeführt:

„Dabei lässt es sich nicht ausschließen, dass sich die versammlungsrechtlichen Regelungen als lückenhaft erweisen und dass der Schutz des Art. 8 GG über solche Versammlungen hinausreicht, für welche der Gesetzgeber des Jahres 1953 Regelungen getroffen hat ..."[263].

Diese versammlungsrechtliche Regelungslücke (die auch die neuen landesrechtlichen Versammlungsgesetze nicht geschlossen haben) muss ausgefüllt werden. Dabei gibt es verschiedene Lösungsmöglichkeiten.

a) Gegen die Anwendung der polizeirechtlichen Generalklausel (z. B. § 3 Abs. 1 SPolG) in diesen Fällen zur Abwehr der aus einer nicht öffentlichen Versammlung nicht unter freiem Himmel (also z. B. nur geladene Teilnehmer in geschlossenen Räumen) ausgehenden Gefahren für Rechtsgüter Dritter wird vertreten, dass es sich um den grundrechtlich am höchsten geschützten Bereich des Versammlungsrechts handele (dem ist zuzustimmen). Die polizeirechtliche Generalklausel als Rechtsgrundlage für Maßnahmen in diesem Bereich ermögliche aber die umfassendsten Eingriffe[264] (insbes. im Vergleich zu § 15 Abs. 1 BVersG und den ähnlichen landesrechtlichen Regelungen).

b) Andererseits ist festzustellen, dass polizeiliche Maßnahmen gegen eine „nicht öffentliche Versammlung nicht unter freiem Himmel" in der Praxis weitgehend unbekannt sind. Denn welche unmittelbare Gefahr für schützenswerte Rechtsgüter Dritter soll von einer nicht öffentlichen Versammlung in einem geschlossenen Raum ausgehen? In der Regel wird es um versammlungsinterne Gefahrenabwehr gehen. Deshalb hat auch der damalige Gesetzgeber des BVersG diesen praktisch seltenen Fall nicht geregelt[265].

c) Die praktisch bekannten Fälle bei derartigen Versammlungen (also Eingriffsmaßnahmen gegen eine „nicht öffentliche Versammlung nicht unter freiem Himmel") befassten sich mit den gewaltbereiten oder gewalttätigen Gegendemonstranten und dem dadurch eingetretenen sogenannter polizeilichen Notstand, weshalb man annahm, die Versammlung (als Nichtstörer) verbieten oder auflö-

---

263 BVerfG, NJW 1985, 2395, 2399; also insbes. die „nichtöffentlichen Versammlungen nicht unter freiem Himmel".
264 Siehe z. B. Ketteler, DÖV 1990, 954, 956; Rühl, NVwZ 1998, 577, 580; Höllein, NVwZ 1994, 535, 536.
So wird auch die analoge Anwendung der §§ 5 ff. VersG vertreten.
265 BVerwG, NVwZ 1999, 991, 992; Rühl, NVwZ 1988, 577, 581; Höllein, NVwZ 1994, 535, 536: vergleichsweise harmlose nichtöffentliche Versammlung in geschlossenen Räumen.

C. Besondere versammlungsrechtliche Problembereiche

sen zu müssen[266]. Es ging also nicht um versammlungsinterne Gefahrenabwehr, sondern die Gefahr kam von außerhalb der Versammlung (insbesondere von sogenannten externen Störern, gewaltbereiten Gegendemonstranten).

d) Außerdem ist es dogmatisch nachvollziehbar, dass dann, wenn das Spezialgesetz (hier VersG) keine ausdrückliche Eingriffsregelung enthält, zur Begründung von Maßnahmen der Gefahrenabwehr auf das „allgemeine" Gesetz, hier die Generalklausel des Polizeirechts, zurückgegriffen wird.

e) Nicht weiter vertieft werden muss hier die Bedeutung der Versammlungsfreiheit nach Art. 8 GG bei Eingriffen, die auf die polizeirechtliche Generalklausel gestützt werden.

Weil die polizeiliche Generalklausel relativ weit gefasst ist als Auffangvorschrift (für den Fall, dass sonderrechtliche Vorschriften nicht eingreifen), ist bei Maßnahmen gegen Versammlungen im Falle der Inanspruchnahme der Generalklausel strenge Zurückhaltung geboten. Bei der gebotenen verfassungskonformem Anwendung der Generalklausel in diesem sensiblen Bereich der Versammlungsfreiheit dürfte es keine verfassungsrechtlichen Probleme geben.

5. Abschließende Übersicht zu den angesprochenen Versammlungsarten:

Art. 8 GG	Öffentliche Versammlung Versammlungsgesetze: ja	Nicht öffentliche Versammlung Versammlungsgesetze: nein
Unter freiem Himmel Art. 8 Abs. 2 GG	Art. 8 Abs. 2 GG Alle VersG anwendbar	Art. 8 Abs. 2 GG VersG nicht anwendbar (praktisch bedeutungslos)
Nicht unter freiem Himmel Art. 8 Abs. 1 GG	Art. 8 Abs. 2 GG nicht anwendbar z. B. SächsVersG, §§ 5 ff.	Art. 8 Abs. 2 GG nicht anwendbar VersG nicht anwendbar (allgemeines Polizeirecht)

---

266 BVerwG, NVwZ 1999, 991; OVG Saarlouis, DÖV 1970, 53 (Entscheidung im Eilverfahren), und später DÖV 1973, 863 (sogenanntes Hauptsacheverfahren); VG Gelsenkirchen, Beschl. v. 3.9.2010, 14 L 970/10; Jahn, JuS 2001, 172 ff.; Rühl, NVwZ 1988, 577, 580; Höllein, NVwZ 1994, 535, 536

II. Anmeldepflicht von Versammlungen

Vorab wird auf die grundsätzlichen Ausführungen oben unter B III 4 hingewiesen. Diese Anmeldepflicht bezieht sich nur auf „öffentliche Versammlungen unter freiem Himmel", sie gilt nicht für „öffentliche Versammlungen in geschlossenen Räumen".

1. Rechtsnormen

Übersicht der Normen zur Anmeldepflicht (bzw. Anzeige- und Mitteilungspflicht)

BundesVersG	Bayern	Sachsen	Sachsen-Anhalt
§ 14	Art. 13	§ 14	§ 12

Entgegen den jeweiligen verfassungsrechtlichen Festlegungen enthalten demnach die einfachgesetzlichen Regelungen in den Versammlungsgesetzen eine Anmeldepflicht, aber immer nur bei „öffentlichen Versammlungen unter freiem Himmel".

2. § 14 BundesVersG

Diese Vorschrift[267] normiert eine Anmeldepflicht im Zusammenhang mit „öffentlichen Versammlungen unter freiem Himmel"[268], nicht aber bei öffentlichen Versammlungen in geschlossenen Räumen nach den §§ 5 ff.

Nach § 14 Abs. 1 BVersG hat „wer die Absicht halt, eine öffentliche Versammlung unter freiem Himmel oder einen Aufzug zu veranstalten, dies spätestens 48 Stunden vor der Bekanntgabe der zuständigen Behörde unter Angabe des Gegenstandes der Versammlung oder des Aufzuges anzumelden".

Gemäß § 14 Abs. 2 BVersG „ist in der Anmeldung anzugeben, welche Person für die Leitung der Versammlung oder des Aufzugs verantwortlich sein soll".

3. Vorschriften der Länder

a) Ebenso verlangt § 14 Abs. 1 SächsVersG[269] die Anmeldung einer Versammlung unter freiem Himmel, die Abhaltung einer Versammlung ohne vorgeschriebene Anmeldung ist sogar nach § 26 Nr. 2 SächsVersG strafbar!

---

267 Siehe dazu Enders, Jura 2003, 103 ff.
268 Weber, Sächsisches Versammlungsrecht, 1. A. 2010, S. 64; Z. B. die bekante Demonstration in Brokdorf, die Anlaß zur Grundsatzentscheidung des BVerfG war (NJW 1985, 2395 ff.); OVG VBautzen, SächsVBl. 1998, 6 ff.; BVerfG, NJW 2007, 2167 (sogenannter Sternmarsch zum G-8-Gipfel in Heiligendamm);
269 Identisch mit § 14 BVersG

C. Besondere versammlungsrechtliche Problembereiche

b) Diese Anmeldepflichten sind auch in den Landesgesetzes von Bayern (Art. 13[270]) und Sachsen-Anhalt (§ 12) entsprechend normiert.

c) Art. 13 BayVersG (Anzeige- und Mitteilungspflichten) lautet wie folgt:

> „(1) Wer eine Versammlung unter freiem Himmel veranstalten will, hat dies der zuständigen Behörde spätestens 48 Stunden vor ihrer Bekanntgabe fernmündlich, schriftlich, elektronisch oder zur Niederschrift anzuzeigen. Bei der Berechnung der Frist bleiben Samstage, Sonn- und Feiertage außer Betracht. Bei einer fernmündlichen Anzeige kann die zuständige Behörde verlangen, die Anzeige schriftlich, elektronisch oder zur Niederschrift unverzüglich nachzuholen. Eine Anzeige ist frühestens zwei Jahre vor dem beabsichtigten Versammlungsbeginn möglich. Bekanntgabe einer Versammlung ist die Mitteilung des Veranstalters von Ort, Zeit und Thema der Versammlung an einen bestimmten oder unbestimmten Personenkreis.
>
> (2) In der Anzeige sind anzugeben
>
> der Ort der Versammlung,
>
> der Zeitpunkt des beabsichtigten Beginns und des beabsichtigten Endes der Versammlung,
>
> das Versammlungsthema,
>
> der Veranstalter und der Leiter mit ihren persönlichen Daten im Sinn des Art. 10 Abs. 3 Satz 1 sowie
>
> bei sich fortbewegenden Versammlungen der beabsichtigte Streckenverlauf.
>
> Der Veranstalter hat wesentliche Änderungen der Angaben nach Satz 1 der zuständigen Behörde unverzüglich mitzuteilen.
>
> (3) Entsteht der Anlass für eine geplante Versammlung kurzfristig (Eilversammlung), ist die Versammlung spätestens mit der Bekanntgabe fernmündlich, schriftlich, elektronisch oder zur Niederschrift bei der zuständigen Behörde oder bei der Polizei anzuzeigen.
>
> (4) Die Anzeigepflicht entfällt, wenn sich die Versammlung aus einem unmittelbaren Anlass ungeplant und ohne Veranstalter entwickelt (Spontanversammlung).
>
> (5) Die zuständige Behörde kann den Leiter ablehnen, wenn Tatsachen die Annahme rechtfertigen, dass dieser die Friedlichkeit der Versammlung gefährdet.
>
> (6) Der Veranstalter hat der zuständigen Behörde auf Anforderung die persönlichen Daten eines Ordners im Sinn des Art. 10 Abs. 3 Satz 1 mitzuteilen, wenn Tatsachen die Annahme rechtfertigen, dass dieser die Friedlichkeit der Versammlung gefährdet. ² Die zuständige Behörde kann den Ordner ablehnen, wenn die Voraussetzungen nach Satz 1 vorliegen.

---

270 Siehe dazu Scheidler, BayVBl. 2009, 33, 37

(7) Die zuständige Behörde kann dem Veranstalter aufgeben, die Anzahl der Ordner zu erhöhen, wenn ohne die Erhöhung eine Gefahr für die öffentliche Sicherheit zu besorgen ist."

4. Verfassungsrechtliche Bedenken

Diese einfach-gesetzlich normierten Anzeige- und Anmeldepflichten bei „öffentlichen Versammlungen unter freiem Himmel" ist wegen der eindeutigen Aussage in Art. 8 Abs. 1 GG verfassungsrechtlich bedenklich[271]. Sie ist nur vertretbar, wenn man im Rahmen verfassungskonformer Auslegung des § 14 Abs. 1 BVersG (und der entspr. landesrechtlichen Normen) der Behörde die Möglichkeit einräumen will, sich entsprechend zu informieren, um Vorkehrungen für einen störungsfreien Ablauf der Versammlung zu treffen.

„Die mit der Anmeldung verbundene Kontaktaufnahme ermöglicht einen Dialog und eine Kooperation (zwischen Anmelder und Behörde) ... die sich auch für den Demonstrationsträger im eigenen Interesse empfehlen. Dabei werden schon im Vorfeld kollidierende Interessen, etwaige Konfliktsituationen und wechselseitige Belastbarkeiten deutlich".[272]

5. Sonderfälle der Eil- oder Spontanversammlungen

Besondere Probleme bereiten in diesem Zusammenhang die so genannten Eil- oder Spontanversammlungen[273]:

a) Eine Eilversammlung[274] liegt vor, wenn eine geplante Versammlung aus aktuellem Anlass kurzfristig einberufen wird (siehe Art. 13 Abs. 3 BayVersG). Der Zeitraum bis zur geplanten Durchführung der Versammlung ist jedoch so knapp, dass die von § 14 BVersG geforderte 48-Stunden-Frist nicht eingehalten werden kann. Die Realisierung der Versammlung wäre also unter Beachtung der Strafvorschrift des § 26 Nr. 2 BVersG praktisch unmöglich.

---

271 Lisken/Denninger, S. 1075; BVerfG, NJW 1985, 2395, 2397: Die Anmeldepflicht schränkt das Grundrecht im Regelfall nur unerheblich ein, wenn dabei beachtet wird, dass die Anmeldepflicht nicht ausnahmslos eingreift und dass ihre Verletzung nicht schon schematisch zum Verbot oder Auflösung einer Versammlung berechtigt.
272 BVerfG, NJW 1985, 2395, 2399; 2001, 1411, 1412, und 2078, 2079; OVG Weimar, DÖV 1998, 123, 126; VGH Mannheim, NVwZ 1994, 87, 89; Lisken/Denninger, S. 1076
273 Lembke, JuS 2005, 984, 987; Seidel, DÖV 2002, 283, 286; Weber, SächsVbl. 2002, 25, 26 ff.; Lisken/Denninger, S. 1076; Enders, Jura 2003, 103
274 Dazu jetzt ausdrücklich Art. 13 Abs. 3 BayVersG: kurzfristiger Anlass für eine geplante Versammlung; Scheidler, S. 33

aa) § 12 Abs. 3 des Versammlungsgesetzes Sachsen-Anhalt hat die Eilversammlung wie folgt definiert:

„Eine Versammlung, bei der der mit der Versammlung verfolgte Zweck bei Einhaltung der Anmeldefrist nicht erreicht werden kann".

bb) Deshalb hat das Bundesverfassungsgericht[275] in verfassungskonformer Auslegung des Versammlungsgesetzes den Veranstalter einer Eilversammlung von der Einhaltung der Anmeldefrist befreit, nicht jedoch aber von der Anmeldepflicht generell. Die Anmeldefrist beginnt also grundsätzlich mit dem Entschluss, die Versammlung zu veranstalten.

b) Die „Spontanversammlung"[276] bildet sich dagegen gleichsam ungeplant aus aktuellem Anlass heraus grundsätzlich ohne Einladung und Versammlungsleiter (siehe §§ 7, 8, § 11 Abs. 1, § 14 Abs. 2, § 19 BVersG), zum Beispiel bei spontanen Trauerkundgebungen oder Feiern aufgrund des überraschenden Wahlsieges eines Politikers. Auch diese Art von Versammlung steht unter dem Schutz des Art. 8 Abs. 1 GG.

Schon begrifflich ist die Anmeldung einer derartigen Versammlung nicht möglich. Deshalb ist § 14 BVersG nicht anwendbar, ansonsten wären Spontanversammlungen überhaupt nicht zulässig. Insoweit hat Art. 8 Abs. 1 GG nach den Ausführungen des Bundesverfassungs-gerichts im Brokdorf-Beschluss Vorrang vor den Regelungen des Versammlungsgesetzes.

aa) § 12 Abs. 3 des Versammlungsgesetzes Sachsen-Anhalt hat die Spontanversammlung wie folgt definiert:

„Versammlungen, die sich aus aktuellem Anlass augenblicklich und ohne Veranstalter bilden".

bb) Dazu Art. 13 Abs. 4 BayVersG:

„Die Anzeigepflicht entfällt, wenn sich die Versammlung aus einem unmittelbaren Anlaß ungeplant und ohne Veranstalter entwickelt".

---

275 NJW 1992, 890
276 BVerfG NVwZ 2005, 80: spontane friedliche Gegendemonstration.
   Nach Art. 13 Abs. 4 BayVersG handelt es sich um eine Versammlung, „die sich aus einem unmittelbaren Anlass ungeplant und ohne Veranstalter entwickelt"; Scheidler, S. 33

6. Begründung der Anmeldepflicht[277]

a) Grund der Regelung der Anmeldepflicht in im Zusammenhang mit „öffentlichen Versammlungen unter freiem Himmel" ist es, den Behörden die Informationen zu vermitteln, die sie benötigen, um Vorkehrungen zum störungsfreien Verlauf der Veranstaltung und zum Schutz von Interessen Dritter und der Allgemeinheit treffen zu können[278].

Bei den „öffentlichen Versammlungen in geschlossenen Räumen" ist deshalb keine Anmeldepflicht normiert. Aus § 14 BVersG folgt somit, dass die Versammlungen nach den §§ 5 ff. (öffentliche Versammlungen in geschlossenen Räumen) keiner Anmeldepflicht unterliegen.

b) Nach der Rechtsprechung des BVerfG gilt diese Anmeldepflicht nach 14 BVersG und Art. 13 BayVersG (für den Veranstalter[279] einer Versammlung) nur bei „öffentlichen Versammlungen unter freiem Himmel"[280], ist aber wegen der eindeutigen Aussage in Art. 8 Abs. 1 GG (ohne Anmeldung und ohne Erlaubnis) verfassungsrechtlich bedenklich[281].

Das BVerfG hält diese gesetzlich normierte Anmeldepflicht aber für verhältnismäßig und vertretbar, weil derartige Veranstaltungen („öffentliche Versammlungen unter freiem Himmel") „wegen ihrer Außenwirkungen vielfach besondere Vorkehrungen erfordern."

7. Entfallen der Anmeldepflicht

Die Anmeldepflicht entfällt bei den sogenannten Spontandemonstrationen, ebenso wie bei den Eildemonstrationen, denn § 14 BVersG ist auf geplante Versammlungen zugeschnitten[282]

---

277 VG Aachen, Beschl. v. 6.9.2010, 6 K 1135/10; Lisken/Denninger, S. 1075. In Art. 13 BayVersG („Anzeige- und Mitteilungspflicht") sind umfangreiche Regelungen auch zu Form und Inhalt der „Anzeige" einer Versammlung enthalten; siehe dazu Scheidler, S. 30 ff.
278 BVerfG, NJW 1985, 2395, 2397: wegen deren Außenwirkung sind vielfach besondere Vorkehrungen erforderlich; OVG Weimar, NVwZ-RR 2003, 207, 209; Lisken/Denninger, S. 1076; Gusy, JuS 1993, 555, 557
279 Lisken/Denninger, S. 1079; nach Art. 13 BayVersG ebenfalls der Veranstalter, so ist auch § 12 VersammlGLSA zu verstehen.
280 NJW 1985, 2395, 2397; NVwZ 1998, 834, 836: „*angemeldete Demonstration*"; BVerwG, UPR 2008, 107, 108: „*Angemeldete Veranstaltung*"; OLG Celle, NVwZ-RR 2005, 252: „*Teilnahme an einer angemeldeten und nicht verbotenen Demonstration*"; VGH Mannheim, NVwZ 1987, 237, 238: „*Angekündigte Gegendemonstration als anmeldepflichtige Versammlung nach § 14 VersG*"; VGH München, DÖV 1979, 569
281 Höllein, NVwZ 1994, 635, 637; Lisken/Denninger, S. 1075
282 Lisken/Denninger, S. 1076; Höllein, NVwZ 1994, 635, 637; Hermanns, JA 2001, 79, 82

Dafür sprechen auch die Ausnahmevorschriften nach Art. 13 Abs. 3, Abs. 4 BayVersG.

8. Sogenannte Tarnveranstaltungen

Oftmals vermutet die Behörde bei einer Anmeldung eine Tarnung insbes. bei dem Thema (Motto) der Veranstaltung.

„Dann kann ein Verbot nur ausgesprochen werden, wenn die Behörde konkrete, auf diese Versammlung bezogene Indizien der Tarnabsicht hat und unter Berücksichtigung möglicher Gegenindizien begründet, warum diesen kein maßgebliches Gewicht beizumessen ist... denn die Prüfung eines Versammlungsverbotes hat von den Angaben in der Anmeldung auszugehen, es sei denn, es dränge sich auch bei grundrechtskonformer Deutung des Vorhabens der Eindruck auf, in Wahrheit sei ein anderer Inhalt geplant und der Veranstalter werde trotz der gesetzlichen Strafandrohung (§ 25 Nr. 1 VersG) eine Versammlung anderen Inhalts und damit anderen Gefahrenpotenzials durchführen als angemeldet"[283]

Die Beweislast für die Tarnung eines das Versammlungsverbot rechtfertigenden Inhalts und damit eine täuschende Anmeldung liegt bei der Verwaltung"[284].

9. Prioritätsgrundsatz bei mehreren Anmeldungen

Oft besteht eine „Konkurrenz" von Versammlungen bei mehreren Anmeldungen für einen bestimmten Ort zu einer bestimmten Zeit[285]:

a) Grundsätzlich gilt der Prioritätsgrundsatz[286], d. h., es besteht ein Vorrang der Versammlung, die zuerst angemeldet wurde. Die später angemeldete Versammlung (oft als Gegendemonstration angelegt) hat zurückzutreten, in einer Gesamtschau ist aber auf eine Verwirklichung der Grundrechte aus Art. 8 GG hinzuwirken, insbes. wegen des Selbstbestimmungsrecht des Veranstalters auch über den Ort der Versammlung[287].

„Es können jedoch wichtige Gründe, etwa die besondere Bedeutung des Ortes und Zeitpunkt für die Verfolgung des jeweiligen Versammlungszweckes, für eine andere Vorgehensweise sprechen. Die Ausrichtung allein am Prioritätsgrundsatz könnte im Übrigen dazu verleiten, Versammlungen an bestimmten Tagen und Orten frühzei-

---

283 BVerfG, NJW 2000, 3053, 3055
284 BVerfG, NJW 2001, 2069, 2070
285 BVerfG, NVwZ-RR 2007, 641, 642: Stadtzentrum von Schwerin
286 BVerfG, NJW 2000, 3051, 3053; DVBl. 2005, 969, 970; OVG Koblenz, NVwZ-RR 2004, 848; Höllein, NVwZ 1994, 635, 638; Lisken/Denninger, S. 1081: Erstanmelderprivileg
287 BVerfG, NVwZ-RR 2007, 641, 642

tig – ggf. auf Jahre hinaus auf Vorrat – anzumelden[288] und damit anderen potenziellen Veranstaltern die Durchführung von Versammlungen am gleichen Tag und Ort unmöglich zu machen. Dies widerspricht dem Anliegen, die Ausübung der Versammlungsfreiheit grundsätzlich allen Grundrechtsträgern zu ermöglichen.

Der Prioritätsgrundsatz wird aber maßgebend, wenn die spätere Anmeldung allein oder überwiegend zu dem Zweck erfolgt, die zuerst angemeldete Versammlung an diesem Ort zu verhindern. Die zeitliche nachrangig angemeldete Veranstaltung hat allerdings nicht schon deshalb zurückzutreten, weil die geplante Versammlung des Erstanmelders eine Anstoß zur Durchführung der später angemeldeten Versammlung gegeben hat. Aufrufe zur Versammlungen reagieren häufig auf aktuelle Anstöße. Kommt es zu konkurrierenden Nutzungswünschen, ist eine praktische Konkordanz bei der Ausübung der Grundrechte unterschiedlicher Grundrechtsträger herzustellen. Dabei kann die Behörde aus hinreichend gewichtigen Gründen unter strikter Berücksichtigung des Grundsatzes inhaltlicher Neutralität von der zeitlichen Reihenfolge der Anmeldung einer Versammlung abweichen".[289]

b) Andererseits ist zu beachten:

„Mit Art. 8 GG wäre nicht zu vereinbaren, dass bereits mit der Anmeldung einer Gegendemonstration, deren Durchführung den Einsatz von Polizeikräften erfordern könnte, erreicht werden kann, dass dem Veranstalter der zuerst angemeldeten Versammlung die Möglichkeit genommen wird, sein Demonstrationsanliegen zu verwirklichen. Deshalb muss vorrangig versucht werden, den Schutz der Versammlung auf andere Weise, ggf. unter Hinzuziehung externer Polizeikräfte, durchzusetzen".[290]

c) Die Versammlungsbehörde wird demnach grundsätzlich gegenüber der späteren 2. (und evtl. weiteren) Versammlung eine Auflage (sogenannte beschränkenden Verfügung) nach § 15 Abs. 1 BVersG aussprechen, wobei eine wesentliche Veränderung des Ablaufs oder des Inhalts der Versammlung nicht vorgenommen wird[291]. Denn bei der Kollision von grundrechtlich geschützten Rechtspositionen (Art. 5 und 8 GG) mehrerer Veranstalter ist es Aufgabe der zuständigen Versammlungsbehörde, diese Grundrechtspositionen in einen gerechten Ausgleich zu bringen[292].

---

288 BVerfG, BayVBl. 2010, 234: (Wunsiedel): Anmeldung einer „öffentlichen Versammlung unter freiem Himmel" für 2005 und im Voraus für bis in das Jahr 2010 wiederkehrend mit dem Thema „Gedenken an Rudolf Heß"; VG Aachen, Beschl. v. 6.9.2010, 6 K 1135/10
289 BVerfG, DVBl. 2005, 969, 970: Im konkreten Fall hat das BVerfG einen wichtigen Grund zum Abweichen vom Prioritätsgrundsatz bejaht.
290 BVerfG, NJW 2000, 3051, 3053
291 Höllein, NVwZ 1994, 635, 638
292 VGH München, BayVBl. 2006, 185, 186: Im konkreten Fall sollte eine Veranstaltung der israelischen Kultusgemeinde (Gedenken an die deportierten Münchener Juden als stille und andächtige Versammlung) und des Antragstellers (Erinnerung an den Mauerfall vor 16 Jahren als „fröhliche" Veranstaltung) am 9.11.2005 auf dem Marienplatz in München stattfinden. Die Versammlung des Antragstellers wurde auf den Karlsplatz in München verlegt.

C. Besondere versammlungsrechtliche Problembereiche

Ausgangspunkt bei diesen Überlegungen ist aber die Annahme, dass es sich bei den weiteren Versammlungen ebenfalls um Veranstaltungen handelt, die wie die erste Versammlung selbst auch das Grundrecht aus Art. 8 GG beanspruchen können.

10. Sanktionen bei Nichtbeachtung der Anmeldepflicht:

BundesVersG	Bayern	Sachsen	Sachsen-Anhalt
§ 25, Versammlungsleiter § 26 Nr. 2 Veranstalter und Versammlungsleiter	Art. 21 Abs. 1 Nr. 7 Art. 21 Abs. 2 Nr. 6	§ 25, Versammlungsleiter § 26 Nr. 2 Veranstalter und Versammlungsleiter	§ 27 Abs. 1 S. 2

11. Keine weiteren Erlaubnisse erforderlich

Sonstige Erlaubnisse oder Genehmigungen, z. B. nach Straßen- oder Straßenverkehrsrecht, sind wg. der grundrechtlichen Bedeutung der Versammlungsfreiheit nach Art. 8 sowie der Regelung in § 14 BVersG (sowie den entspr. landesrechtlichen Regelungen) bei einer beabsichtigten Versammlung nicht erforderlich[293]. Die Festlegung der Anmeldepflicht in den VersG privilegiert die Versammlung und verdrängt alle sonstigen Vorschriften, nach denen üblicherweise eine Erlaubnis bzw. Genehmigung vorliegen muss[294].

---

[293] BVerwG, NZV 1989, 325, 326; OVG Berlin-Brandenburg, NVwZ-RR 2009, 370; Wiefelspütz, DÖV 2001, 21, 23; OVG Bautzen, 3 BS 216/03: Das Aufstellen und Verwenden einer Feldküche und von Sitzgelegenheiten ist kein erforderliches Hilfsmittel zur Durchführung eines Aufzugs, weshalb Sondernutzungserlaubnisse erforderlich sind.

[294] OVG Bautzen, NVwZ-RR 2002, 435, 436; Enders, Jura 2003, 34, 41; Lisken/Denninger, S. 1080

| C. Besondere versammlungsrechtliche Problembereiche |

12. Ablauf des Verwaltungsverfahrens „Anmeldung einer Versammlung" bei der Versammlungsbehörde

Entgegennahme der Anmeldung bzw. die Behörde erhält Kenntnis davon, dass eine Versammlung stattfinden soll (siehe dazu z. B. die detaillierten Regelungen in Art. 13 BayVersG) – Amtsermittlung nach den Art. 24, 26 BayVwVfG
– „Kooperationsgespräche" mit dem Veranstalter Art. 14 BayVersG, § 12 Abs. 3 VersammlGLSA
– Voraussetzungen für eine Maßnahme in Form einer Auflage (Beschränkung) oder eines Verbotes liegen nicht vor: – Information an den Veranstalter: Eingangsbestätigung
Voraussetzungen zur Erteilung einer „Auflage" (versammlungsbeschränkende Maßnahme) liegen vor z. B. Tatbestand der „unmittelbaren Gefährdung der öffentlichen Sicherheit oder Ordnung" einschl. Ermessensbetätigung (Rechtsfolge)
– Rechtzeitiger „Auflagenbescheid" an Veranstalter evtl. mit Anordnung der sofortigen Vollziehung, außer in Bayern (zügiges Verwaltungsverfahren, Art. 10 Abs. 2 BayVwVfG)
Voraussetzungen zum Erlass eines Versammlungsverbotes liegen vor („ultima ratio") z. B. nach § 15 Abs. 1 oder Abs. 2 BVersG (Tatbestand einschl. Ermessensausübung)
Rechtzeitiger Verbotsbescheid mit Anordnung der sofortigen Vollziehung an Veranstalter (in Bayern nicht erforderlich, siehe Art. 25 BayVersG) – starker Begründungszwang für die Versammlungsbehörde nach Art. 39 BayVwVfG – zusätzliche Begründung der Anordnung der sofortigen Vollziehung, § 80 Abs. 3 VwGO – zusätzlicher erheblicher Begründungsbedarf bei einem Versammlungsverbot unter Berufung auf den sogenannten polizeilichen Notstand
Bekanntgabe des Bescheides ohne Verzögerung, d. h. zügiges Verwaltungsverfahren entspr. Art. 10 S. 2 BayVwVfG, damit der Adressat noch die Möglichkeit hat, vor Beginn der geplanten Versammlung einstweiligen Rechtsschutz nach § 80 V VwGO in Anspruch zu nehmen

C. Besondere versammlungsrechtliche Problembereiche

III. Versammlungsrechtliche Eingriffsmaßnahmen

> **Überblick**
> 1. Grundsätzliche Ausführungen
> 2. Versammlungsverbote oder Auflagen bei „öffentlichen Versammlungen nicht unter freiem Himmel"
> 3. Versammlungsverbote oder Auflagen bei öffentlichen Versammlungen unter freiem Himmel
> 4. Versammlungsauflösungen
> 5. Maßnahmen gegen einzelne Versammlungsteilnehmer
> 6. Übersicht über die versammlungsrechtlichen Maßnahmen
> 7. Maßnahmen gegen unfriedliche Gegendemonstranten (außerhalb des Versammlungsrechts)

1. Grundsätzliche Ausführungen

a) Grundsätzlich unterscheiden die versammlungsrechtlichen Normen betr. Auflagen und Versammlungsverbote

aa) einerseits zwischen präventiven Eingriffen der Versammlungsbehörde (vor Versammlungsbeginn):

Erteilung von „Auflagen" (Versammlungsbeschränkungen) und Verbot der Versammlung,

und

bb) andererseits Eingriffen oder Maßnahmen, die während der Durchführung einer Versammlung oder eines Aufzuges stattfinden:
- sogenannte Minusmaßnahmen
- Ausschluss einzelner oder mehrerer Teilnehmer, und
- Auflösung der gesamten Versammlung

b) Unter dem grundgesetzlich geprägten Gesichtspunkt der Verhältnismäßigkeit, der insbes. bei Art. 8 GG und der möglichen Einschränkung der Versammlungsfreiheit durch behördliche Maßnahmen eine überragende Bedeutung hat, kommen vorrangig Eingriffe „nur" in Form der Auflösung der gesamten Versammlung oder des Ausschlusses einzelner oder mehrerer Teilnehmer (evtl. sogenannte Minus-Maßnahmen) in Betracht

„Es ist nicht erkennbar, dass es ausgeschlossen ist, mögliche Straftaten durch Maßnahmen gegen einzelne Versammlungsteilnehmer zu bekämpfen, so dass ein Versammlungsverbot unter dem Aspekt der Verhältnismäßigkeit ausscheidet" [295].

---

295 BVerfG, NJW 2003, 3689, 3690

C. Besondere versammlungsrechtliche Problembereiche

D. h. im Zweifel findet die Versammlung also statt (kein präventives Verbot, evtl. Durchführung unter Auflagen ebenfalls als präventive Maßnahme) und nur bei Vorliegen der tatbestandlichen Voraussetzungen der Norm kann eine Auflösung der gesamten Versammlung als Eingriffsmaßnahme stattfinden[296].

c) Dabei ist wiederum unter dem Gesichtspunkt der Bedeutung des Art. 8 GG zu beachten, dass vor einer Auflösung der Versammlung polizeiliche Maßnahmen (auf versammlungsrechtlicher Grundlage) gegen einzelne Teilnehmer in Betracht zu ziehen sind, bevor die komplette Versammlung aufgelöst wird, Das bedeutet konkret Vorrang der sogenannten Minusmaßnahme, dann Ausschluss einzelner oder mehrerer Teilnehmer.

„Denn das Versammlungsrecht der friedlichen Demonstrationteilnehmer muss auch bei Ausschreitungen Einzelner gewahrt bleiben"[297].

Auch die sogenannten „Minus-Maßnahmen" sind unter Beachtung des Verhältnismäßigkeitsprinzips in Betracht zu ziehen, siehe später unter 5.

d) Im präventiven Bereich[298] der Maßnahmen (Verbot bzw. Auflage) durch die Versammlungsbehörde (d. h. vor Stattfinden der geplanten Versammlung) ist wiederum vorrangig (vor dem Aussprechen eines Verbotes) an die Erteilung von Auflagen zu denken i. S. von sogenannten „beschränkenden Verfügungen"[299].

Dies ist die mildere Maßnahme unter Beachtung des grundgesetzlich gebotenen Verhältnismäßigkeitsprinzips gegenüber einem Versammlungsverbot[300].

Die Behörde untersagt also die Versammlung nicht komplett, sondern trifft das Versammlungsrecht einschränkende Regelungen. Die Versammlung kann also grundsätzlich durchgeführt werden unter Beachtung der entspr. Beschränkungen in Form einer Auflage (die Behörde sagt ja, aber ...).

Oder es wird ein sogenannter „Aufzug" untersagt und als Auflage lediglich eine stationäre Versammlung ermöglicht[301].

---

296 Hoffmann-Riem, NJW 2002, 257, 264; Höllein, NVwZ 1994, 635, 638
297 Höllein, NVwZ 1994, 635, 639
298 BVerfG, NVwZ 2008, 671, 672: „*Erlass vorbeugender Verfügungen der Behörde*"; LT-Drucksache Sachsen 5/286, S. 10
299 Ständige Rechtsprechung des BVerfG: BVerfG NJW 2001, 2069, 2071; 2003, 3689, 3690, und 2004, 2814, 2816; DVBl. 2000, 1121, 1122; 2004, 697; NVwZ 2008, 671, 672; VGH Mannheim, NVwZ 1987, 237, 238; VG Freiburg, VBlBW 2002, 497; Drucksache 5/286, S. 10.
Zutreffenderweise spricht nunmehr das BayVersG in Art. 15 nicht mehr von „Auflagen", sondern von „Beschränkungen" einer Versammlung; ebenso § 13 VersammlGLSA
300 BVerfG, NJW 2001, 2069, 2071; OVG Bautzen, NVwZ-RR 2002, 435; OVG Weimar, NVwZ-RR 2003, 207, 211; Pappermann, NJW 1971, 211; Drucksache 5/286, S. 10
301 BVerfG, NVwZ 2006, 1049, 1050

C. Besondere versammlungsrechtliche Problembereiche

e) Letzte Möglichkeit im präventiven Bereich, also im Vorfeld einer Versammlung, ist das Verbot der Versammlung durch die Versammlungsbehörde als „ultima ratio".[302] Es wird deshalb in der Rechtsprechung auch als sogenanntes „Totalverbot" bezeichnet[303].

f) **Übersicht zur Rangfolge der Maßnahmen unter Beachtung von Art. 8 und des verfassungsrechtlichen Verhältnismäßigkeitsprinzips**

1. Sogenannte Minus-Maßnahme, d. h. der Versammlungsteilnehmer macht weiterhin von seinem Versammlungsrecht Gebrauch, nur das bspw. mitgeführte Schild mit strafbaren Äußerungen wird entfernt
2. Ausschluss eines oder mehrerer Teilnehmer von der Versammlung
3. Auflösung der gesamten Versammlung
Die Maßnahmen 1 – 3 werden getroffen, während die Versammlung durchgeführt wird (Vollzugspolizei)
4. Erteilung einer Auflage (versammlungsbeschränkende Maßnahme)
5. Ausspruch eines Versammlungsverbotes
Die Maßnahmen 4 oder 5 werden vor dem Stattfinden der Versammlung getroffen, sogenannte präventive Maßnahmen (Versammlungsbehörde)
Alle angesprochenen Maßnahmen sind unter Beachtung des Grundrechts aus Art. 8 GG in Verbindung mit dem verfassungsrechtlich bedeutsamen Verhältnismäßigkeitsprinzip durchzuführen

---

302 VG Gelsenkirchen, Beschl. v. 3. 9. 2010, 14 L 970/10
303 BVerfG, NJW 2001, 2069, 2071; NVwZ 2007, 574, 575

2. Versammlungsverbote oder Auflagen bei „öffentlichen Versammlungen nicht unter freiem Himmel"

a) Übersicht über die Rechtsgrundlagen

BundesVersG	Bayern	Sachsen	Sachsen-Anhalt
§ 5	Art. 12	§ 5	§§ 4 und 5

b) Die verfassungsrechtliche Problematik dieser Regelungen in den jeweiligen Versammlungsgesetzes ist bereits angesprochen worden, siehe oben unter C I im Zusammenhang mit der Abgrenzung der verschiedenen Versammlungsarten.

Denn Art. 8 Abs. 2 GG (nicht aber die Verfassung des Freistaates Bayern) beschränkt den Gesetzesvorbehalt und somit die Reichweite der Versammlungsgesetze auf „öffentliche Versammlungen unter freiem Himmel"[304].

Demnach sind gegen diese Regelungen (§§ 5 ff. BVersG, für „öffentliche Versammlungen in geschlossenen Räumen") innerhalb der Versammlungsgesetze verfassungsrechtliche Bedenken geltend gemacht worden.

c) Bei einem Vergleich der Verbots- und der Auflösungsnormen bei den beiden genannten Arten von Versammlungen (als Grundrechtseingriffe) bei

– öffentlichen Versammlungen unter freiem Himmel, §§ 14 ff. BVersG, und
– öffentlichen Versammlungen in geschlossenen Räumen, §§ 5 ff. BVersG,

ist festzustellen, dass § 15 bei den „öffentlichen Versammlungen unter freiem Himmel" für Verbote und Auflösungen relativ weit gefasste generalklauselartige Regelungen enthält (z. B. ähnlich der sogenannten polizeirechtlichen Generalklausel).

Dagegen sind in

– § 5 BVersG (Verbot einer öffentlichen Versammlung in geschlossenen Räumen), und in
– § 13 BVersG (Auflösung einer öffentlichen Versammlung in geschlossenen Räumen)

sehr eng begrenzte Tatbestände normiert, die nur bei Vorliegen dieser speziellen Tatbestände entsprechende behördliche Maßnahmen ermöglichen (die Behörde bzw. Vollzugspolizei „kann" dann, wenn der Tatbestand bejaht wird, tätig werden)[305].

---

304 VGH München, DÖV 2008, 1006, 1007
305 OVG Weimar, DÖV 1998, 123, 124, zu § 5 VersG; VGH Mannheim, NVwZ 1998, 761 ff., zu § 13 VersG; Deger, NVwZ 1999, 265, 266; jetzt auch Art. 12 BayVersG in Bayern

C. Besondere versammlungsrechtliche Problembereiche

d) Es handelt sich bei den Festlegungen in den §§ 5 und 13 BVersG um abschließende Regelungen, die wegen der Bedeutung der Versammlungsfreiheit nicht ausgeweitet werden dürfen. Es geht dabei um Konkretisierungen verfassungsimmanenter oder -unmittelbarer Schranken der Versammlungsfreiheit[306].

e) Auf die sogenannte „Polizeifestigkeit" des Versammlungsgesetzes ist bereits hingewiesen worden, die sich hier auf „öffentliche Versammlungen in geschlossenen Räumen" bezieht.

Außerhalb der Versammlung besteht der besondere Schutz der Versammlungsfreiheit nicht mehr. Außerhalb des Versammlungsraumes können demnach Maßnahmen aufgrund der Vorschriften des allgemeinen Polizeirechts, z. B. Personenfeststellungen oder Durchsuchungen von Personen oder Sachen durchgeführt werden[307].

f) Die vorgenannten Ausführungen zu den „öffentlichen Versammlungen nicht unter freiem Himmel" bezogen sich auf das BVersG und das SächsVersG.

Aber auch die entsprechende Regelungen in Bayern und Sachsen-Anhalt sind einschränkend zu interpretieren.

aa) So gibt es in Bayern für diese Versammlungen keine Anmeldepflicht (siehe Art. 10) und die Maßnahmen der Beschränkungen, Verbote oder Auflösungen nach Art. 12 sind zurückhaltend anzuwenden.

bb) Gleiches gilt für Sachsen-Anhalt, wie sich aus den §§ 4 (Verbot) und § 11 (Auflösung) im Vergleich mit den Eingriffsmöglichkeiten nach § 13 bei einer öffentlichen Versammlung unter freiem Himmel ergibt.

3. Versammlungsverbote oder Auflagen (bzw. Beschränkungen) bei „öffentlichen Versammlungen unter freiem Himmel"

a) Übersicht über die Rechtsgrundlagen

BundesVersG	Bayern	Sachsen	Sachsen-Anhalt
§ 15	Art. 15	§ 15	§ 13

b) Es handelt sich um die typischen präventiven Eingriffsmaßnahmen der Versammlungsbehörde bei den „öffentlichen Versammlungen unter freiem Himmel". Sie sind gegen die gesamte Versammlung gerichtet, da ansonsten die

---

306 VGH Mannheim, NVwZ 1998, 761, 764; VGH München, DÖV 2008, 1006, 1007; Ketteler, DÖV 1990, 954, 958; Höllein, NVwZ 1994, 635, 636
307 VGH Mannheim, NVwZ 1998, 761, 764

C. Besondere versammlungsrechtliche Problembereiche

Versammlungsgesetze keine präventiven Eingriffe bis zum Versammlungsbeginn vorsehen.

> **Zu § 15 BVersG hat sich das BVerfG[308] wie folgt geäußert:**
>
> „Insgesamt ist § 15 VersG jedenfalls dann mit Art. 8 GG vereinbar, wenn bei seiner Auslegung und Anwendung sichergestellt bleibt, dass Verbote und Auflösungen nur zum Schutz wichtiger Gemeinschaftsgüter unter Wahrung des Grundsatzes der Verhältnismäßigkeit und nur bei einer unmittelbaren, aus erkennbaren Umständen herleitbaren Gefährdung dieser Rechtsgüter erfolgen"

Die Versammlungsgesetze der Länder haben die grundsätzliche Verbotsnorm des § 15 Abs. 1 BVersG (versammlungsrechtliche Generalklausel) im Wesentlichen übernommen[309]:

- Bayern: Art. 15 Abs. 1
- Sachsen: § 15 Abs. 1
- Sachsen Anhalt: § 13 Abs. 1.

> **§ 15 Abs. 1 BVersG lautet wie folgt:**
>
> „Die zuständige Behörde kann die Versammlung oder den Aufzug verbieten oder von bestimmten Auflagen abhängig machen, wenn nach den zur Zeit des Erlasses der Verfügung erkennbaren Umständen die öffentliche Sicherheit oder Ordnung bei Durchführung der Versammlung oder des Aufzuges unmittelbar gefährdet ist."[310]

c) Zusätzliche neue Regelungen gegenüber dem BVersG haben die Versammlungsgesetze der Länder nunmehr im Bereich der „öffentlichen Versammlungen unter freiem Himmel" getroffen. Es handelt sich jeweils um sonderrechtliche Regelungen gegenüber der versammlungsrechtlichen Generalklausel.

aa) Bayern: Art. 15 Abs. 2:

Die Vorschrift soll vor allem verfassungsrechtlich zulässige und gebotene Grenzen gegenüber rechtsextremistischen Gruppieren setzen, denen es in erster Linie

---

308 NJW 1985, 2395, 2398 (Brokdorf)
309 Heidebach/Unger, DVBl. 2009, 283, 286; Brenneisen/Sievers, Die Polizei 2009, 71, 79; Scheidler, BayVB. 2009, 33, 39; Gesetzentwurf der Bayerischen Staatsregierung, DS 15/10181, S. 21: *„Die versammlungsrechtliche Generalklausel ... hat sich in der Praxis als flexibles Instrument zur Erfassung unterschiedlichster Versammlungssachverhalte bewährt. Abs. 1 übernimmt sie daher."*; ähnlich die sächsische Argumentation, LT-DS 5/286, S. 10.
310 BVerfG, BayVBl. 2010, 234: Verbot einer Rudolf-Heß-Kundgebung in Wunsiedlel am 20.8.2005. Damals galt noch das Bundes-VersG.

C. Besondere versammlungsrechtliche Problembereiche

darauf ankommt, unter dem Deckmantel der Versammlungsfreiheit und unter Missachtung der Rechte anderer für Chaos und Randale zu sorgen.[311]

bb) Sachsen: § 15 Abs. 2[312]:

„Die betreffenden Maßnahmen können nach § 15 Abs. 2 VersG insbes. ergriffen werden, wenn die Versammlung an einem Ort stattfindet, der an die Opfer der nationalsozialistischen Gewaltherrschaft erinnert und eine Beeinträchtigung der Würde der Opfer durch die Versammlung zu besorgen ist. Diese Vorschriften sollen durch eigenständige, der sächsischen Situation angepasste landesrechtliche Regelungen ersetzt werden ..."[313].

cc) Sachsen-Anhalt: § 13 Abs. 2 und Abs. 3:

„Öffentliche Versammlungen und Aufzüge sollen an bestimmten Orten sowie an bestimmten Tagen eingeschränkt werden können, soweit diese in besonderer Weise mit dem Gedenken an die Opfer von Kriegen und nationalsozialistischer Gewaltherrschaft oder mit dem Gedenken an schwere Menschenrechtsverletzungen zu Zeiten der sowjetischen Besatzung und der SED-Diktatur verbunden sind. „Es sind nur Veranstaltungen betroffen, bei denen die konkrete Sorge besteht, dass sie die Würde und die Ehre der Opfer von Verfolgung verletze ..."[314].

dd) Bei den genannten neuen Regelungen geht es demnach vor allem um den Schutz der Würde der Opfer nationalsozialistischer Gewaltherrschaft vor Versammlungen, die an symbolträchtigen tagen oder Orten stattfinden sollen.

Die Zielrichtung der landesrechtlichen Sonderregelungen ergibt sich auch aus der Begründung zur Änderung des Bayerischen Versammlungsgesetzes (siehe oben unter A II):

„Das Gesetz zur Änderung des Bayerischen Versammlungsgesetzes setzt die Koalitionsvereinbarung (Anm.: CSU- und FDP-Fraktionen im Bayerischen Landtag) um und berücksichtigt die tragenden Gründe der Entscheidung des BVerfG vom 17. 2. 2009 ..."[315)

---

311 Scheidler, BayVbl. 2009, 33, 41; Heidebach/Unger, DVBl. 2009, 283, 286; kritisch dazu Kutscha, NVwZ 2008, 1210, 1211
312 Siehe dazu Weber, Sächsisches Versammlungsrecht, S. 160 ff.
313 Gesetzentwurf der Fraktionen von CDU und FDP (Regierungskoalition) im Sächsischen Landtag vom 29. 10. 2009, LT-DS 5/286, S. 8
314 Innenminister Hövelmann, Sachsen Anhalt, Plenarprotokoll 5/64, s. 4178
315 Gesetzentwurf von Abgeordneten beider Koalitionsfraktionen, LT-DS 16/1270, vom 6. 5. 2009

C. Besondere versammlungsrechtliche Problembereiche

Die Änderungen lassen das Kernanliegen des Bayerischen Versammlungsgesetzes, auf die besonderen Probleme rechtsextremistischer Versammlungen sowohl im Vorfeld als auch während der Versammlungen adäquat reagieren zu können, im Wesentlichen unberührt ..."[316)]
Bedenken gegen diese neue Normen blieben in der Literatur nicht aus. Sie beziehen sich auf ihre Vereinbarkeit mit Art. 5 GG und rügen die Unbestimmtheit der Tatbestände der Norm[317)].

d) Versammlungsverbote außerhalb der soeben angesprochenen Sonderregelungen, also nach der versammlungsrechtlichen Generalklausel (siehe vor unter b):

aa) § 15 des Bundes-Versammlungsgesetzes (und die entspr. landesrechtlichen Regelungen) kann man als die zentrale Norm des Gesetzes bezeichnen, da sie der Versammlungsbehörde (§ 15 Abs. 1 und Abs. 2) bzw. der Vollzugspolizei (§ 15 Abs. 3 und Abs. 4) verschiedenartige präventive Eingriff in die Versammlungsfreiheit ermöglicht[318)] (Gesetzesvorbehalt nach Art. 20 Abs. 3 GG in der Eingriffsverwaltung bei belastenden Maßnahmen, konkret hier als Eingriffe in die Versammlungsfreiheit)[319)] bei „öffentlichen Versammlungen unter freiem Himmel").

bb) Alle angesprochenen Rechtsgrundlagen in Form der versammlungsrechtlichen Generalklausel

- § 15 Abs. 1 BVersG und SächsVersG,
- Art. 15 Abs. 1 BayVersG,
- § 13 Abs. 1 VersammlGLSA

für einen Eingriff in die Versammlungsfreiheit[320)] unterscheiden strikt nach Tatbestand und Rechtsfolge:

cc) Tatbestand der Norm

Im Tatbestand der Norm befinden sich die sogenannten unbestimmten Rechtsbegriffe (z. B. in § 15 Abs. 1 S. 1 BVerG oder Art. 15 Abs. 1 BayVersG: „unmittelbare Gefährdung der öffentlichen Sicherheit oder Ordnung")[321)].

---

316 LT-DS 16/1270
317 Kutscha, NVwZ 2008, 1210; Brenneisen/Sievers, Die Polizei 2009, 71, 80; Weber, Sächsisches Versammlungsrecht, S. 168
318 Hoffmann-Riem, NJW 2002, 257, 260; Höllein, NVwZ 1994, 635, 639; peinlich für die Versammlungsbehörde ist dann aber die Feststellung des BVerfG (DVBl. 2006, 368), dass „eine Rechtsgrundlage für das ausgesprochene Versammlungsverbot (Anm.: wg. einer angeblichen Gefährdung der öffentlichen Ordnung) nicht zu erkennen war".
319 BVerfG, NJW 1985, 2395, 2397; NVwZ 2008, 671, 672; BVerwG, NVwZ 1999, 991, 992; VGH München, NVwZ 1995, 504, 505, und BayVBl. 2008, 109, 110; OVG Bautzen, SächsVBl. 1998, 6; Schoch, JuS 1994, 480
320 BVerfG, DVBl. 2006, 368; VG Gelsenkirchen, Beschl. v. 3.9.2010, 14 L 970/10
321 Siehe dazu die Legaldefinition in § 3 SOGLSA; VG Gelsenkirchen, Beschl. v. 3.9.2010, 14 L 970/10

C. Besondere versammlungsrechtliche Problembereiche

Liegen die Tatbestandsmerkmale vor, einschließlich der Prüfung der Gefahrenprognose („unmittelbare Gefahr")[322], wird das Vorliegen des Tatbestandes bejaht (vorab Prüfung des Tatbestandsmerkmals der „unmittelbaren Gefährdung der öffentlichen Sicherheit"). Nur wenn dieses verneint wird, kommt es noch zur Prüfung des Tatbestandsmerkmals der „unmittelbaren Gefährdung der öffentlichen Ordnung"[323]).

Dabei ist grundsätzlich Zurückhaltung geboten, wenn nur das Tatbestandsmerkmal der „unmittelbaren Gefährdung der öffentlichen Ordnung" vorliegt. Ein Versammlungsverbot wird dann regelmäßig ausscheiden:

„Im Allgemeinen rechtfertigt die unmittelbare Gefährdung der öffentlichen Ordnung kein Versammlungsverbot. In solchen Fällen kommen Einschränkungen der Versammlungs- und Demonstrationsfreiheit vielmehr nur unterhalb der Schwelle eines Verbots in Betracht".[324]

dd) Wird aber der Tatbestand verneint[325] (da das Tatbestandsmerkmal oder die Tatbestandsmerkmale fehlen), kommt es überhaupt nicht mehr zur Prüfung der Rechtsfolge. Diese Norm kann wegen Fehlens der Tatbestandsvoraussetzungen als Rechtsgrundlage für eine Maßnahme nicht in Anspruch genommen werden.

ee) Rechtsfolge der Norm

Wird dagegen der Tatbestand mit den vorgegebenen Tatbestandsmerkmalen bejaht, kommt es im 2. Schritt zur Prüfung der Rechtsfolge[326]. In allen Fällen der versammlungsrechtlichen Generalklausel lautet die Rechtsfolge „kann", also Ermessen.

Die Versammlungsgesetze geben selbst keine Handlungshinweise zur Ausübung des Ermessens, deshalb ist es anerkannt, dass auf die allgemeinen polizeirechtlichen Grundsätze des § 3 Abs. 2 – Abs. 4 SPolG (und ähnlichen Regelungen in den Polizeigesetzen der anderen Bundesländer) zurückgegriffen werden muss (Verhältnismäßigkeit[327], Angemessenheit, Erforderlichkeit ...)[328].

---

322 VG Gelsenkirchen, Beschl. v. 3.9.2010, 14 L 970/10
323 Vorbildlich in dieser Prüfungsreihenfolge VGH Mannheim, VBlBW 2002, 383, und 2008, 60, 61; siehe auch BVerfG, NVwZ 2002, 714; Sander, NVwZ 2002, 831, 832
324 Ständige Rechtsprechung des BVerfG seit „Brokdorf": NJW 1985, 2395, 2398; NJW 2001, 1409; DVBl. 2001, 558, 559; OVG Bautzen, SächsVBl. 1998, 6; OVG Weimar, NVwZ-RR 2003, 207, 208; Sander, NVwZ 2002, 831, 832
325 VGH Mannheim, VBlBW 2008, 60, 61: „Die tatbestandlichen Voraussetzungen des § 15 Abs. 2 VersG a. F. waren nicht gegeben" (Anm.: jetzt § 15 Abs. 3).
326 VG Köln, NJW 1971, 210
327 BVerfG, NJW 1985, 2395, 2398; OVG Lüneburg, DVBl. 2008, 987, 988
328 Weber, SächsVBl. 2002, 25,

Dabei muss nicht weiter betont werden, dass die behördliche Ermessensausübung hier die Bedeutung des Grundrechts der Versammlungsfreiheit besonders zu berücksichtigen hat.

Das BVerfG[329] hat sich im Jahre 1998 grundsätzlich zu dieser Norm geäußert (damals noch § 15 Abs. 1 Bundes-VersG):

„Die Tatbestandsvoraussetzungen dieser Norm sind unter Beachtung der grundrechtlichen Maßgaben auszulegen.

Erstens ist das von der Norm eingeräumte Entschließungsermessen grundrechtlich gebunden. Die Versammlungsfreiheit hat nur dann zurückzutreten, wenn eine Abwägung unter Berücksichtigung der Bedeutung des Freiheitsrechts ergibt, dass dies zum Schutz anderer, mindestens gleichwertiger Rechtsgüter notwendig ist (Anm.: mit Hinweis auf „Brokdorf").

Zweitens ist die behördliche Eingriffsbefugnis durch die Voraussetzungen einer „unmittelbaren Gefährdung" der öffentlichen Sicherheit oder Ordnung „bei Durchführung der Versammlung" begrenzt. Zwischen der Gefährdung der öffentlichen Sicherheit und der Durchführung der Versammlung muss somit ein hinreichend bestimmter Kausalzusammenhang bestehen. Die „unmittelbare Gefährdung" setzt eine konkrete Sachlage voraus, die bei ungehindertem Geschehensablauf mit hoher Wahrscheinlichkeit zu einem Schaden für die der Versammlungsfreiheit entgegenstehenden Rechtsgüter führte (Anm.: unter Hinweis auf „Brokdorf"; polizeirechtliche Gefahrenprognose).

Drittens müssen zum Zeitpunkt des Erlasses der Verfügung (Anm.: Verbotsverfügung der Versammlungsbehörde) „erkennbare Umstände" dafür vorliegen, dass eine Gefährdung der öffentlichen Sicherheit mit hoher Wahrscheinlichkeit zu erwarten ist. Das setzt nachweisbare Tatsachen als Grundlage der Gefahrenprognose voraus; bloße Vermutungen reichen nicht aus" (Anm.: unter Hinweis auf „Brokdorf").

ff) Es ist unbestritten, dass ein Versammlungsverbot als letztes Mittel zur Gefahrenabwehr anzuwenden ist. Wegen der großen Bedeutung des Grundrechts der Versammlungsfreiheit im freiheitlich-demokratischen Rechtsstaat hat die Rechtsprechung (zu Recht) aber sehr hohe Hürden für diesen Eingriff in die grundrechtlich garantierte Versammlungsfreiheit aufgebaut.

Ein Versammlungsverbot ist deshalb nur statthaft „unter den strengen Voraussetzungen und unter verfassungskonformer Anwendung des § 15 VersG"[330].

---

329 NJW 1998, 834, 835
330 BVerfG, NJW 1985, 2395, 2400 (Brokdorf); BVerwG, DVBl. 2008, 1248, 1249; OVG Bautzen, SächsVBl. 1998, 6; VG Gelsenkirchen, Beschl. v. 3.9.2010, 14 L 970/10

gg) Die Darlegungs- und Beweislast für das Vorliegen von Gründen, die ein Verbot oder eine Auflage rechtfertigen, trägt die Versammlungsbehörde[331].

e) Auflagen (versammlungsrechtliche Beschränkungen)[332]

aa) Bei diesen „Auflagen" nach § 15 Abs. 1 BVersG handelt es sich nicht um Nebenbestimmungen i. S. des § 36 Abs. 2 S. 4 VwVfG, sondern um Beschränkungen der Versammlungsfreiheit in Form sogenannten „beschränkender Verfügungen"[333].

bb) Das BayVersG spricht in Art. 15 insoweit jetzt klarstellend nicht mehr von „Auflagen", sondern von „Beschränkungen" einer Versammlung, ebenso § 13 Abs. 1 VersammlGLSA

Auch bei der versammlungsrechtlichen Auflage fordert der Tatbestand der Norm (wie beim Versammlungsverbot nach § 15 Abs. 1) eine *„unmittelbare Gefährdung der öffentlichen Sicherheit oder Ordnung bei Durchführung der Versammlung"*[334], d. h. die Tatbestandsvoraussetzungen entsprechen denen eines Verbotes[335].

cc) Die zurückhaltende behördliche (präventive) Maßnahme des Versammlungsverbotes (sogenanntes Totalverbot) ist schon mehrfach angesprochen worden. Aber auch die Erteilung einer „Auflage" bewirkt einen eingriff in die Versammlungsfreiheit[336].

Im Wesentlichen wird es deshalb praktisch (nur) zu versammlungsrechtlichen „Auflagen" kommen, wenn die Behörde im Rahmen ihres Ermessens (Verhältnismäßigkeit) und wegen der Bedeutung der Versammlungsfreiheit festgestellt hat, dass (trotz konkreter Gefahrenlage) ein Versammlungsverbot nicht in Betracht kommt[337] (die Behörde sagt „ja" zur Versammlung, aber ... und legt eine oder mehrere versammlungsrechtlich begründete Auflagen fest).

---

331 BVerfG, NJW 2005, 3202, 3203, und LKV 2010, 316: OVG Weimar, NVwZ-RR 2003, 207, 209; OVG Bautzen, SächsVBl. 2001, 82: „Die Behörde hätte darlegen müssen, aufgrund welcher konkreter Tatsachen sie annimmt, ... dass eine unmittelbare Gefährdung der öffentlichen Sicherheit oder Ordnung zu erwarten sein wird ..."; Hoffmann-Riem, NJW 2002, 257, 263, und NJW 2004, 2777, 2780
332 Dazu aktuell jetzt BVerfG, LKV 2010, 316 (Beschluss vom 12. 6. 2010)
333 BVerfG, DVBl. 2004, 697, und NVwZ 2008, 671, 672; OVG Bautzen, SächsVBl. 2002, 435: *„Auflage nach § 15 Abs. 1 VersG als selbständiger Verwaltungsakt"*, ebenso VGH Kassel, NVwZ-RR 2007, 6
334 OVG Bautzen, 3 B 60/06, Urteil vom 28. 7. 2009
335 BVerfG, NVwZ 1998, 834; NJW 2000, 3051, 3052; NVwZ 2008, 671, 675; BayVBl. 2008, 497; VGH Kassel, NVwZ-RR 2007, 6; OVG Bautzen, 3 BS 105/02; Leist, NVwZ 2003, 1300. Dort wird auf S. 1304 festgestellt: „Bei den meisten Auflagen bei rechtsextremistischen Veranstaltungen mangelt es bereits an einer konkreten Gefahrenlage ..."
336 BVerfG, LKV 2010, 316
337 VGH Kassel, NVwZ-RR 2007, 6: „Auflagen haben den Zweck, die Versammlung trotz entgegenstehender Verbotsgründe zu ermöglichen"; LT-Drucksache Sachsen 5/286, S. 11.

Der „Vorteil" der versammlungsrechtlichen „Auflage" liegt darin, dass dieses bloße Teilverbot die Grundrechtsausübung im Kern zulässt[338].

dd) Auch bei der Erteilung von präventiven Auflagen ist, wie beim präventiven Versammlungsverbot, danach zu differenzieren, ob das Tatbestandsmerkmal der „unmittelbaren Gefährdung der öffentlichen Sicherheit" oder „nur" eine „unmittelbare Gefährdung der öffentlichen Ordnung" prognostiziert wird.

Während es bei Meinungsäußerungen im Bereich der „unmittelbaren Gefährdung der öffentlichen Sicherheit" (z. B. Verwirklichung von Straftatbeständen[339]) ohne weiteres zu einem Verbot der Versammlung kommen kann, wird die Versammlungsbehörde im Falle der „unmittelbaren Gefährdung der öffentlichen Ordnung" durch Meinungsäußerungen lediglich Auflagen anordnen können[340].

ee) Die Versammlungsbehörde „kann" (Rechtsfolge der Norm) bei Vorliegen des Tatbestandes Auflagen erteilen, d. h. sie entscheidet unter Beachtung von Verhältnismäßigkeit, Eignung, Erforderlichkeit und Angemessenheit[341] (siehe die Ausführungen oben zum Versammlungsverbot).

4. Versammlungsauflösungen[342]

Eine Versammlung fällt nicht schon aus dem Schutzbereich des Art. 8 GG heraus, weil sie hätte aufgelöst werden können, ohne jedoch schon aufgelöst worden zu sein. Denn vor der Auflösung ist nicht in einer rechtsstaatlichen Anforderungen genügenden Weise festgestellt, dass die Veranstaltung nicht mehr unter den Schutz des Art. 8 GG fällt[343].

Auflösung ist die Beendigung einer stattfindenden oder schon durchgeführten Versammlung oder eines Aufzugs mit dem Ziel, die Personenansammlung zu zerstreuen[344].

---

338 Höllein, NVwZ 1994, 635, 641
339 BVerfG, DVBl. 2004, 697
340 BVerfG, DVBl. 2006, 368, 369; VGH Mannheim, VBlBW 2002, 383, 387
341 Hoffmann-Riem, NJW 2002, 2578, 264. Es handelt sich dabei um die bekannten Ermessenserwägungen, siehe auch § 3 Abs. 2 – Abs. 4 SPolG.
   Anmerkung: siehe die Ausführungen oben zum Versammlungsverbot.
342 BVerfG, 1 BvR 1634/4, Beschluss vom 29. 7. 2010
343 Hoffmann-Riem, NJW 2002, 257, 259
344 BVerfG, NVwZ 2007, 1180, 1182; Lisken/Denninger, S. 1106

C. Besondere versammlungsrechtliche Problembereiche

a) Rechtsgrundlagen

aa) Bei Versammlungen in geschlossenen Räumen

BundesVersG	Bayern	Sachsen	Sachsen-Anhalt
§ 13	Art. 12 Abs. 2	§ 13	§ 11

bb) Bei Versammlungen unter freiem Himmel

BundesVersG	Bayern	Sachsen	Sachsen-Anhalt
§ 15 Abs. 3, Abs. 4	Art. 15 Abs. 4., Abs. 6	§ 15 Abs. 3, Abs. 4	§ 13 Abs. 4, V

cc) Die Versammlungsauflösung ist eine Maßnahme nach Beginn der Versammlung[345], diese findet also bereits statt, zuständig ist in Bayern dann die Vollzugspolizei (Art. 24 Abs. 2 S. 1 BayVersG).

b) Die Möglichkeit der Auflösung der Versammlung als Eingriffsmaßnahme während des Ablaufs einer Versammlung ist bereits angesprochen worden. Sie hat immer Vorrang vor einer präventiven Eingriffsmaßnahme in Form eines Versammlungsverbotes. Die Versammlung findet also statt und bei Vorliegend er tatbestandlichen Voraussetzungen „kann" (Rechtsfolge) sie aufgelöst werden. So sieht nunmehr Art. 15 Abs. 4 BayVersG auch vor, die Versammlung nach Versammlungsbeginn zu beschränken (verhältnismäßig geringerer Eingriff als eine Auflösung).

c) Die Auflösung einer Versammlung unter freiem Himmel

aa) Erforderlich ist die Kundgabe einer Auflösungsverfügung[346] (gestaltender Verwaltungsakt[347] mit belastender Wirkung[348]) gegenüber den Versammlungsteilnehmern. Diese muss eindeutig und unmissverständlich formuliert sein (Bestimmtheitsprinzip des § 37 Abs. 1 VwVfG[349]) da der Schutz des Art. 8 GG, konkretisiert durch die VersG, entfällt[350].

---

345 Siehe Art. 15 Abs. 4 BayVersG: „Nach Versammlungsbeginn kann die zuständige Behörde eine Versammlung auflösen …"
346 VGH Mannheim, VBlBW 2002, 383, 384
347 VG Hamburg, NVwZ 1987, 829, 831
348 BVerfG, NVwZ 2007, 1180, 1183
349 BVerfG, NVwZ 2007, 1180, 1183; Weber, VR 2008, 181 ff.
350 BVerfG, NVwZ 2005, 80; OLG Celle, NVwZ-RR 2006, 254; VG Hamburg, NVwZ 1987, 829, 831

Beispiel für eine Auflösungsverfügung[351]

(Aufforderung durch den vor Ort befindlichen Polizeibeamten über die Lautsprecheranlage des Befehlskraftwagens, Allgemeinverfügung)

„Achtung! Achtung! Hier spricht die Polizei. Ich wende mich mit dieser Durchsage an die Personen, die auf der L-Straße am Ortsausgang La. in Richtung G. auf der Straße sitzen. Ihr Verhalten ist rechtswidrig. Für diesen Bereich besteht ein Versammlungsverbot. Ich fordere Sie auf, die Straße innerhalb von fünf Minuten, ich wiederhole, innerhalb von fünf Minuten zu verlassen. Sollten Sie dieser Aufforderung nicht nachkommen, werde ich die Straße, auch unter Anwendung von Zwangsmitteln, bis hin zum Einsatz des Schlagstocks, räumen lassen. Dies ist die erste Aufforderung, es ist 16 Uhr und 2 Minuten."

bb) Auflösungsgrunde nach § 15 Abs. 3 BVersG

Auflösungsgründe nach § 15 Abs. 3 BVersG und SächsVersG		
Verstoß gegen die Anmeldepflicht oder Abweichung von der Anmeldung (praktisch nicht relevant)	Zuwiderhandlung gegen Auflagen	Vorliegen der Voraussetzungen eines Verbotes nach Abs. 1 oder 2

Der wesentliche Auflösungsgrund wird die dritte Alternative sein, nämlich das Vorliegen von Gründen für ein Verbot.(siehe auch Art. 15 Abs. 4 BayVersG).

cc) Folge der Auflösungsverfügung[352]

Die Teilnehmer haben sich nach § 18 Abs. 1, 13 Abs. 2 BVersG sofort zu entfernen[353]. Das ist aber nicht möglich bei einer sogenannten Einkesselung der Teilnehmer, weshalb diese rechtswidrig ist[354].

„Versammlungsteilnehmer müssen eine rechtswidrige Versammlungsauflösung zunächst hinnehmen. Die Pflicht, sich von einer aufgelösten Versammlung zu entfernen, kann nicht von der Rechtmäßigkeit der Auflösungsverfügung abhängig gemacht werden ... denn der Vollzug dieser Entscheidung kann nicht bis zur verbindlichen oder auch nur vorläufigen Klärung der Rechtsfrage aufgeschoben werden"[355].

---

351 OLG Celle, NVwZ-RR 2006, 254: obwohl die Polizei die Formulierung „Auflösung der Versammlung" nicht ausdrücklich benutzte.
352 BVerfG, NVwZ 2005, 80, 81; VG Hamburg, NVwZ 1987, 829, 831
353 Ebenso Art. 5 Abs. 3 BayVersG
354 VG Hamburg, NVwZ 1987, 829 ff., und LG Hamburg, NVwZ 1987, 833
355 BVerfG, NVwZ 1999, 291, 292

C. Besondere versammlungsrechtliche Problembereiche

Nach der Auflösung der Versammlung kommt gegen die (ehemaligen) Teilnehmer allgemeines Polizeirecht zur Anwendung[356], also z. B. ein Platzverweis oder eine Ingewahrsamnahme, einschl. etwaiger Vollstreckungsmaßnahmen, insbes. unmittelbarer Zwang.

dd) Übersicht

Auflösung einer Versammlung nach § 15 Abs. 3 BVersG (Art. 15 Abs. 4 BayVersG)		
Tatbestandsvoraussetzungen		
Fehlende Anmeldung nach § 14 oder Abweichung von den Angaben der Anmeldung	Zuwiderhandlung gegen Auflagen nach § 15 Abs. 1	Vorliegen der Voraussetzungen zu einem Verbot nach § 15 Abs. 1
Rechtsfolge „kann", d. h. Ermessen analog § 3 Abs. 2 – Abs. 4 SPolG (vorab prüfen, ob nicht der Ausschluss einzelner unfriedlicher Teilnehmer ausreicht)		

Folge der Auflösung:
§ 18 Abs. 1 i. V. mit § 13 Abs. 2 BVersG (Art. 5 Abs. 3 BayVersG): „Sobald eine Versammlung für aufgelöst erklärt ist, haben alle Teilnehmer sich sofort zu entfernen".

Weitere Folge:
Der Schutz des Versammlungsgesetzes entfällt für die Teilnehmer, es ist nunmehr allgemeines Polizeirecht anwendbar, z. B. Platzverweis ...

5. Maßnahmen gegen einzelne Versammlungsteilnehmer

Maßnahmen gegen einzelne (oder mehrere) Versammlungsteilnehmer haben absoluten Vorrang gegenüber einer Versammlungsauflösung und natürlich einem präventiven Versammlungsverbot.

Da in diesen Fällen die Versammlung bereits stattfindet, ist die Vollzugspolizei zuständig (Art. 24 Abs. 2 S. 1 BayVersG).

---

356 BVerfG, 1 BvR 1634/4, Beschluss vom 29. 7. 2010; Weber, VR 2006, 237, 247, mit Hinweisen auf die Rechtsprechung

a) sogenannte Minus-Maßnahme[357]

Im präventiven Bereich einer Versammlung, also vor deren Beginn, sieht die Versammlungsgesetze, z. B. in § 15 Abs. 1 BVersG zu diesem Zeitpunkt nur das Verbot oder die Auflage vor. Weitere hoheitliche Eingriffsmöglichkeiten sind nach dem Versammlungsgesetz nicht gegeben.

Auch während des Ablaufs der Versammlung sind nur die vom Gesetz vorgesehenen Eingriffsmöglichkeiten gegeben, z. B. Ausschluss eines Teilnehmers (z. B. Art. 15 Abs. 5 BayVersG) oder Auflösung der gesamten Versammlung.

aa) So ist es wohl unverhältnismäßig und deshalb mit der Bedeutung des Grundrechts der Versammlungsfreiheit unvereinbar, einen Versammlungsteilnehmer auszuschließen, der ein Transparent mit strafbaren Parolen mitführt, wenn man ihm dieses Spruchband „nur „wegnehmen" könnte[358]. Im Übrigen hätte er aber die Möglichkeit, weiterhin von seinem Grundrecht nach Art. 8 GG Gebrauch zu machen und an der Versammlung (ohne das Transparent mit strafbarem Inhalt) teilzunehmen.

Noch weitergehender wäre eine komplette Versammlungsauflösung nur aus diesem Grund.

Dabei ist aber die „Sperrwirkung" des VersG zu bedenken, denn gegen einen Versammlungsteilnehmer oder die gesamte Versammlung können keine Maßnahmen durchgesetzt werden, die sich auf allgemeines Polizeirecht stützen.

bb) In diesem Zusammenhang hat die Rechtsprechung[359] den Begriff der sogenannten „Minus-Maßnahme" entwickelt.

Es handelt sich um versammlungsrechtliche Eingriffe unterhalb der Schwelle von Teilnehmerausschluss oder gar Auflösung der gesamten Versammlung auf polizeirechtlicher Grundlage. Dabei wurde § 15 Abs. 1 BVersG (Auflage) als Grundlage für einen derartigen Eingriff angesehen. In diesem Zusammenhang sind die Erteilung von Auflagen unmittelbar vor und auch während der Veranstaltung denkbar[360].

Das BVerwG hat die Rechtmäßigkeit sogenannten Minus-Maßnahmen wie folgt begründet:

„Die Vorschrift des § 15 Abs. 1 VersG verweist mit der Wendung, dass die zuständige Behörde die Versammlung von „bestimmten Auflagen" abhängig machen kann, auf

---

357 Schoch, JuS 1994, 482 Lisken/Denninger, S. 1023 ff., und S. 1099; Lembke, JuS 2005, 984, 987; Kniesel, DÖV 1992, 470, 475; Weber, VR 2006, 237, 246
358 Rechtsgrundlage wäre dann eine Beschlagnahme
359 BVerwG, NJW 1982, 1008 ff.
360 Tölle, NVwZ 2001, 153, 156

den Katalog der dieser Behörde zur Abwehr unmittelbarer gefahren zur Verfügung stehenden – auch landesrechtlichen – Befugnisse und lässt deren Anwendung als Mittel zur Abwehr unmittelbarer Gefahren i. S. von § 15 VersG zu. Die Bezugnahme in § 15 Abs. 2 VersG (Anm.: heute § 15 Abs. 3) auf die Verbotsvoraussetzungen in Abs. 1 bezieht diese Verweisung mit der Folge ein, dass die zuständige Behörde sich zur Abwehr der von einer Versammlung oder einem Aufzug unmittelbar ausgehenden Gefahren aller ihr nach geltendem Recht zur Abwehr unmittelbarer Gefahren zustehenden Befugnisse bedienen kann und im konkreten Fall das Mittel einzusetzen hat, das sich angesichts der konkreten Gefahrenlage als zur Beseitigung der Gefahr geeignet, erforderlich und verhältnismäßig erweist".[361]

cc) Eine derartige „Minus-Maßnahme" gegenüber einem Versammlungsteilnehmer ist demnach insbesondere auch während des Verlaufs einer Versammlung gegen einzelne Teilnehmer möglich (z. B. Beschlagnahme von Gegenständen, Handzetteln usw.). Sie hat dann wiederum Vorrang vor einem vollständigen Ausschluss eines Versammlungsteilnehmers.

Zuständig ist dann, da die Versammlung bereits stattfindet, die Vollzugspolizei.

Unter dem Gesichtspunkt der Verhältnismäßigkeit im Zusammenhang mit der Wahrung der Versammlungsfreiheit für die Teilnehmer bzw. die gesamte Versammlung unter Hinnahme dieser „Minusmaßnahme" ist diese von der Rechtsprechung vertretene und praktizierte Auffassung vertretbar[362].

b) Maßnahmen bei einer Versammlung in geschlossenen Räumen;

Hier besteht keine Eingriffsmöglichkeit für die Versammlungsbehörde bzw. die Vollzugspolizei.

So „kann" nach Art. 11 Abs. 1 BayVersG der Versammlungsleiter (in Ausübung seines Hausrechts, da die Versammlung im Saale stattfindet), teilnehmende Personen, die die Ordnung „erheblich stören", von der Versammlung ausschließen.

c) Maßnahmen bei einer Versammlung unter freiem Himmel

Hier bestehen Eingriffsmöglichkeiten gegen den Versammlungsteilnehmer

– nach Art. 15 Abs. 5 BayVersG bei „erheblicher Störung", und
– nach Art. 16 Abs. 5 BayVersG bei Zuwiderhandlungen gegen das Schusswaffen- und Vermummungsverbot.

d) Aus der Versammlung ausgeschlossene Personen haben diese unverzüglich zu verlassen (Art. 5 Abs. 2 BayVersG).

---

361 BVerwG, NJW 1982, 1008, 1009
362 Kritisch Lisken/Denninger, S. 1023

C. Besondere versammlungsrechtliche Problembereiche

6. Übersicht über die versammlungsrechtlichen Maßnahmen

Präventive Maßnahmen (vor der Versammlung) durch die Versammlungsbehörde		Maßnahmen während der Versammlung durch die Vollzugspolizei	
Verbot	Auflage bzw. Beschränkung	Auflösung der gesamten Versammlung	Ausschluss einzelner Teilnehmer (Störer), evtl. sogenannte Minusmaßnahme

7. Maßnahmen gegen unfriedliche Gegendemonstranten (außerhalb des Versammlungsrechts)

Anmerkung: Siehe dazu später die Ausführungen unter D IV 7.

D. Verantwortung und Zuständigkeiten von Versammlungsbehörden und Vollzugspolizei

> **Überblick**
> I. Grundsatz der vertrauensvollen Kooperation
> II. Die Zuständigkeitsregelungen in den drei Bundesländern
> III. Die Aufgaben der Versammlungsbehörde
> IV. Die versammlungsrechtliche Verantwortung der Vollzugspolizei
> V. Übersicht: Versammlungsrechtliche Maßnahmen und Zuständigkeiten

I. Grundsatz der vertrauensvollen Kooperation[363]

1. Bereits im Zusammenhang mit der Anmeldepflicht (§ 14 BVersG, Art. 13 BayVersG)ist das Prinzip der „vertrauensvollen Kooperation" zwischen Veranstalter und Versammlungsbehörde angesprochen worden. Dieses auch rechtsstaatlich zu begründende Grundprinzip, das aus der Bedeutung des Art. 8 GG folgt, gilt natürlich auch für die Tätigkeit der Vollzugspolizei[364].

2. Art. 14 BayVersG behandelt dieses Problem unter der Überschrift „Zusammenarbeit":

„(1) Die zuständige Behörde soll dem Veranstalter Gelegenheit geben, mit ihr die Einzelheiten der Durchführung der Versammlung zu erörtern. Der Veranstalter ist zur Mitwirkung nicht verpflichtet.

(2) Die Zuständige Behörde kann bei Maßnahmen nach Art. 15 (Anm.: Beschränkungen, Verbote, Auflösungen) berücksichtigen, inwieweit der Veranstalter oder der Leiter mit ihr nach Abs. 1 zusammenarbeiten".

3. Ähnlich äußert sich § 12 Abs. 3 VersammlGLSA:

„Die zuständige Behörde erörtert mit dem Veranstalter Einzelheiten der Durchführung der Versammlung, insbes. geeignete Maßnahmen zur Wahrung der öffentlichen Sicherheit und wirkt auf eine ordnungsgemäße Durchführung der Versammlung hin. Dem Veranstalter ist Gelegenheit zu geben, sich zu äußern und sachdienliche Fragen zustellen. Der Veranstalter soll mit den zuständigen Behörden kooperieren, insbes. Auskunft über Art, Umfang und vorgesehenen Ablauf der Veranstaltung geben".

---

363 Scheidler, Das Kooperationsgebot im Versammlungsrecht, Die Polizei 2009, 162; Heidebach/Unger, DVBl. 2009, 283, 285
364 VG Hamburg, NVwZ 1987, 829 ff.

D. Verantwortung und Zuständigkeiten

4. Damit verbunden ist die Pflicht aller staatlichen Behörden, also sowohl
- der Versammlungsbehörde (anschließend unter III) als auch
- der Vollzugspolizei (anschließend unter IV)

zu „versammlungsfreundlichem Verhalten", da das Grundrecht der Versammlungsfreiheit einen wesentlichen verfahrens- und organisationsrechtlichen Gehalt hat[365] („Aufgabe der Behörde zur versammlungsfreundlichen Kooperation"[366]).

Ebenso wurde die Beweis- und Darlegungslast der Versammlungsbehörde angesprochen (§§ 24, 26 VwVfG), falls sie die präventive versammlungsrechtliche Maßnahme einer Auflage (Beschränkung) oder sogar ein Verbot einer Versammlung erwägt.

5. Diese Hinweise (und nunmehr eindeutige landesrechtliche Regelungen in Bayern und Sachsen-Anhalt) mag man für ein selbstverständliches Verhalten von Versammlungsbehörde (und Vollzugspolizei) wegen der Bedeutung der Versammlungsfreiheit im demokratischen Rechtsstaat halten. Aber im Zusammenhang mit dem sogenannten Parteienprivileg (Art. 21 GG) hatte die Rechtsprechung immer wieder Anlass, die Behörden auf rechtsstaatliches Verhalten und entspr. Verfahren im Versammlungsrecht hinzuweisen[367].

„Insgesamt hat die Antragsgegnerin (Anm.: die Versammlungsbehörde) mit ihrer Verbotsverfügung die Vorgaben des BVerfG missachtet. Indes ist sie als Teil der vollziehenden Gewalt gemäß Art. 20 Abs. 3 GG (nicht anders als die Gerichte) an Gesetz und Recht und damit insbes. an das GG gebunden. Dieses hat die Absage an den Nationalsozialismus nicht zuletzt auch in dem Aufbau allgemeiner rechtsstaatlicher Sicherungen dokumentiert, deren Fehlen das menschenverachtende System des Nationalsozialismus geprägt hatte. In der Beachtung rechtsstaatlicher Sicherungen – auch beim Umgang mit Gegnern des Rechtsstaates – sieht das GG eine wichtige Garantie gegen das Wiedererstehen eines Unrechtsstaates. Zu den rechtsstaatlichen Garantien gehören die Kommunikationsfreiheiten (Art. 5 und 8 GG), auch und gerade für Minderheiten (vgl. BVerfG, NJW 2001, 2076, 2077). Diese Garantien dürfen nicht dadurch unterlaufen werden, dass die Exekutive bestimmten Parteien oder Personen den Schutz der Grundrechte aus Art. 5 und Art. 8 GG generell vorenthält

---

365 BVerfG, NJW 1985, 2395, 2399; siehe dazu auch die Ausführungen zu § 14 VersG im Zusammenhang mit der „Kooperationspflicht" der Versammlungsbehörden; Lisken/Denninger, S. 1055
366 BVerfG, NJW 2001, 2078, 2079; Scheidler, Die Polizei 2009, 162, 164; OVG Weimar, NVwZ-RR 2003, 207, 208, mit umfangreicher Darstellung des Ablaufs eines Kooperationsgesprächs zwischen Anmelder und Versammlungsbehörde; VG Gelsenkirchen, Beschl. v. 3.9.2010, 14 L 970/10; VG Aachen, Beschl. v. 6.9.2010, 6 K 1135/10
367 So zeigt der Beschluss des VG Freiburg vom 4.9.2002 (VBlBW 2002, 497 ff.), dass es sogar die Möglichkeit gibt, dass die Versammlungsbehörde die Kooperation verweigert!

und diese immer erst durch die Inanspruchnahme der Verwaltungsgerichte gesichert werden können".[368]

Es ist offensichtlich, dass die angesprochenen behördlichen Verfahrensweisen einem rechtsstaatlichen Verwaltungsverfahren nicht entsprechen. Die hohe Wertigkeit der Versammlungsfreiheit in unserem Rechtssystem in Verbindung mit Art. 20 Abs. 3 GG[369] (Grundsatz der Gesetzmäßigkeit der Verwaltung, Vorrang und Vorbehalt des Gesetzes[370]) darf nicht ohne Auswirkungen auf die behördliche und polizeiliche Arbeit in diesem Bereich sein.

II. Die grundsätzlichen Zuständigkeitsregelungen in den drei Bundesländern

1. Freistaat Bayern

a) Nach Art. 24 Abs. 2 S. 1 des Bayerischen Versammlungsgesetzes sind zuständige Behörden i. S. des Versammlungsgesetzes die Kreispolizeibehörden, ab Beginn der Versammlung die Polizei.

Zuständig zur Entgegennahme der Anzeige einer Versammlung (da vor Beginn der Versammlung erfolgend) sind in Bayern demnach die Kreispolizeibehörden.

b) Art. 24 BayVersG (Zuständigkeiten) lautet wie folgt:

„(1) Polizei im Sinn dieses Gesetzes ist die Polizei im Sinn des Art. 1 PAG.

(2) Zuständige Behörden im Sinn dieses Gesetzes sind die Kreisverwaltungsbehörden, ab Beginn der Versammlung die Polizei. In unaufschiebbaren Fällen kann die Polizei auch an Stelle der Kreisverwaltungsbehörde Maßnahmen treffen.

(3) Bei Versammlungen unter freiem Himmel, die über das Gebiet einer Kreisverwaltungsbehörde hinaus gehen (überörtliche Versammlungen), genügt der Veranstalter seiner Anzeigepflicht, wenn er die Versammlung gegenüber einer zuständigen Kreisverwaltungsbehörde anzeigt. Dies gilt nicht bei Eilversammlungen nach Art. 13 Abs. 3. Die Kreisverwaltungsbehörde unterrichtet unverzüglich die übrigen betroffenen Kreisverwaltungsbehörden und die Regierung; berührt die Versammlung mehrere Regierungsbezirke, unterrichtet sie das Staatsministerium des Innern.

(4) Bei überörtlichen Versammlungen kann die Regierung bestimmen, dass eine der nach Abs. 2 Satz 1 zuständigen Kreisverwaltungsbehörden im Benehmen mit den übrigen über Verfügungen nach Art. 6, 13 Abs. 1 Satz 3, Abs. 5 bis 7, Art. 15 und 16 Abs. 3 entscheidet. Bei überörtlichen Versammlungen, die mehrere Regierungsbezirke berühren, kann das Staatsministerium des Innern diese Bestimmung treffen."

---

368 VBlBW 2002, 383, 388: Behördliches Versammlungsverbot mit Anordnung der sofortigen Vollziehung. Der VGH bezeichnete diese Maßnahme als „offensichtlich rechtswidrig".
369 VGH Mannheim, VBlBW 2002, 383, 388; Brenneisen/Sievers, Die Polizei 2009, 71, 72
370 Brenneisen/Hahn/Martins, Die Polizei 2008, 285

D. Verantwortung und Zuständigkeiten

Bis Versammlungsbeginn sind die Kreisverwaltungsbehörden zuständige Versammlungsbehörden, nach Beginn geht die Zuständigkeit auf die Polizei über.

„Abs. 2 Satz 2 ergänzt diese Regelung um eine Auffangzuständigkeit der Polizei für unaufschiebbare Fälle. In diesen Fällen kann die Polizei an Stelle der Kreisverwaltungsbehörden Maßnahmen bereits vor Versammlungsbeginn treffen."[371]

2. Freistaat Sachsen

a) Die sachliche und örtliche Zuständigkeit der Kreispolizeibehörden als Versammlungsbehörden ist im Rahmen der SächsVersG-ZuVO[372] geregelt.

Es handelt sich um umfassende Zuständigkeiten bei präventiven Maßnahmen, also Entgegennahme der Anmeldung einer Versammlung und Erteilung von Auflagen, Aussprechen eines Versammlungsverobtes[373] usw.

b) Die SächsVersG-ZuVO differenziert zwischen der sachlichen und der örtlichen Zuständigkeit für versammlungsrechtliche Maßnahmen.

Sachliche Zuständigkeit § 1			Örtliche Zuständigkeit § 2
Kreispolizeibehörden nach Abs. 1	Staatsministerium des Innern nach Abs. 3	Polizeivollzugsdienst nach Abs. 2 und 3	Grundsätzlich die Kreispolizeibehörde, in deren Bezirk die Versammlung oder der Aufzug stattfindet
§ 64 Abs. 1 Nr. 3 SächsPolG	§ 64 Abs. 1 Nr. 1 SächsPolG	§ 59 Nr. 2 i. V. mit §§ 71 ff. SächsPolG	

aa) Dabei ist die örtliche Zuständigkeit unproblematisch (siehe § 46 VwVfG).

Örtlich zuständig ist nach § 2 Abs. 1 SächsVersG-ZuVO die Kreispolizeibehörde, in deren Bezirk die Versammlung oder der Aufzug stattfindet.

---

371 Gesetzesentwurf der Staatsregierung, LT-DS 15/10181, S. 26
372 VO des Sächsischen Staatsministeriums des Innern über Zuständigkeiten nach dem Sächsischen Versammlungsgesetz, GVBl. 2010, S. 23.
373 Sigrist, Die Polizei 2002, 132, 133: „§ 15 VersG ist keineswegs auf die Polizei (Anm.: Vollzugspolizei) zugeschnitten".

D. Verantwortung und Zuständigkeiten

Also die Stadt Chemnitz für eine Versammlung in Chemnitz, das Landratsamt Vogtlandkreis für eine Versammlung in Plauen.

Berührt ein Aufzug (bewegliche Versammlung) die Bezirke mehrerer Kreispolizeibehörden, si ist nach § 2 Abs. 2 die Kreispolizeibehörde zuständig, in deren Bezirk der Aufzug beginnt.

Haben mehrere in Bezirken verschiedener Kreispolizeibehörden beginnende Aufzüge einen gemeinsamen Endpunkt (sogenannter Sternmarsch), so ist nach § 2 Abs. 3 die Kreispolizeibehörde örtlich zuständig, in deren Bezirk der Endpunkt liegt.

Also z. B. Aufzüge aus Zschopau, Burgstädt und Frankenberg mit Endpunkt in Chemnitz, dann ist die Stadt Chemnitz als Kreispolizeibehörde zuständig.

In den Fällen der Abs. 2 und 3 entscheidet die zuständige Kreispolizeibehörde nach § 2 Abs. 4 im Benehmen mit den übrigen betroffenen Kreispolizeibehörden.

Örtliche Zuständigkeit nach § 2 SächsVersG-ZuVO		
Normalfall der Kreispolizeibehörden nach Abs. 1	Aufzug führt durch Bezirke mehrerer Kreispolizeibehörden: Kreispolizeibehörde, in deren Bezirk der Aufzug beginnt. Abs. 2	Mehrere in Bezirken verschiedener Kreispolizeibehörden beginnende Aufzüge haben einen gemeinsamen Endpunkt: Zuständig ist die Kreispolizeibehörde, in deren Bezirk der Endpunkt liegt, Abs. 3
	Die zuständige Kreispolizeibehörde entscheidet im Benehmen mit den übrigen betroffenen Kreispolizeibehörden nach Abs. 4	

bb) Problematischer und bedeutsamer als die örtliche Zuständigkeit ist im Verwaltungsverfahren die sogenannte sachliche Zuständigkeit.

Sie gehört zu der sogenannten formellen Rechtmäßigkeit der Verwaltungsentscheidung, insbes. des Verwaltungsaktes (z. B. Versammlungsverbot, Ausschluss eines Versammlungsteilnehmers) neben den Prüfungspunkten „Form" und „Verfahren" (siehe § 46 VwVfG).

D. Verantwortung und Zuständigkeiten

Anschließend ist die sogenannte materielle Rechtmäßigkeit des Verwaltungsaktes zu prüfen, also Rechtsgrundlage, Tatbestand, Rechtsfolge usw.[374]

Definition der sachlichen Zuständigkeit

Als sachliche Zuständigkeit der Behörde[375] für die entsprechende Maßnahme bezeichnet man die (gesetzliche) Festlegung, dass die handelnde Behörde im Außenverhältnis gegenüber dem Bürger mit der Wahrnehmung der entspr. Aufgabe betraut worden ist.

Insoweit kann man die sachliche Zuständigkeit einer Behörde auch definieren als die der Behörde vom Gesetz (im materiellen Sinne, wie z. B. hier der SächsVersG-ZuVO) eingeräumte Befugnis, eine bestimmte öffentlich-rechtliche Aufgabe zu erledigen[376].

Die sogenannte sachliche Zuständigkeit ist, wie bereits dargelegt, Teil der formellen Rechtmäßigkeit des Verwaltungsaktes. D. h. nur die sachlich zuständige Behörde kann gegenüber dem Bürger entspr. rechtmäßige Maßnahmen treffen.

Die Betätigung einer sachlich unzuständigen Behörde führt, wie sich aus § 46 VwVfG ergibt, zur Rechtswidrigkeit der entsprechenden Maßnahme. Eine Heilung oder Unbeachtlichkeit dieses Fehlers bei der formellen Rechtswidrigkeit scheidet aus[377].

Derartige Verwaltungsakte sind rechtswidrig, verletzen den Kläger in seinen Rechten und werden nach § 113 Abs. 1 S. 1 VwGO aufgehoben[378].

Differenzierung in der SächsVersG-ZuVO bei der Frage der sachlichen Zuständigkeit zwischen den Polizeibehörden und dem Polizeivollzugsdienst:

Nachfolgend werden unter a) und b) die Zuständigkeiten der allgemeinen Polizeibehörden (§ 64 Abs. 1 SächsPolG) behandelt, unter c) abschließend die Zuständigkeit des Polizeivollzugsdienstes (§§ 71 ff. SächsPolG).

---

374 Zu dieser Unterscheidung zwischen formeller und materieller Rechtmäßigkeit des Verwaltungsaktes mit den unterschiedlichen Folgen bei entspr. Fehlern siehe Weber, Handbuch, S. 190 ff.; OVG Bautzen, SächsVBl. 1999, 17
375 Siehe § 1 Abs. 4 VwVfG
376 VGH Mannheim, NVwZ-RR 2005, 273; Weber, Handbuch, S. 190., mit Hinweisen auf Rechtsprechung und Literatur
377 OVG Bautzen, SächsVBl. 1999, 17 (fehlende sachliche Zuständigkeit des Amts für Landwirtschaft zur Rücknahme eines Bewilligungsbescheides); VGH Mannheim, VBlBW 2004, 213, 214
378 OVG Bautzen, SächsVBl. 1999, 17; VGH Mannheim, VBlBW 2004, 213

a) Sachliche Zuständigkeit der Kreispolizeibehörde (als allgemeine Polizeibehörde, siehe § 64 Abs. 1 Nr. 3 SächsPolG) nach § 1 Abs. 1 insbesondere für

§ 2 Abs. 3 Sächs-VersG	§ 5 VersG	§ 14 Abs. 1 VersG Entgegennahme von Anmeldungen	§ 15 VersG	§ 17a Abs. 3 S. 2 VersG	§ 18 Abs. 2, § 19 Abs. 1 S. 2 VersG	Maßnahmen aufgrund SächsPolG zur Durchführung versammlungsrechtl. Vorschriften und Anordnungen

b) Sachliche Zuständigkeit des Staatsministeriums des Innern nach § 1 Abs. 4 als oberste Landespolizeibehörde nach § 64 Abs. 1 Nr. 1 SächsPolG:

Hier besteht nur eine Zuständigkeit für für die Erteilung der Ausnahmegenehmigung vom Uniformverbot bei Jugendverbänden nach § 3 Abs. 2 S. 2 SächsVersG.

c) Sachliche Zuständigkeit des Polizeivollzugsdienstes nach § 1 Abs. 2 SächsVersG-ZuVO:

aa) Die grundsätzliche sachliche Zuständigkeit des Polizeivollzugsdienstes bei allen Maßnahmen zur Gefahrenabwehr ergibt sich aus § 60 Abs. 2 SächsPolG, auf welchen auch § 1 Abs. 3 SächsVersG-ZuVO verweist:

Nach § 60 Abs. 2 SächsPolG „nimmt der Polizeivollzugsdienst die polizeilichen Aufgaben wahr, wenn ein sofortiges Tätigwerden erforderlich erscheint" (Gefahr im Verzug, siehe § 2 Abs. 1 SächsPolG)[379].

bb) Dementsprechend entfällt auch nach § 80 Abs. 2 S. 1 Nr. 2 VwGO, der schon mehrfach angesprochen wurde, die aufschiebende Wirkung eines Widerspruchs (gegen einen vom Polizeivollzugsdienst i.d.R mündlich bekannt gegebenen Verwaltungsakt)m „bei unaufschiebbaren Anordnungen und Maßnahmen von Polizeivollzugsbeamten".

cc) Beispiele aus der Rechtsprechung mit versammlungsrechtlichem Bezug
- Polizeilicher Platzverweis[380]
- Aufforderung zur Räumung einer von Demonstranten besetzten Zufahrt[381]

---

379 VGH Mannheim, NVwZ 1985, 202, 205, und VBlBW 2004, 213; VG Schleswig, NVwZ-RR 2004, 848
380 VGH München, NVwZ-RR 1998, 310
381 VGH Mannheim, NVwZ 1985, 202, 205

D. Verantwortung und Zuständigkeiten

- Ausschluss eines Versammlungsteilnehmers von der weiteren Teilnahme an einer Versammlung[382]
- Mündliche Polizeiverfügung (des Polizeivollzugsdienstes) betr. Verwehrung des Zugangs zu einem Versammlungsraum für einen sogenannten externen Störer[383]

dd) Die konkrete sachliche Zuständigkeit des Polizeivollzugsdienstes nach § 1 Abs. 2:

Auskunfts-recht Nach § 9 Abs. 2 Sächs-VersG	Bild- und Ton-Aufnahmen nach § 12 a Sächs-VersG	Versammlungs-auflösung nach § 13 Abs. 1 und § 15 Abs. 2 und Abs. 3 SächsVersG	§ 17 a Abs. 4 S. 1 Sächs-VersG	Ausschluss nach § 17 a Abs. 4 S. 2 § 18 Abs. 3 § 19 Abs. 4 SächsVersG

Anmerkung:

Bei § 1 Abs. 2 Nr. 3 SächsVersG-ZuVO hat der Verordnungsgeber die Auflösung nach § 15 Abs. 4 SächsVersG „vergessen".

Die sachliche Zuständigkeit des Polizeivollzugsdienstes in diesen Fällen ist jedenfalls aber nach § 60 Abs. 2 SächsPolG i. V. mit § 1 Abs. 3 SächsVersG-ZuVO gewährleistet.

3. Land Sachsen Anhalt

a) Die zuständigen Versammlungsbehörden sind in § 1 Abs. 1 der „Verordnung über die Zuständigkeit auf verschiedenen Gebieten der Gefahrenabwehr"[384] festgelegt.

Danach sind zuständig für die Aufgaben nach dem Versammlungsrecht

1. die Landkreise und die kreisfreie Stadt Dessau-Roßlau,
2. die jeweilige Polizeidirektion anstelle der kreisfreien Städte Halle und Magdeeburg,
3. die jeweilige Polizeidirektion anstelle der Landkreise und der kreisfreien Stadt Dessau-Roßlau, wenn sie vom Landesverwaltungsamt im Einzelfall dazu bestimmt wird.

b) Versammlungsbehörde ist demnach nur in den beiden Großstädten Halle und Magdeburg die Polizeidirektion (d. h. Vollzugspolizei), ansonsten die Behörden im eigentlichen Sinne wie z. B. der Landkreis.

---

382 BVerfG, NVwZ 2005, 80, 81
383 VGH Mannheim, NBwZ-RR 1009, 602, bestätigt durch BVerfG, NJW 1991, 2694
384 ZuStVO SOG vom 31. 7. 2002

c) Nach § 2 Abs. 2 SOGLSA wird die Polizei auch tätig, „soweit die Gefahrenabwehr durch die Sicherheitsbehörden nicht oder nicht rechtzeitig möglich ist".

4. Übersicht

Zuständigkeitsabgrenzung zwischen Versammlungsbehörde und Vollzugspolizei	Versammlungsbehörde	Vollzugspolizei
Bayern	Art. 24 Abs. 1 S. 1 BayVersG (präventiv, bis Versammlungsbeginn), z. B. für Entgegennahme der Anzeige einer Versammlung nach Art. 13, Beschränkungen und Verbote nach Art. 15	Art. 24 Abs. 1 S. 1 BayVersG ab Versammlungsbeginn; nach Art. 24 Abs. 2 S. 2 BayVersG immer zuständig bei unaufschiebbaren Maßnahmen (Gefahr im Verzug) Z. B. bei sogenannten Minusmaßnahmen, Ausschluss einzelner Teilnehmer oder Auflösung der Versammlung Ausdrückliche Zuständigkeit auch nach Art. 4 Abs. 3 und 9 Sonderfall der Abwehr von gewaltbereiten Gegendemonstranten zum Schutz der friedlichen Versammlung nach allgemeinem Polizeirecht
Sachsen	Insbes. Entgegennahme der Anmeldung, Verbot und Auflagen § 1 Abs. 1 SächsVersG-ZuVO	Insbes. Auflösung einer Versammlung und Ausschluss von Personen, § 1 Abs. 2 SächsVersGZuVO
Sachsen-Anhalt	§ 1 Abs. 1 Nr. 1 ZustVO-SOG Landkreise und kreisfreie Stadt Dessau Roßlau	§ 1 Abs. 1 Nr. 2 und 3 ZustVOSOG
Sogenannte Eilzuständigkeit des Polizeivollzugsdienstes (Gefahr im Verzug) kann immer vorliegen, z. B. Art. 24 Abs. 2 S. 2 BayVersG		

D. Verantwortung und Zuständigkeiten

III. Die Aufgaben der Versammlungsbehörde[385]

Überblick
1. Grundsätzliche Ausführungen
2. Zügiges Verwaltungsverfahren
3. Politische Wertungen von Versammlungen verbieten sich
4. Schriftliche Entscheidungen der Versammlungsbehörde
5. Beweislast der Versammlungsbehörde
   a) Auflagen bzw. Beschränkungen
   b) Verbot
6. Besonderheit des sogenannten polizeilichen Notstandes

1. Grundsätzliche Ausführungen

„Die Versammlungsbehörde ist im Rahmen ihrer Kooperationspflicht gehalten, nach Wegen zu suchen, die Versammlung gegen Gefahren zu schützen, die nicht von ihr selbst ausgehen"[386].

Mit der Anmeldung nach § 14 BVersG (bzw. Anzeige nach Art. 13 BayVersG) wird mangels spezieller Vorschriften in den VersG ein Verwaltungsverfahren nach den Regeln des VwVfG eingeleitet[387], wobei auch die behördliche Beratungspflicht nach § 25 VwVfG zu beachten ist[388].

Ausdrücklich ist auf § 24 Abs. 2 VwVfG hinzuweisen, wonach „die Behörde alle für den Einzelfall bedeutsamen, auch die für die Beteiligten günstigen Umstände, zu berücksichtigen hat"[389].

„Je ernsthafter sich die staatlichen Behörden für die friedliche Durchführung von Großdemonstrationen einsetzen, desto eher werden andererseits nach dem Scheitern ihrer Bemühungen spätere Verbote oder Auflösungen einer verwaltungsgerichtlichen Nachprüfung standhalten"[390].

---

385 Lisken/Denninger, S. 1093
386 BVerfG, NJW 2000, 3053, 3056: OVG Bautzen, 3 BS 105/02, Beschluss vom 4.4.2002: „Die Versammlungsbehörde ist zum Schutz und zur Optimierung der Wahrnehmung dieses Grundrechts durch Grundrechtsträger verpflichtet…".
387 Siehe OVG Weimar, NVwZ-RR 1997, 287, 288: Pflicht zur Anhörung nach § 28 VwVfG vor Erlass eines Versammlungsverbotes; VG Aachen, Beschl. v. 6.9.2010, 6 K 1135/10; Lisken/Denninger, S. 1101
388 OVG Weimar, NVwZ-RR 2003, 207, 208
389 BVerfG, NJW 2000, 3053, 3055: Die Behörde hat sich mit den Gegenindizien nicht auseinandergesetzt (Anm.: die gegen eine sogenannte Tarnanmeldung sprachen). Auch hier trägt die Behörde die Beweislast für eine täuschende Anmeldung bei der Behörde.
390 BVerfG, NJW 1985, 2395, 2399

2. Zügiges Verwaltungsverfahren

Dabei dürfte es selbstverständlich sein, dass die Versammlungsbehörde, wie es § 10 S. 2 VwVfG vorschreibt, das Verwaltungsverfahren insbes. *"zügig durchführt"*[391]. So ist es grundsätzlich nicht vertretbar, wenn die Versammlungsbehörde ein Verbot erst einen Tag vor dem Termin der Versammlung erlässt[392].

Auch bei der Erteilung von Auflagen (bzw. Beschränkungen der Versammlung) gilt, dass diese „so rechtzeitig zu treffen sind, dass der Veranstalter sich auf sie einstellen kann"[393].

3. Politische Wertungen von Versammlungen verbieten sich

Häufig tun sich die Versammlungsbehörden schwer beim Umgang mit Versammlungen politischer Extremisten, insbes. von rechts[394]:

„Da es einen öffentlichen Konsens zu geben scheint, dass Versammlungen von politischen Extremisten unerwünscht sind, kommt es immer wieder zu handwerklich fragwürdigen Verbotsverfügungen, die der (Anmerkung: gerichtlichen) Überprüfung nicht standhalten"[395].

Es ist bereits ausgeführt worden, dass sich politische Wertungen im Zusammenhang mit Versammlungen verbieten. Auch Extremisten (seien es Rechts- oder Linksradikale) können sich auf das Grundrecht der Versammlungsfreiheit berufen.

---

391 Diese Forderung nach einer „zügigen Entscheidung" hat das BVerfG (NJW 2000, 3051, 3053) auch für den gerichtlichen Rechtsschutz im Versammlungsrecht aufgestellt.
392 Wiefelspütz, DÖV 2001, 21, 25: Im konkreten Fall hatte der Veranstalter die Versammlung am 29.11.1999 angemeldet für den 29.1.2000, die Behörde erließ das Versammlungsverbot am 28.1.2000. Also zwei Monate nach der Anmeldung und einen Tag vor dem geplanten Versammlungstermin!
Andererseits ist es sehr „zügig", wenn die Veranstaltung am 13.1.2006 angemeldet und am 19.1.2006 unter Anordnung der sofortigen Vollziehung verboten wurde (BVerfG, DVBl. 2006, 368: Die Behörde hatte ihr Verbot in gänzlich pauschaler Weise und ohne konkrete Zuordnung zu Einzelmerkmalen des VersG auch auf eine drohende Begehung von Propagandastraftaten gestützt). Das hat das BVerfG zu Recht nicht akzeptiert.
393 BVerfG, NJW 2003, 3689, 3691
394 Brenneisen/Hahn/Martins, Die Polizei 2008, 285, 287: „Verwaltung und Gerichtsbarkeit haben sich vor einem Einschreiten in der rechtlichen Grauzone zu hüten ... Plakative Thesen wie „Aufstand der Anständigen" oder „Faschismus ist keine Meinung, sondern ein Verbrechen" sind in diesem Zusammenhang wenig hilfreich".
395 Wiefelspütz, DÖV 2001, 21, 25, zu einem Versammlungsverbot in Berlin; ähnlich Höllein, NVwZ 1994, 635, 638, zu einem Versammlungsverbot in Fulda: *„Die Behörde war deutlich hinter den Ermittlungs- und Begründungserfordernissen zurückgeblieben"*; siehe dazu die §§ 24, 26 VwVfG (Amtsermittlungsprinzip im Verwaltungsverfahren)

D. Verantwortung und Zuständigkeiten

4. Schriftliche Entscheidungen der Versammlungsbehörde (siehe Muster später unter FI + II)

Derartige Anordnungen (Verwaltungsakte nach § 35 S. 1 bzw. als Allgemeinverfügung nach S. 2 VwVfG) der Versammungsbehörde werden i. d. R. schriftlich ergehen, siehe § 39 VwVfG (bei Anordnung der sofortigen Vollziehung außerhalb Bayerns mit zusätzlicher Begründungspflicht nach § 80 Abs. 3 VwGO).

Ausnahmsweise ist auch eine mündliche Anordnung der Versammlungsbehörde denkbar, siehe die „mündliche" Auflage der Versammlungsbehörde[396]:

„Der Versammlungsleiter hat sich mit dem Einsatzleiter der Polizei in Verbindung zu setzen. Der Aufstellungsort richtet sich nach Weisung der Polizei. Die Personen, die Tiermasken tragen, haben sich auf Verlangen beim Einsatzleiter der Polizei auszuweisen".

5. Beweislast der Versammlungsbehörde

Die Darlegungs- und Beweislast ist bereits im Zusammenhang mit dem Ausspruch eines Versammlungsverbots angesprochen worden.

Die Versammlungsbehörde ist im Rahmen der Amtsermittlung (§§ 24, 26 BayVwVfG) insbes. verpflichtet, die entsprechenden konkreten Tatsachen, die zur konkreten Gefahrenprognose führten, zu belegen[397].

„Die Antragsgegnerin (Anm.: Versammlungsbehörde) hat es an einer substantiierten Gegenüberstellung der befürchteten Verkehrsbeeinträchtigungen und der Meinungs- und Versammlungsfreiheit der Versammlungsteilnehmer fehlen lassen und sich auch in diesem Zusammenhang nicht hinreichend mit der von ihr stets vorrangig in Betracht zu ziehenden Möglichkeit der Durchführung der Demonstration unter Auflagen auseinander gesetzt".[398]

a) Versammlungsbeschränkungen

Das trifft auch bei der Festlegung von Auflagen (Versamlungsbeschränkungen) zu:

„Die Bestimmung von Auflagen nach § 15 Abs. 1 VersG (Anm.: damals Bundes-VersG) ist grundsätzlich Aufgabe der Versammlungsbehörde, die auf Grund ihrer Sach- und Ortsnähe am besten beurteilen kann, welche Auflagen geeignet, erforderlich und angemessen sind".[399]

---

396 BVerfG, BayVBl. 2008, 497 (erfolgreiche Verfassungsbeschwerde gegen eine „Auflage").
397 BVerfG, NVwZ 2000, 1406, 1407; Wiefelspütz, DÖV 2001, 21, 25: erkennbar unzutreffende Gefahrenprognose bei einem behördlichen Versammlungsverbot; Papier, BayVBl. 2010, 225, 230
398 VGH Mannheim, VBlBW 2002, 383, 386
399 BVerfG, NJW 2005, 3202, 3203; DVBl. 2001, 1054, 1056; NJW 2001, 2069: Auflagen der Versammlungsbehörde zur Streckenführung.

D. Verantwortung und Zuständigkeiten

„Sie sind so rechtzeitig zu treffen, dass der Veranstalter sich auf sie einstellen kann".[400]

„Will sich die Versammlungsbehörde auf die sichere Seite begeben, tut sie gut daran, von einem riskanten Vollverbot abzusehen und statt dessen durch „Auflagen" (ein für sofort vollziehbar erklärtes Teilverbot befürchteter störender Verhaltensweisen) Art und Umfang der Veranstaltung zu beeinflussen"[401].

„Verkehrsbeeinträchtigungen, die sich zwangsläufig aus der nicht verkehrsüblichen Inanspruchnahme öffentlicher Verkehrsflächen für Versammlungszwecke ergeben, sind, anders als etwa gezielte Verkehrsbeeinträchtigungen, grundsätzlich hinzunehmen... auch bei massiven Verkehrsbeeinträchtigungen muss die Behörde im Rahmen ihrer Entscheidung nach § 15 Abs. 1 VersG versuchen, für einen möglichst schonenden Ausgleich der widerstrebenden Interessen zu sorgen, insbes. durch Vorgaben räumlicher und zeitlicher Art ..."[402]

b) Versammlungsverbote

Es handelt sich dabei, wie bereits mehrfach betont, versammlungsrechtlich um einen absoluten Ausnahmefall:

„Es sind kaum Fälle denkbar, in denen das Auswahl- bzw. Handlungsermessen der Versammlungsbehörde ausschließlich auf ein Vollverbot der Versammlung hinauslaufen kann"[403].

Zu einem Versammlungsverbot gegenüber einem Aufzug der NPD im Jahre 2001 in Mannheim äußerte sich der VGH Mannheim[404] wie folgt:

„Insgesamt hat die Antragsgegnerin (Anm.: Versammlungsbehörde) mit ihrer Verbotsverfügung die Vorgaben des BVerfG missachtet. Indes ist sie als Teil der vollziehenden Gewalt gemäß Art. 20 Abs. 3 GG (nicht anders als die Gerichte) an Gesetz und Recht und damit insbesondere an das Grundgesetz gebunden. Dieses hat die Absage an den Nationalsozialismus nicht zuletzt auch in dem Aufbau allgemeiner rechtsstaatlicher Sicherungen dokumentiert, deren Fehlen das menschenverachtende Regime des Nationalsozialismus geprägt hatte. In der Beachtung rechtsstaatlicher Sicherungen – auch beim Umgang mit Gegnern des Rechtsstaates – sieht das Grundgesetz eine wichtige Garantie gegen das Wiedererstehen eines Unrechtsstaates. Zu den rechtsstaatlichen Garantien gehören die Kommunikationsfreiheiten (Art. 5 Abs. 1 und Abs. 2, Art. 8 GG), auch und gerade für Minderheiten. Diese Garantien dürfen nicht dadurch unterlaufen werden, dass die Exekutive bestimmten Par-

---

400 BVerfG, NJW 2003, 3689, 3691
401 Höllein, NVwZ 1994, 635, 641
402 VGH Mannheim, VBl.BW 2002, 383, 386, unter Hinweis auf die Rechtsprechung des BVerfG
403 Höllein, NVwZ 1994, 635, 639: bejaht aber vom VG Gelsenkirchen, Beschl. v. 3.9.2010, 14 L 970/10
404 VGH Mannheim, VBl.BW 2002, 383, 388

D. Verantwortung und Zuständigkeiten

teien oder Personen den Schutz der Grundrechte aus Art. 5 und Art. 8 GG generell vorenthält und diese immer erst durch die Inanspruchnahme der Verwaltungsgerichte gesichert werden können".

6. Besonderheit des sogenannten polizeilichen Notstandes

Anmerkung: Siehe dazu die Ausführungen nachfolgend unter IV 6, Vollzugspolizei

Die Versammlungsbehörde muss auch prüfen, ob ein polizeilicher Notstand (absoluter Ausnahmefall des Verbot einer friedlichen Versammlung) durch Modifikation der Versammlungsmodalitäten entfallen kann (z. B. zeitliche Verlegung oder andere Streckenführung), ohne dadurch den konkreten Zweck der Versammlung zu vereiteln[405].

IV. Die versammlungsrechtliche Verantwortung der Vollzugspolizei[406]

Überblick
1. Schutz der friedlichen Versammlung
2. Vorsorge der Polizei, flexible Einsatzstrategien
3. Nachrangige polizeiliche Eingriffe
4. Zuständigkeit
5. Gefahr im Verzug
6. Sogenannter polizeilicher Notstand
7. Einschreiten gegen unfriedliche Gegendemonstranten
8. Staatliches Gewaltmonopol
9. Strafbarkeit eines Versammlungsteilnehmers nach § 113 StGB

1. Schutz der friedlichen Versammlung

Vorab hat die Vollzugspolizei[407], wie schon mehrfach angesprochen, die Aufgabe, eine friedliche Versammlung zu schützen (Polizei als Garant der Versammlungsfreiheit[408]).

„Die Versammlung ist gegen Gefahren zu schützen, die nicht von ihr ausgehen"[409].

---

405 BVerfG, NVwZ 2000, 1406, 1407; VG Gelsenkirchen, Beschl. v. 3. 9. 2010, 14 L 970/10
406 Hofmann (NVwZ 1987, 769, 771) spricht in diesem Zusammenhang von der „Garantenstellung" der Polizei für die Verwirklichung des Versammlungsrechts
407 Siehe Art. 1 PAG, i. V. mit Art. 24 Abs. 1 BayVersG
408 Sigrist, Die Polizei 2002, 132
409 BVerfG, NJW 2000, 3053, 3056

Dabei kann die Vollzugspolizei die Versammlung auch „polizeilich begleiten", bevor Eingriffsmaßnahmen (beginnend mit dem Ausschluss einzelner störender Teilnehmer) ergriffen werden[410].

Denn „es ist Aufgabe der zum Schutz der rechtsstaatlichen Ordnung berufenen Polizei, in unparteiischer Weise auf die Verwirklichung des Versammlungsrechts hinzuwirken".[411]

2. Vorsorge der Polizei, flexible Einsatzstrategien

Insbesondere im Zusammenhang mit möglichen Gegendemonstrationen (ob friedlich oder unfriedlich) bestehen erhebliche Risiken gewalttätiger Auseinandersetzungen, die Polizei steht vor schweren Belastungen. Dies gilt sowohl für die einzelnen persönlich gefährdeten Polizeibeamten als auch für die Fähigkeit der Polizei, insbes. den Auseinandersetzungen angemessen zu begegnen[412]. Da die Polizei die friedliche Versammlung nach Art. 8 GG schützen muss, hat sie sich auch physischen Auseinandersetzungen zu stellen[413].

a) Dabei muss die Polizei Vorsorge treffen zum Schutz der Versammlung, da normalerweise bereits im Vorfeld der Versammlung bekannt ist, dass es zu (gewalttätigen) Gegendemonstrationen kommen kann.

„Deshalb hat die Polizei unter Berücksichtigung der zu erwartenden Ausschreitungen die erforderlichen Maßnahmen zu planen und vorzubereiten"[414].

Deshalb kann auch eine „starke Polizeipräsenz" erforderlich sein[415].

„Selbst wenn Gewalttaten drohen sollten (Anm.: von Gegendemonstranten), ist es Aufgabe der zum Schutz der rechtsstaatlichen Ordnung berufenen Polizei, primär gegen die Störer vorzugehen. Nur unter den Voraussetzungen des polizeilichen Notstandes... wäre es gerechtfertigt, den Antragsteller mit der vorbeugenden Verlegung der Versammlungsroute zu beauflagen".[416]

---

410 OVG Weimar, NVwZ-RR 2003, 207, 210; VG Hamburg, NVwZ 1987, 829, 832; insbes. kommt das in Betracht bei den sogenannten Aufzügen; Lisken/Denninger, S. 450
411 VGH Mannheim, NVwZ 1987, 237, 238, und VBlBW 2002, 383, 385; BVerfG, NJW 2003, 3689, 3690: „Es gibt keine Anhaltspunkte dafür, die Polizei könne ihren Aufgaben in diesem Jahr nicht nachkommen".
412 BVerfG, NVwZ 2006, 1049, 1050; VG Gelsenkirchen, Beschl. v. 3.9.2010, 14 L 970/10; Hoffmann-Riem, NJW 2002, 257, 263, und NJW 2004, 2777, 2779
413 Rühl, NVwZ 1988, 577, 582; Tölle, NVwZ 2001, 153, 155
414 VG Köln, NJW 1971, 210, 212
415 BVerfG, NJW 2003, 3689, 3690
416 BVerfG, NJW 2000, 3053, 3056; OVG Bautzen, SächsVBl. 2005, 48, 49; VG Gelsenkirchen, Beschl. v. 3.9.2010, 14 L 970/10

b) Insgesamt sind im Rahmen der polizeilichen Aufgabe der Gefahrenabwehr „flexible Einsatzstrategien anzuwenden"[417].

So hat das BVerfG[418] zur Gefahrenlage an zwei unterschiedlichen Tagen ausgeführt:

„Eine unterschiedliche Bewertung der polizeilichen Lage an den beiden Tagen ist deshalb angezeigt, weil eine Demonstration in dem Innenbereich einer Großstadt an einem Samstag zur Zeit der Öffnung der meisten Geschäfte anders zu verlaufen pflegt als an einem Sonntag. Auch sind die polizeilichen Möglichkeiten in einer von Feiertagsruhe geprägten Innenstadt anders als zur Zeiten der Geschäftsöffnung ..."

Weiterhin hat sich das BVerfG zur unterschiedlichen Gefahrenlage bei einer stationären oder nichtstationären Versammlung (Aufzug) geäußert:

„Dass der Schutz einer stationären, auf, auf einen abgegrenzten Platz festgelegten und auf zwei Stunden begrenzten Versammlung unter Einschluss der An- und Abmarschphase (Anm: nach Angaben der Behörde) polizeiliches Personal in gleichem Ausmaß erfordert wie der eines vierstündigen, 2,6 km langen und sich im Kern einer Großstadt bewegenden Aufzugs[419], ist nicht nachvollziehbar".

3. Nachrangige polizeiliche Eingriffe

a) Grundsätzlich sollen der Versammlungsleiter und die Ordner im Rahmen der sogenannten „Selbstorganisation"[420] der Versammlung für einen friedlichen Ablauf sorgen (rechtlicher Vorrang der „Selbstorganisation" der Versammlung, siehe z. B. die §§ 8 ff., 18 und 19 BVersG). Erst nachrangig soll mittels polizeilicher Eingriffsmaßnahmen zum Schutz der Versammlungsfreiheit und der friedlichen Teilnehmer gehandelt werden.

So hat z. B. auch der Veranstalter einer Versammlung den Vorrang vor polizeilichen Maßnahmen bei der Isolierung unfriedlicher Teilnehmer, damit den friedlichen Teilnehmern nicht von vornherein die Chance einer Grundrechtsausübung abgeschnitten wird[421].

b) Die Zurückhaltung der Vollzugspolizei kann man auch Art. 4 Abs. 3 Nr. 1 BayVersG entnehmen.

Danach haben Polizeibeamte das Recht auf Zugang bei einer öffentlichen Versammlung unter freiem Himmel, „wenn dies zur polizeilichen Aufgabenerfüllung erforderlich ist".

---

417 BVerfG, NJW 1985, 2395, 2399
418 BVerfG, NJW 2000, 3053, 3056
419 In Bayern sogenannte „sich fortbewegende Versammlung" nach Art. 13 Abs. 2 Nr. 5 BayVersG
420 Lisken/Denninger, S. 1072; Gusy, JuS 1993, 555, 558; Kniesel, DÖV 1992, 470, 472
421 BVerfG, NJW 1985, 2395, 2400

D. Verantwortung und Zuständigkeiten

4. Zuständigkeit der Vollzugspolizei im Versammlungsrecht

a) Die Zuständigkeiten der Versammlungsbehörden sind bereits angesprochen worden (siehe oben unter III).

Grundsätzlich kann man die Zuständigkeit zur Versammlungsbehörde wie folgt abgrenzen:

Die Versammlungsbehörde ist im Vorfeld der Versammlung zuständig (Entgegennahme der Anmeldung, präventive Maßnahmen wie Auflage oder Verbot).

Ab Beginn der Versammlung, d. h. vor Ort, ist die Vollzugspolizei nach Art. 24 Abs. 2 S. 1 BayVersG zuständig (Anmarsch zur Versammlung, Versammlung selbst, Ausschluß von Teilnehmern, Auflösung), und immer ist sie auch zuständig bei „Gefahr im Verzug (siehe anschließend unter 5.).

b) Vielfach ist die Zuständigkeit der Vollzugspolizei ausdrücklich im BVersG normiert[422]

aa) bei öffentlichen Versammlungen in geschlossenen Räumen, §§ 5 ff.

- § 9 Abs. 2 S. 2: Beschränkung der Zahl der Ordner durch die Polizei
- § 12: Teilnahme von Polizeibeamten
- § 12 a: Bild- und Tonaufnahmen von Versammlungsteilnehmern
- § 13 Abs. 1: Auflösung der Versammlung durch die Polizei, die nach § 12 anwesend ist

bb) bei öffentlichen Versammlungen unter freiem Himmel, §§ 14 ff.

- § 15 Abs. 3: Auflösungsverfügung gegenüber der gesamten Versammlung
- § 17 a Abs. 4 S. 2: Ausschluß eines Teilnehmers, der Waffen mit sich führt
- § 18 Abs. 3: Ausschluß eines Versammlungsteilnehmers wg. gröblicher Störung der Ordnung
- § 19 Abs. 4: Ausschluß eines Teilnehmers eines Aufzugs wg. gröblicher Störung der Ordnung
- § 19 a: Bild- und Tonaufnahmen entspr. § 12 a („öffentliche Versammlungen in geschlossenen Räumen").

c) Dagegen spricht das BayVersG regelmäßig von der „zuständigen Behörde", insoweit ist auf Art. 24 zu verweisen.

Eine Ausnahme ist z. B. Art. 4 Abs. 3 mit dem Recht von „Polizeibeamten" auf Zugang zu einer Versammlung oder Art. 9 (Bild- und Tonaufnahme oder -aufzeichnungen).

---

422 Sigrist, Die Polizei 2002, 132, 133; Lisken/Deninger, S. 394

D. Verantwortung und Zuständigkeiten

5. Polizeiliche Maßnahmen bei „Gefahr im Verzug"[423]

Nicht immer liegt eine ausdrückliche Zuständigkeitszuweisung an die Vollzugspolizei vor. Dann kann sich die Zuständigkeit der Vollzugspolizei bei „Gefahr im Verzug" auch im Versammlungsrecht z. B. entsprechend § 60 Abs. 2 SPolG ergeben[424].

Denn Begriff der „Gefahr im Verzug" definiert das „Gesetz über die öffentliche Sicherheit und Ordnung des Landes Sachsen-Anhalt (SOGLSA) in § 3 Nr. 6 als

„eine Sachlage, bei der ein Schaden eintreten würde, wenn nicht an Stelle der zuständigen Behörde oder Person eine andere Behörde oder Person tätig wird".

In Bayern kann nach Art. 24 Abs. 2 S. 2 des Versammlungsgesetzes „die Polizei in unaufschiebbaren Fällen auch an Stelle der Kreisverwaltungsbehörde Maßnahmen treffen" (besondere Eilzuständigkeit im Versammlungsrecht).

Ähnliche Regelungen zur Eilzuständigkeit des Polizeivollzugsdienstes gibt es in allen übrigen Bundesländern.

a) § 60 Abs. 2 SPolG (sogenannten Eilzuständigkeit des Polizeivollzugsdienstes, die „Situation duldet keinen weiteren Aufschub"[425]) lautet wie folgt:

„Der Polizeivollzugsdienst nimmt die polizeilichen Aufgaben (Anm.: nach § 1 Sächs PolG, Gefahrenabwehr) wahr, wenn ein sofortiges Tätigwerden erforderlich erscheint".

Bereits der Wortlaut der sächsischen Bestimmung (*„erforderlich erscheint"*) lässt erkennen, dass dem Polizeivollzugsdienst hinsichtlich der Annahme der Voraussetzungen seiner Eilzuständigkeit ein gewisser Einschätzungsspielraum zusteht. Diese Einschätzung kann gerichtlich nur dann beanstandet werden, wenn sie offensichtlich von unzutreffenden Voraussetzungen ausgeht, die sich bereits im Zeitpunkt der Entscheidung erkennen ließen[426].

b) Insoweit ist auch auf § 80 Abs. 2 S. 1 Nr. 2 VwGO zu verweisen, wonach ein Widerspruch gegen eine mündliche Anordnung bei sogenannten „unaufschiebba-

---

423 VGH Mannheim, VBlBW 2005, 451, 453; VG Schleswig, NVwZ 2000, 464; Weber, VR 2006, 237, 242 (Klausur)
424 Siehe auch § 1 Abs. 3 der SächsVersG-ZuVO
425 VGH Mannheim, VBlBW 2004, 213, 214; Lisken/Denninger, S. 1163: aus Gründen der Effizienz der Gefahrenabwehr
426 VGH Mannheim, VBlBW 2004, 213, 214

ren Maßnahmen eines Polizeivollzugsbeamten" (siehe Art. 24 Abs. 2 S. 2 BayVersG) keine aufschiebende Wirkung hat[427].

Die Rechtmäßigkeit derartiger polizeilicher Maßnahmen kann deshalb erst später im Rahmen einer sogenannten Fortsetzungsfeststellungsklage überprüft werden[428].

c) Grundsätzlich werden deshalb die genannten Maßnahmen der Vollzugspolizei im Versammlungsrecht immer als mündliche Anordnungen erlassen werden[429] (denkbar sind auch sogenannte konkludente Anordnungen, siehe Art. 37 Abs. 2 BayVwVfG).

d) Beispiele aus der Rechtsprechung

aa) Auflösungsverfügungen nach § 15 Abs. 3 BVersG:

Beispiel für eine mündlich erklärte Auflösungsverfügung[430]

(mündlich erklärte Aufforderung durch den vor Ort befindlichen Polizeibeamten über die Lautsprecheranlage des Befehlskraftwagens, Allgemeinverfügung)

„Achtung! Achtung! Hier spricht die Polizei. Ich wende mich mit dieser Durchsage an die Personen, die auf der L-Straße am Ortsausgang La. in Richtung G. auf der Straße sitzen. Ihr Verhalten ist rechtswidrig. Für diesen Bereich besteht ein Versammlungsverbot. Ich fordere Sie auf, die Straße innerhalb von fünf Minuten, ich wiederhole, innerhalb von fünf Minuten zu verlassen. Sollten Sie dieser Aufforderung nicht nachkommen, werde ich die Straße, auch unter Anwendung von Zwangsmitteln, bis hin zum Einsatz des Schlagstocks, räumen lassen. Dies ist die erste Aufforderung, es ist 16 Uhr und 2 Minuten."

---

427 VG Berlin, InfAuslR 1997, 203: Die Verwaltungsmaßnahme muss ihrer Rechtsnatur nach unaufschiebbar sein, typischerweise bei Anordnungen von Polizeivollzugsbeamten im Straßenverkehr, die jeweilige Maßnahmen „trägt ein Vollzugselement in sich" (Anm.: das geht dann schon in die Richtung von Vollstreckungsmaßnahmen, weil durch eine derartige Anordnung sich der Polizeivollzugsbeamte einen sogenannten Vollstreckungstitel nach § 2 VwVG verschafft hat).
VGH Mannheim, NVwZ 1985, 202, 205: Aufforderung über Lautsprecher an Demonstranten, eine Zufahrt freizugeben; ebenso BVerfG, NVwZ 1999, 290, 292

428 VGH Mannheim, NVwZ-RR 1990, 602; oder im Rahmen einer späteren Kostenforderung für eine Gewahrsamnahme nach Auflösung einer Versammlung (BVerfG, 1 BvR 1634/04, Beschluss vom 29. 7. 2010

429 VGH Mannheim, NVwZ 1985, 202, und VBlBW 2008, 60; VG Schleswig, NVwZ 2000, 464; VG Lüneburg, 3 A 120/02, Urteil vom 23. 1. 2004 (dazu nachfolgend dir Beschluss des BVerfG vom 29. 7. 2010, 1 BvR 1634/04)

430 OLG Celle, NVwZ-RR 2006, 254: obwohl die Polizei die Formulierung „Auflösung der Versammlung" nicht ausdrücklich benutzte.

D. Verantwortung und Zuständigkeiten

- Mehrfache Aufforderung über Lautsprecher, eine Zufahrt freizugeben mit der Androhung unmittelbaren Zwangs[431)
- Mehrfach wiederholte Lautsprecherdurchsagen betr. Auflösung einer verbotenen Versammlung durch die Vollzugspolizei[432)

bb) Sonstige mündliche Polizeiverfügungen

- Mehrfache Lautsprecherdurchsagen der Polizei betr. Aufforderung an Demonstranten zum Verlassen des Platzes in Form von Platzverweisen nach allg. Polizeirecht[433)
- Mündliche Aufforderung an einen Demonstranten, ein Spruchband zu entfernen. Dies erfolgte nicht, sodaß Polizeibeamte das Spruchband sicherstellten[434).
- Fernhalten eines sogenannten externen Störers von einer Versammlung mittels mündlicher Aufforderung der Vollzugspolizei, sich zu entfernen mit Androhung unmittelbaren Zwangs[435).

e) Bei allen mündlich erklärten polizeirechtlichen Maßnahmen kommt dem sogenannten Bestimmtheitsprinzip nach § 37 Abs. 1 VwVfG insbes. im Versammlungsrecht große Bedeutung zu[436).

Dazu ein Urteil des VGH Mannheim aus dem Jahre 1988[437)

Demonstranten behinderten durch Sitzblockade die Einfahrt von Fahrzeugen in ein Gelände. Wenige Minuten später forderte ein Beamter des Polizeivollzugsdienstes[438) die Blockadeteilnehmer – möglicherweise unter Hinweis auf die Strafbarkeit ihres Verhaltens – mehrfach auf, die Fahrbahn vor der Zufahrt unverzüglich zu räumen und drohte die Anwendung unmittelbaren Zwangs (Vollstreckungsmaßnahme) an. Da der Kläger der Aufforderung nicht nachkam, räumten Polizeibeamte die Fahrbahn unter Anwendung unmittelbaren Zwangs.

---

431 VGH Mannheim, NVwZ 1985, 202
432 KG, NVwZ 2000, 468, 469
433 BVerfG, NVwZ 1999, 290: im konkreten Fall nach § 15 NdsSOG, in Sachsen § 21 Abs. 1 SPolG
434 BVerwG, NJW 1982, 1008 (sogenannte „Minus-Maßnahme")
435 VGH Mannheim, NVwZ-RR 1990, 602; bestätigt durch BVerfG, NJW 1991, 2694 (Verfassungsbeschwerde)
436 BVerfG, NVwZ 2005, 80, 81; VG Schleswig, NVwZ 2000, 464; Weber, VR 2008, 181 und 2008, 217
437 NVwZ 1989, 163
438 § 37 Abs. 2 VwVfG i. V. mit § 80 Abs. 2 S. 1 Nr. 2 VwGO (somit gleichzeitig Vollstreckungstitel nach § 2 SächsVwVG).

„Der Regelungsinhalt der mündlich getroffenen Anordnung war für die Betroffenen erkennbar. Nach dem erklärten Willen des Polizeivollzugsdienstes – so wie die Empfänger die für sie bestimmte Erklärung nach Treu und Glauben auffassen durften – wurden die Versammlungsteilnehmer aufgefordert, die Fahrbahn sowie die Zu- und Ausfahrt freizumachen, zugleich wurde ihnen für den Fall der Nichtbefolgung die Anwendung unmittelbaren Zwangs angedroht. Damit konnten sie über das ihnen abverlangte Verhalten und über die vollstreckungsrechtlichen Folgen einer Weigerung nicht im Unklaren sein. Wenn das Verwaltungsgericht dennoch die **hinreichende Bestimmtheit** der Anordnung verneint hat, so beruht das auf der Annahme, in der mündlichen Erklärung des Polizeivollzugsdienstes habe auch die Rechtsgrundlage der Verfügung zum Ausdruck gebracht werden müssen ... Die Angabe der Rechtsgrundlage einer behördlichen Verfügung ist ein Begründungselement. Als mündlich erlassener Verwaltungsakt bedurfte die Anordnung keiner Begründung (§ 39 Abs. 1 S. 1 BadWürttVwVfG), weshalb der Polizeivollzugsdienst bei seiner Anordnung gegenüber den Adressaten nicht klarzustellen hatte, dass es sich um eine Verfügung versammlungsrechtlicher Art handelte.

Vielmehr ist bei einer mündlichen Verfügung des Polizeivollzugsdienstes, durch die eine Handlungspflicht auferlegt wird, unter dem Blickwinkel der Bestimmtheit allein zu fordern, dass für den Adressaten das ihm abverlangte Verhalten hinreichend bestimmt ist. An der Erkennbarkeit der auferlegten Handlungspflicht fehlte es im vorliegenden Fall mitnichten ..."

f) Oftmals folgen den mündlichen Anordnungen Vollstreckungsmaßnahmen in Form des sogenannten unmittelbaren Zwangs (sogenannter Polizeizwang) nach den §§ 30 ff. SPolG, wenn z. B. die Adressaten der Auflösungsverfügung nach § 15 Abs. 3 SächsVersG sich nicht entfernen oder ein einzelner Teilnehmer einem Ausschluss aus der Versammlung nicht nachkommt. Ebenso erfolgen Vollstreckungsmaßnahmen gegen sogenannte Gegendemonstranten (als externe Störer), die evtl. unfriedlich eine friedliche Versammlung stören, siehe § 2 Abs. 2 SächsVersG.

6. Sogenannter polizeilicher Notstand

a) Der Polizei ist regelmäßig bekannt, ob und wann es insbesonders zu größeren „öffentlichen Versammlungen unter freiem Himmel" mit evtl. Gegendemonstrationen kommt.

> **Insoweit sind natürlich auch polizeiliche Ressourcen im Zusammenhang mit möglichen Gegendemonstrationen vorzuhalten.**

„Pauschale Behauptungen, die Polizei sei zum Schutz der angemeldeten Versammlung nicht in der Lage, genügen nicht" (zum Verbot einer friedlichen Versammlung).[439]

---

439 BVerfG, NJW 2001, 2069, 2072

D. Verantwortung und Zuständigkeiten

„Es muss geprüft werden, ob ausreichende Polizeikräfte zur Verfügung standen bzw. vom Bundesgrenzschutz oder von anderen Bundesländern mit Erfolg hätten angefordert werden können (Anm.: vor einem Versammlungsverbot wg. polizeilichen Notstands gegen den Nichtstörer)[440].

„Nur unter den besonderen Voraussetzungen des polizeilichen Notstandes darf gegen die (Anm.: im Übrigen friedliche Versammlung) als ganze eingeschritten werden".[441]

b) Unter den strengen Voraussetzungen z. B. des § 7 SPolG oder Art. 10 PAG (Inanspruchnahme des Nichtstörers, konkret hier friedliche Versammlung) kann die Polizei auch Maßnahmen gegen Unbeteiligte (also die friedliche Versammlung) richten, weil diese versammlungsrechtlich gesehen „Nichtstörer"[442] sind, da sie von ihrem Grundrecht aus Art. 8 Gebrauch machen.

Dann wird vom sogenannten „polizeilichen Notstand" als Ausnahmefall gesprochen[443].

c) Bei diesen polizeilichen Notstandsmaßnahmen wird in die Rechte unbeteiligter Dritter eingegriffen, weshalb an die zeitliche Nähe des Schadens ebenso wie an die Wahrscheinlichkeit seines Eintritts strenge Anforderungen zu stellen sind[444].

---

440 BVerwG, NVwZ 1999, 991, 993
441 BVerfG, NJW 1985, 2395, 2400, und NVwZ 2006, 1049; VG Gelsenkirchen, Beschl. v. 3.9.2010, 14 L 970/10
   Vom sogenannten *„unechten polizeilichen Notstand"* wird gesprochen, wenn die Schäden, die der öffentlichen Sicherheit bei einem Vorgehen gegen den Störer drohen, in einem extremen Missverhältnis zu den Nachteilen stehen, die durch das Einschreiten gegen die von Art. 8 GG geschützte Versammlung hervorgerufen würden. In einem derartigen Ausnahmefall muss der Grundrechtsschutz für die Versammlung zurücktreten, weil rechtsstaatliches Polizeirecht keine Rechtsdurchsetzung um jeden Preis verlangt (Schmidt-Jortzig, JuS 1970, 507, 509; Kniesel, DÖV 1992, 470, 477; Wiefelspütz, DÖV 2001, 21, 27; Weber, SächsVBl. 2002, 25, 33; Rühl, NVwZ 1988, 577, 583: *„Der Grundrechtsschutz weicht der Gewalt"*; Knape, Die Polizei 2007, 151, 159: *ungeliebter Bruder des echten polizeilichen Notstandes*).
442 BVerfG, NVwZ-RR 2007, 641, 642; VGH Kassel, NVwZ-RR 1994, 86, 87; VGH München, DÖV 1979, 569, 570; VG Gelsenkirchen, Beschl. v. 3.9.2010, 14 L 970/10
443 BVerfG, NJW 1985, 2395, 2400; 2000, 3053, 3055; 2001, 2069, 2072, und NVwZ-RR 2007, 641; NVwZ 2006, 1049; LKV 2010, 316;
   BVerwG, NVwZ 1999, 991, 992; OVG Bautzen, SächsVBl. 1998, 6; OVG Lüneburg, NVwZ-RR 2005, 820; VGH Kassel, NVwZ-RR 1994, 86, 87; VGH Mannheim, VBlBW 2002, 383, 384; VG Köln, NJW 1971, 210, 212: Hoffmann-Riem, NJW 2002, 257, 263; Knape, Die Polizei 2007, 151, 159; Schmidt-Jortzig, JuS 1970, 507, 509; Rühl, NVwZ 1998, 577, 578; Tölle, NVwZ 2001, 153, 155; Wiefelspütz, DÖV 2001, 21, 27; Lisken/Denninger, S. 1097;
444 BVerfG, NJW 2001, 2069, 2072: *„Pauschale Behauptungen, die Polizei sei zum Schutz der angemeldeten Versammlung nicht in der Lage, genügen nicht"*; VGH Mannheim, NVwZ 1987, 237, 238; Wiefelspütz, DÖV 2001, 21, 27: bei extrem gelagerten Ausnahmefällen

So wäre es z. B. mit Art. 8 GG nicht vereinbar, dass durch gezielte Herbeiführung eines polizeilichen Notstandes, etwa mit der Anmeldung einer als gewaltbereit bewerteten Gegendemonstration, erreicht werden könnte, dass dem Veranstalter der anderen (friedlichen) Versammlung die Möglichkeit genommen wird, sein Demonstrationsrecht zu verwirklichen.

Denkbar ist in diesem Zusammenhang als Ausnahmefall auch anstelle eines Verbots eines Aufzuges die Durchführung zumindest einer stationären Veranstaltung[445].

„Im Hinblick auf die grundlegende Bedeutung der Versammlungsfreiheit, die auch nicht zur faktischen Disposition von gewaltbereiten Gegendemonstrationen gestellt werden darf, kann eine Verbotsverfügung gegen einen sogenannten Nichtstörer nur dann ergehen, wenn konkret dargelegt wird, dass die Polizei – auch unter Hinzuziehung auswärtiger Kräfte – nicht in der Lage sein wird, der bei Durchführung einer Veranstaltung zu erwartenden unmittelbaren Gefährdung der öffentlichen Sicherheit und Ordnung ansonsten zu begegnen. Ein polizeilicher Notstand in diesem Sinn kann allerdings nur in besonders gelagerten Ausnahmefällen in Betracht kommen, so wenn es beispielsweise wegen des Zusammentreffens verschiedener Anlässe, die jeweils eine Polizeipräsenz erfordern, nicht möglich ist, landes- und bundesweit die erforderlichen polizeilichen Kräfte für eine Veranstaltung zu mobilisieren".[446]

„Selbst wenn Gewalttaten drohen sollten (Anm.: von Gegendemonstranten), ist es Aufgabe der zum Schutz der rechtsstaatlichen Ordnung berufenen Polizei, primär gegen die Störer vorzugehen. Nur unter den Voraussetzungen des polizeilichen Notstandes... wäre es gerechtfertigt, den Antragsteller mit der vorbeugenden Verlegung der Versammlungsroute zu beauflagen".[447]

d) Denn es wird den Personen, die rechtmäßig von ihrem Grundrecht aus Art. 8 GG Gebrauch machen, unter Berufung auf die Notstandslage die grundrechtliche Betätigung untersagt[448] (Preisgabe des Grundrechtsschutzes[449]).

---

445 BVerfG, NJW 2000, 3053, 3056; NVwZ 2006, 1049, 1050; BVerfG, NVwZ 2000, 1406, 1407: Die Versammlungsbehörde muss prüfen, ob ein polizeilicher Notstand durch Modifikation der Versammlungsmodalitäten entfallen kann, ohne dadurch den konkreten Zweck der Versammlung zu vereiteln.
446 BVerfG, NJW 2001, 2069, 2072; VGH Mannheim, VBlBW 2002, 383, 384; OVG Bautzen, SächsVBl. 1998, 6, 10; VGH Kassel, NVwZ-RR 1994, 86, 87; Hoffmann-Riem, NJW 2002, 257, 263:
Höllein, NVwZ 1994, 635, 640: „Das absehbare Eintreten des polizeilichen Notstandes ist in der Praxis angesichts der vorhandenen Mannschaftsstärken von Bereitschaftspolizei und Bundesgrenzschutz (Anm.: heute Bundespolizei) unter Berücksichtigung der länderübergreifenden Beistandspflichten bei Großveranstaltungen nicht zu begründen".
447 OVG Bautzen, SächsVBl. 2005, 48, 49; ähnlich BVerfG, LKV 2010, 316, 317
448 BVerfG, NJW 2000, 3053, 3056
449 Rühl, NVwZ 1998, 577, 582; Tölle, NVwZ 2001, 153, 155: *„Kapitulation der Versammlungsfreiheit vor der Gewalt"*.

D. Verantwortung und Zuständigkeiten

„Das führt zu dem für einen Rechtsstaat unhaltbaren Ergebnis, dass eine Mehrheit durch Gegendemonstrationen die Verwirklichung der Grundrechte durch eine Minderheit immer verhindern und den gebotenen staatlichen Schutz ausschließen könnte"[450].

Deshalb „käme eine Inanspruchnahme des Antragstellers als Nichtstörer nur dann in Betracht, wenn feststünde, dass die Versammlungsbehörde wegen der Erfüllung vorrangiger staatlicher Aufgaben und trotz des Bemühens, ggf. externe Polizeikräfte hinzuzuziehen, zum Schutz der von dem Antragsteller angemeldeten Versammlung nicht in der Lage wäre. Eine pauschale Behauptung dieses Inhalts reicht nicht".[451]

„Keinesfalls darf der Nichtstörer einem Störer gleichgestellt und die Auswahl des Adressaten der versammlungsrechtlichen Verfügung von bloßen Zweckmäßigkeitserwägungen abhängig gemacht werden. Drohen Gewalttätigkeiten als Gegenreaktion auf Versammlungen, so ist es Aufgabe der zum Schutz der rechtsstaatlichen Ordnung berufenen staatlichen Stellen, in unparteiischer Weise auf die Verwirklichung der Versammlungsfreiheit für die Grundrechtsträger hinzuwirken"[452].

e) Auch hier trägt die Versammlungsbehörde oder die Vollzugspolizei die Beweis- und Darlegungslast für das Vorliegen eines Notstandsfalles:

Denn „bei der Inanspruchnahme des Nichtstörers ist gesichertes Tatsachenmaterial erforderlich"[453],

„eine pauschale Behauptung der Versammlungsbehörde, dass trotz des Bemühens, ggf. externe Polizeikräfte hinzuzuziehen, ein Schutz der angemeldeten Versammlung nicht gewährleistet ist, reicht nicht aus"[454].

d) Unter dem Gesichtspunkt der Verhältnismäßigkeit ist vor einem Versammlungsverbot wegen polizeilichem Notstand (gegen die friedliche Versammlung als Nichtstörer!) zu prüfen, ob eine Beschränkung der Versammlung auf eine stationäre (anstelle eines Aufzugs) oder durch Auflagen ermöglicht werden kann (Modifikationen der Versammlungsumstände)[455].

---

450 VG Köln, NJW 1971, 210, 212
451 BVerfG, NJW 2001, 2060, 2072: auch hier fehlerhafte Gefahrenprognose, die Beweislast trägt die Verwaltung; VG Köln, NJW 1971, 210, 211; VGH Mannheim, NVwZ 1987, 237, 238
452 BVerfG, NVwZ-RR 2007, 641, 642; Rühl, NVwZ 1988, 577, 583
453 Rühl, NVwZ 1998, 577, 583; BVerwG, NVwZ 1999, 991, 993: „Es fehlt an hinreichenden Feststellungen, ob es aus damaliger Sicht nicht möglich war, die Gefahr anders als durch Inanspruchnahme des Klägers (Anm.: als Nichtstörer) abzuwehren, insbes. ob die Versammlungsteilnehmer unter Ausschöpfung aller sinnvoll anwendbaren Mittel geschützt werden konnten"; VG Gelsenkirchen, Beschl. v. 3.9.2010, 14 L 970/10
454 BVerfG, NJW 2001, 2069, 2072
455 BVerfG, NJW 2000, 3053, 3055; VGH Mannheim, VBlBW 2002, 383, 385

7. Einschreiten gegen unfriedliche Gegendemonstranten

Anmerkung: zum Einschreiten gegen einzelne Versammlungsteilnehmer siehe oben unter C III 5.

a) Die Vollzugspolizei (zuständig nach Art. 24 Abs. 2 S. 1 BayVersG, da die Versammlung bereits stattfindet) ist, wie bereits angesprochen, zum Schutz der friedlichen Versammlung verpflichtet.

„Denn es ist Aufgabe der zum Schutz der staatlichen Ordnung berufenen Polizei in unparteiischer Weise auf die Verwirklichung des Versammlungsrechts hinzuwirken"[456].

Unfriedliche Gegendemonstranten können sich nicht auf die Versammlungsfreiheit nach Art. 8 GG berufen, da ihr Ziel ist, die friedliche Versammlung zu stören oder zu unterbinden (siehe Art. 6 BayVersG, Störungsverbot).

b) Die Anwendung und der Vorrang versammlungsrechtlicher Regelungen scheidet deshalb aus, gegen diese unfriedliche Personen wird nach allgemeinem Polizeirecht vorgegangen.

c) Dieser sogenannte externe Störer[457] ist nicht Teilnehmer der Versammlung oder des Aufzugs[458], sondern wirkt von „außen" auf die Versammlung ein (das BVerfG[459] nennt ihn „Außenstehender", er will diese „sprengen" (siehe dazu die Strafbestimmungen der §§ 21, 22 BVersG).

Externe Störer verstoßen gegen das Störungsverbot nach Art. 8 BayVersG i. V. mit der Strafvorschrift des Art. 20 Abs. 2 Nr. 2 BayVersG.

d) In der Praxis handelt es sich dabei regelmäßig um störende Gegendemonstranten[460].

---

456 BVerfG, LKV 2010, 316
457 VGH Mannheim, NVwZ 1987, 237, 238, und NVwZ-RR 1990, 602, 603; auch das OVG Lüneburg (DVBl. 2008, 987, 989) differenziert zwischen Maßnahmen gegen die Versammlung, Versammlungsteilnehmer und (externe) Störer; Kniesel, DÖV 1992, 470, 473; Lisken/Denninger, S. 1109
458 VGH Mannheim, NVwZ-RR 1990, 602, 603; Gusy, JuS 1993, 555, 558: Störungen einer Versammlung durch Dritte.
459 NJW 1985, 2395, 2400
460 BVerfG, NJW 1985, 2395, 2400 (Brokdorf)

D. Verantwortung und Zuständigkeiten

Zum Einschreiten gegen externe Störer hat sich der VGH Mannheim[461] wie folgt geäußert:

„Dabei umfasst die Spezialität des Versammlungsgesetzes (d. h. der Vorrang der Anwendung von Regeln des Versammlungsgesetzes vor allgemeinem Polizeirecht) nur gezielte Eingriffe in das Versammlungsrecht, nicht aber Maßnahmen im Vorfeld der Versammlung, die deren Schutz zu dienen bestimmt ist.

Das Versammlungsgesetz regelt die Befugnisse zur Beschränkung der Versammlungsfreiheit abschließend. Dagegen enthält es keine Ermächtigung zu Maßnahmen gegen Nichtteilnehmer, die den ordnungsgemäßen Ablauf der öffentlichen Versammlung zu verhindern suchen ...

Mangels spezieller Ermächtigung zur Abwehr externer Störungen durch Nichtteilnehmer, welche die ordnungsmäßige Durchführung einer öffentlichen Versammlung zu verhindern suchen, ist die polizeiliche Generalklausel (Anm.: in Sachsen § 3 Abs. 1 SPolG) anwendbar ... Demgemäß darf die Polizei zum Schutz der Versammlung bei Störungen der genannten Art präventiv einschreiten, da der verfassungsrechtlich gebotene Schutz der Versammlung durch die §§ 2 Abs. 2, 21 VersG nicht hinreichend gewährt ist".

Diese externen Störer wollen nicht an der Versammlung teilnehmen, sondern deren Stattfinden bzw. Durchführung verhindern, sie genießen nicht den Schutz des Art. 8 GG, denn ihr Vorhaben ist „unfriedlich"[462].

e) Da sie nicht Versammlungsteilnehmer sind (externe Störer), somit auch nicht den Schutz des Art. 8 GG genießen, wird gegen sie nach allgemeinem Polizeirecht[463] eingeschritten zum Schutz der Versammlung[464], d. h. mit Hilfe der polizeirechtlichen Generalklausel z. B. nach § 3 Abs. 1 SPolG (Tatbestandsmerkmal der „Gefahr der öffentlichen Sicherheit" erfüllt wegen Verstoß gegen die §§ 2 Abs. 2, 21 VersG) oder aufgrund der sogenannten Standardmaßnahmen nach §§ 18 ff. SPolG (je nach Vorliegen der entsprechenden Tatbestandsmerkmale)[465].

---

461 VGH Mannheim, NVwZ-RR 1990, 602, 603. Diese Festlegungen des VGH Mannheim hat das BVerfG grundsätzlich mitgetragen (NJW 1991, 2694), Verfassungsbeschwerde; Gusy, JuS 1993, 555, 558
462 BVerfG NJW 1991, 2694, 2695; Höllein, NVwZ 1994, 635, 638; Gusy, JuS 1993, 555, 558
463 VGH Mannheim, NVwZ-RR 1990, 602, 603. Diese Festlegungen des VGH Mannheim hat das BVerfG grundsätzlich mitgetragen (NJW 1991, 2694), Verfassungsbeschwerde; Gusy, JuS 1993, 555, 558; Lisken/Denninger, S. 1109; Waechter, VA 2008. 73, 77
464 Kniesel, DÖV 1992, 470, 473
465 Knape, Die Polizei 2009, 185, 187: „Es wurden 185 Platzverweisungen gegen Personen, die den Aufzug störten bzw. verhindern wollten und sich demzufolge nicht auf Art. 8 GG berufen konnten, angeordnet".

D. Verantwortung und Zuständigkeiten

f) Abgrenzung zwischen internem und externem Störer	
Sich als „Teilnehmer" in der Versammlung befindliche einzelne(oder mehrere) Person, sogenannte **interne Störer**	**Außerhalb der Versammlung** befindliche Person, die störend auf die Versammlung einwirkt (sogenannte **externe Störer**)
Vorgehen nach VersG	Vorgehen nach allg. Polizeirecht, kein Schutz durch Art. 78 GG

8. Übersicht über Maßnahmen nach Versammlungs- und Polizeirecht

(Adressaten möglicher polizeilicher Maßnahmen)

Externe Störer, z.B. unfriedliche Gegendemonstranten (nach allg. PolizeiR, also SächsPolG oder PAG)	**Interne Störer innerhalb einer Versammlung**		
	Sogenannte Minus-Maßnahme, z. B. Beschlagnahme eines Plakates, der „Störer" kann weiter an der Versammlung teilnehmen	Ausschluss eines Einzelnen oder mehrerer Teilnehmer	Auflösung der gesamten Versammlung mit anschl. Vollstreckungsmaßnahmen gegen einzelne Personen

9. Staatliches Gewaltmonopol

„Auf die Vermeidung von Gewalttaten unfriedlicher Versammlungsteilnehmer muss eine Rechtsordnung, die nach Überwindung des mittelalterlichen Faustrechts die Ausübung von Gewalt nicht zuletzt im Interesse schwächerer Minderheiten beim Staat monopolisiert hat, strikt bestehen. Das ist Vorbedingung für die Gewährleistung der Versammlungsfreiheit als Mittel zur aktiven Teilnahme am politischen Prozess ... Von den Demonstranten kann ein friedliches Verhalten um so mehr erwartet werden, als sie dadurch nur gewinnen können, während sie bei gewalttätigen Konfrontationen am Ende stets der Staatsgewalt unterliegen werden und zugleich die von ihnen verfolgten Ziele verdunkeln" [466].

---

466 BVerfG, NJW 1985, 2395, 2400

D. Verantwortung und Zuständigkeiten

10. Strafbarkeit eines Versammlungsteilnehmers wegen Widerstands gegen Vollstreckungsbeamte, § 113 StGB

„Die Kenntnis der Maßgeblichkeit versammlungsrechtlicher Regelungen unter Einschluss der besonderen Voraussetzungen von Maßnahmen, die eine Versammlungsteilnahme unmöglich machen (Anm.: Auflösung einer Versammlung oder Ausschluss eines Teilnehmers) kann von einem verständigen Amtsträger erwartet werden. Kennt er sich nicht und verweigert er in der Folge dem Grundrechtsträger (Anm.: Versammlungsteilnehmer) die in der Rechtsordnung vorgesehene Klarheit über den Wegfall des Schutzes der Versammlungsfreiheit, darf dies nicht dem betroffenen Grundrechtsträger angelastet werden.

Art. 8 Abs. 1 GG gebietet, eine derartige Vollstreckungshandlung grundsätzlich als rechtswidrig i. S. des § 113 Abs. 3 S. 1 StGB anzusehen"[467].

V. Übersicht: Versammlungsrechtliche Maßnahmen und Zuständigkeit

Zuständigkeit	Maßnahme
Versammlungsbehörde	Entgegennahme der Anmeldung nach § 14 BVersG und Art. 13 BayVersG, Versammlung findet statt „Kooperation" mit dem Veranstalter Amtsermittlungsprinzip
Versammlungsbehörde	Verbot nach §§ 5 und 15 BVersG und Art. 12 und 15 BayVersG (öff. Versammlung in geschlossenen Räumen und unter freiem Himmel)
Versammlungsbehörde	Auflage (Beschränkung) nach §§ 5 und 15 Abs. 1 BVersG und Art. 12 und 15 BayVersG (öffentliche Versammlung in geschlossenen Räumen und unter freiem Himmel)
Vollzugspolizei	Versammlung findet statt, Polizei schützt die Versammlung durch Anwesenheit – § 12 BVersG, Art. 4 Abs. 3 Nr. 2 BayVersG – Begleitung der Versammlung, insbes. bei einem sogenannten Aufzug Besondere Zuständigkeiten nach Art. 4 Abs. 3 und 9 BayVersG
Vollzugspolizei	Versammlung findet statt, sogenannte „Minus-Maßnahme", z. B. Wegnahme eines Schildes einschl. evtl. Vollstreckungsmaßnahmen

---

467 BVerfG, NVwZ 2007, 1180, 1183:

Zuständigkeit	Maßnahme
Vollzugspolizei	Versammlung findet statt, – Ausschluss einzelner Teilnehmer (§§ 17a Abs. 4 S. 2, 18 Abs. 3, 19 Abs. 4 BVersG) und Art. 15 V, 16 V BayVersG – Sonderfall des § 11 Abs. 1 BVersG und BayVersG bei einer öffentlichen Versammlung in geschlossenen Räumen: Ausschluss durch den Versammlungsleiter
Vollzugspolizei	**Auflösung** BVersG – nach § 13 bei einer öffentlichen Versammlung in geschlossenen Räumen (vorherige Unterbrechung nach § 13 Abs. 1 S. 2 beachten) – nach § 15 Abs. 3 bei einer öffentlichen Versammlung unter freiem Himmel **Bayern** – Art. 12 Abs. 2 S. 1 BayVersG bei öff. Versammlungen in geschlossenen Räumen (aber S. 2 beachten, wie bei BVersG!) nach Art. 15 Abs. 4 BayVersG bei öff. Versammlungen unter freiem Himmel

VI. Anhang: Pressemeldung der Polizeidirektion Pirmasens (Internet)

> **Polizeipräsidium Westpfalz**
> 13.03.2010, 17:51 - Polizeidirektion Pirmasens
> Zweibrücken, Aufzug und Kundgebung mit Gegendemonstrationen

In der Zeit zwischen 10 und 11 Uhr versammelten sich etwa 300 Personen zur Kundgebung des „Bündnis buntes Zweibrücken" auf dem Hallplatz und 80 Personen der rechten Szene auf dem Schlossplatz. Wie im Vorfeld mit der Versammlungsbehörde abgesprochen, verlief der Weg der Teilnehmer dahin in geordneten Bahnen. Bereits zu Beginn der Kundgebung auf dem Schlossplatz, hatten sich ca. 150 Versammlungsteilnehmer der Gegenveranstaltung vom Hallplatz entfernt und sich um den Schlossplatz versammelt, um mit lautstarken Sprechchören gegen die dortige Veranstaltung zu demonstrieren. Dabei wurden auch die Zufahrten zum Schlossplatz blockiert. Der Aufforderung der Polizei, den geplanten Weg des Trauermarsches frei zu machen, leisteten sie keine Folge. Der Einsatzleiter entschied sich deshalb, im Rahmen der Wahrung der Verhältnismäßigkeit und der Deeskalation, eine Alternativstrecke für den Beginn des Marsches zu wählen. Dort mussten nur wenige Versammlungsteilnehmer einer Spontanversammlung aufgefordert werden, die Strecke frei zu machen. Der Aufforderung

D. Verantwortung und Zuständigkeiten

kamen sie schnell nach. Die restliche Strecke des Aufzugs verlief in Polizeibegleitung weitgehend ohne Vorkommnisse und unter Beachtung der Auflagen der Versammlungsbehörde.

Bei „Laufspielen" der linken Szene in Richtung der Kundgebung kam es zu einer körperlichen Attacke auf einen Beamten der Zugbegleitung. Er wurde dabei am Mund verletzt. Der Täter konnte vorläufig festgenommen werden. Bei der Kundgebung der rechten Szene wurde ein junger Mann, der den Hitlergruß zeigte, aus der Versammlung entfernt und vorläufig festgenommen. Da er sich nach seiner Entlassung aus dem Gewahrsam wieder der Versammlung anschließen wollte, wurde ihm ein Platzverweis erteilt, dem er dann auch nachkam. Zu zwei weiteren Gewahrsamnahmen kam es, nachdem Gegendemonstranten Bengalos gezündet hatten. Die Schlusskundgebung der Rechten auf dem Schlossplatz verlief ohne Vorkommnisse, ebenso die geordnete Abreise beider Seiten.

Insgesamt war der Kundgebungs- und Einsatzverlauf zufriedenstellend und es konnte, auch aufgrund deeskalierender Maßnahmen, weniger Aggressionspotenzial als im letzten Jahr festgestellt werden.

E. Rechtsschutz gegen versammlungsrechtliche Maßnahmen[468]

Überblick

I. Verwaltungsgerichtlicher Eilrechtsschutz
   1. Nach § 80 Abs. 5 VwGO
   2. Nach § 123 VwGO
II. Antrag auf Erlaß einer einstweiligen Anordnung durch das BVerfG
III. Sogenanntes verwaltungsgerichtliches Hauptsacheverfahren
   1. Fortsetzungsfeststellungsklage, § 113 Abs. 1 S. 4 VwGO
   2. Feststellungsklage
IV. Verfassungsbeschwerde

I. Verwaltungsgerichtlicher Eilrechtsschutz

1. Einstweiliger Rechtsschutz ach § 80 Abs. 5 VwGO[469]

Sogenannter Eilrechtsschutz wegen der Anordnung der sofortigen Vollziehung, außer in Bayern, siehe Art. 25 BayVersG (vorausgegangene Maßnahmen der Versammlungsbehörde als Auflagen bzw. Beschränkungen oder Versammlungsverbot):

Zum vorläufigen Rechtsschutz im Versammlungsrecht hat das BVerfG ausgeführt[470]

„Die Verwaltungsgerichte haben schon im Verfahren des vorläufigen Rechtsschutzes durch eine intensivere Prüfung dem Umstand Rechnung zu tragen, dass der Sofortvollzug eines Demonstrationsverbotes i. d. R. zur endgültigen Verhinderung der Grundrechtsverwirklichung führt."

---

1. Die Erteilung von Auflagen für eine geplante Versammlung[471] oder ein Verbot der Versammlung werden regelmäßig mit der Anordnung der sofortigen Vollzie-

---

468 BVerfG, NJW 1985, 2395, 2400 (Brokdorf); Lisken/Denninger, S. 1065 ff.
469 Kintz, S. 174 ff.; Lisken/Denninger, S. 1066, und S. 1162 ff.; Höllein, NVwZ 1994, 635, 640
470 NJW 1985, 2395, 2401 (Brokdorf); VG Gelsenkirchen, Beschl. v. 3. 9. 2010, 14 L 970/10

471 Oder im Vorfeld einer geplanten Versammlung (BVerfG, LKV 2010, 316)

hung nach § 80 Abs. 2 S. 1 Nr. 4 VwGO versehen[472] (entspr. sorgfältige Begründung nach § 80 Abs. 3 VwGO vorausgesetzt[473], immerhin geht es um eine massive Einschränkung der nach Art. 8 GG garantierten Versammlungsfreiheit).

a) Denn ohne Anordnung der sofortigen Vollziehung könnte der Adressat durch „einfache" Erhebung des Widerspruchs in den Genuss der aufschiebenden Wirkung des Widerspruchs kommen (§ 80 Abs. 1 VwGO) und müsste die von der Versammlungsbehörde getroffenen Regelungen (Verbot oder Auflagen) nicht beachten.

b) Sofort vollziehbare Versammlungsverbote stehen unter strafrechtlichen Schutz, siehe die §§ 23, 26 Abs. 1 S. 1 und 29 Abs. 1 S. 1 (als OWiG) BVersG und Art. 20 Abs. 2 Nr. 4 BayVersG (Straftatbestand).

c) Ähnlich geschützt sind sofort vollziehbare Auflagen nach § 29 Abs. 1 S. 3 BVersG (OWiG) und im BayVersG Versammlungsbeschränkungen).

2. Es besteht somit im Vorfeld der Versammlung noch genügend Rechtsschutz (ausgehend von dem bereits angesprochenen zügigen Verwaltungsverfahren bei der Versammlungsbehörde). Der Adressat der versammlungsrechtlichen Maßnahme (i. d. R. der Veranstalter) kann dann beim Verwaltungsgericht einen sogenannter Eilantrag nach § 80 Abs. 5 VwGO auf Wiederherstellung der aufschiebenden Wirkung[474] seines Widerspruchs stellen[475], in zweiter Instanz Beschwerde zum OVG. Insoweit kann man den „Eilrechtsschutz" in diesen Fällen als Regel-Gerichtsschutz bezeichnen, da wegen der Kürze der Zeit (zwischen Verbot und geplanter Veranstaltung) die Versammlung nicht mehr nachholbar ist[476].

---

472 Siehe z. B. BVerfG, NJW 1985, 2395 (Brokdorf); DVBl. 2001, 558, und 1134; NJW 2003, 3689; BVerwG, DVBl. 2008, 1248; OVG Saarlouis, DÖV 1970, 53, dazu Schmidt-Jortzig, JuS 1970, 507 ff.; VGH Mannheim, NVwZ 1995, 504, und VBlBW 2002, 383; OVG Bautzen, SächsVBl. 1998, 5; 2002, 82 und 2005, 48; NVwZ-RR 2002, 435; VG Dresden, SächsVBl. 2007, 144; OVG Frankfurt, NVwZ-RR 2004, 844; VGH München, DÖV 1979, 569; Hoffmann-Riem, Demonstrationsfreiheit auch für Rechtsextremisten?, NJW 2004, 2777, 2779.
Für Auflagen: BVerfG, DVBl. 2005, 969; OVG Bautzen, NVwZ-RR 2002, 435, und SächsVBl. 2002, 216
Anmerkung: In Bayern ist die Anordnung der sofortigen Vollziehung entbehrlich, siehe Art. 25 BayVersG
473 Kintz, S. 171; VG Gelsenkirchen, Beschl. v. 3. 9. 2010, 14 L 970/10
474 BVerfG, NJW 2001, 2072; DVBl. 2006, 368, und 2010, 41
475 In Bayern unmittelbar Klage nach Art. 25 BayVersG
476 BVerfG NJW 1985, 2395, 2400; 1998, 3631; Hoffmann-Riem, NJW 2002, 257; Schmidt-Jortzig, JuS 1970, 507; Papier, BayVBl. 2010, 225, 226

E. Rechtsschutz gegen versammlungsrechtliche Maßnahmen

Prüfungsmaßstab in verwaltungsgerichtlichen Eilverfahren:

a) Zur grundsätzlichen Bedeutung des Eil-Rechtsschutzes äußerte sich das BVerfG im Borkdorf-Beschluss wie folgt:

„Der nach § 80 VwGO vorgesehene Suspensiveffekt von Rechtsmitteln (Anm.: aufschiebende Wirkung des Widerspruchs nach § 80 Abs. 1 VwGO) gilt als fundamentaler Grundsatz des öffentlichrechtlichen Prozesses. Die verwaltungsgerichtliche Überprüfung des von der Behörde angeordneten Sofortvollzuges (Anm.: Anordnung der sofortigen Vollziehung nach § 80 Abs. 2 S. 1 Nr. 4 VwGO) ist eine adäquate Ausprägung des grundgesetzlich garantierten Rechtsschutzes, die den Betroffenen davor bewahren soll, dass die Verwaltung vor Unanfechtbarkeit eines belastenden Verwaltungsaktes vollendete Tatsachen schafft."[477]

b) Die gerichtliche Prüfung im „normalen" Eilverfahren

„Die gerichtliche Entscheidung über die Wiederherstellung der aufschiebenden Wirkung eines Widerspruchs setzt eine Abwägung der Interessen des Antragstellers, von der Vollziehung des angefochtenen Verwaltungsaktes bis zur endgültigen Entscheidung über seine Rechtmäßigkeit verschont zu bleiben, gegen das zumeist öffentliche Interesse an dessen sofortiger Vollziehung voraus. Diese Abwägung fällt i. d. R. zu Lasten des Antragstellers aus, wenn bereits im Aussetzungsverfahren zu erkennen ist, dass sein Rechtsbehelf keine Aussicht auf Erfolg bietet.

Dagegen überwiegt das Interesse des Antragstellers an der Wiederherstellung der aufschiebenden Wirkung in aller Regel, wenn sich der Rechtsbehelf als offensichtlich begründet erweist[478].

Lässt sich die Rechtmäßigkeit der behördlichen Maßnahme bei der im Aussetzungsverfahren nur möglichen summarischen Prüfung jedoch nicht hinreichend sicher beurteilen, kommt es auf eine Abwägung der widerstreitenden Interessen an"[479].

---

477 BVerfG, NJW 1985, 2395, 2402 (Brokdorf)
478 Kintz, S. 175
479 OVG Lüneburg, NJW 2004, 1750; Kintz, S. 174: Das VG lehnt den Antrag ab, wenn der Verwaltungsakt offensichtlich rechtmäßig ist und ein besonderes öffentliches Interesse für die Anordnung der sofortigen Vollziehung gegeben ist.
OVG Bautzen, SächsVBl. 2000, 170, 171: „Erst wenn Rechtmäßigkeit oder Rechtswidrigkeit (Anm.: des Verwaltungsaktes) bei überschlägiger Prüfung nicht evident erscheinen, sind öffentliche und private Interessen insbes. anhand der Suspensiv- und Vollzugsfolgen offen gegeneinander abzuwägen (Folgenabwägung)"; ebenso VG Chemnitz, LKV 2007, 186; Lisken/Denninger, S. 1161

E. Rechtsschutz gegen versammlungsrechtliche Maßnahmen

c) Wegen der Bedeutung des Grundrechts der Versammlungsfreiheit verlangt das BVerfG eine intensive Prüfung im verwaltungsgerichtlichen Eilverfahren[480]:

„Denn hier ist die Grundrechtsverwirklichung vielfach situationsabhängig, nämlich auf einen einmaligen Anlass bezogen*[481]* und daher führt der Sofortvollzug eines Versammlungsverbotes i. d. R. zu ihrer endgültigen Verhinderung... Machen die Behörden eine hinreichend intensive Prüfung im verwaltungsgerichtlichen Eilverfahren unmöglich, indem sie ihre Entscheidung ohne ausreichende Gründe verzögern, kann sich dies zugunsten der Wiederherstellung der aufschiebenden Wirkung eines Rechtsmittels auswirken."

„In Fällen eines Versammlungsverbotes mit Anordnung der sofortigen Vollziehung, in denen die Entscheidung im vorläufigen Rechtsschutzverfahren eine Entscheidung im Hauptsacheverfahren wegen des zwischenzeitlichen Eintritt des erledigenden Ereignisses (Anm.: Versammlung an einem bestimmten Tag) vorwegnimmt, gilt die Maßgabe, dass das Gericht schon im Eilverfahren durch eine intensivere Prüfung dem Umstand Rechnung tragen muss, dass der Sofortvollzug der umstrittenen Maßnahme (Anm.: Versammlungsverbot) zur endgültigen Verhinderung der Versammlung in der beabsichtigten Form führt"[482].

„Soweit möglich ist die Rechtmäßigkeit der Maßnahme zu prüfen, im Übrigen kommt es auf eine sorgsame Interessenabwägung an".[483]

„Kann eine solche Prüfung infolge einer verzögernden Entscheidung der Verwaltungsbehörde nicht stattfinden, kann schon dies allein zur Wiederherstellung der aufschiebenden Wirkung eines Rechtsbehelfs führen"[484]

„Dem Gebot effektiven Rechtsschutzes haben die Gerichte durch besondere Bemühungen um eine zügige Entscheidung Rechnung zu tragen"[485]

„Da es grundsätzlich bei einer nur vorläufigen Überprüfung der behördlichen Entscheidung verbleibt (ohne umfassende Sachaufklärung von Amts wegen und ohne abschließende Rechtsprüfung), kann der Rechtsschutz im Hauptsacheverfahren (Anm.: siehe später unter III) durch das Eilverfahren grundsätzlich nicht überflüssig werden"[486].

---

480 BVerfG, NJW 1985, 2395, 2400 ff.(Brokdorf); Schmidt-Jortzig, JuS 1970, 507, 508; VG Freiburg, VBlBW 2002, 497: umfassende Prüfung der Sach- und Rechtslage.
481 Sachs, JuS 2004, 1095: zeitabhängiges Ereignis, Tag der geplanten Versammlung oder Demonstration
482 BVerfG, NJW 1985, 2395, 2401; NVwZ 1998, 834, 835; OVG Frankfurt, NVwZ 2003, 623, und NVwZ-RR 2004, 844; VGH Kassel, NVwZ-RR 1994, 86: „*An dem Vollzug eines offensichtlich rechtswidrigen Versammlungsverbotes besteht kein öffentliches Interesse i.s. des § 80 Abs. 2 S. 1 Nr. 4 VwGO*"; ebenso VG Freiburg, VBlBW 2002, 497.
483 BVerfG, NJW 1985, 2395; NVwZ 1998, 834, 835; NJW 2004, 2510, 2511; VGH München, BayVBl. 2006, 185; Schmidt-Jortzig, JuiS 1970, 507, 508
484 BVerfG, NJW 2004, 2510, 2511; OVG Weimar, NVwZ-RR 2003, 207, 209
485 BVerfG, NJW 2000, 3051, 3053; NJW 2004, 3689, unter Hinweis auf Art. 19 Abs. 4 GG.
486 BVerfG, NJW 2004, 2510, 2511

2. Einstweiliger Rechtsschutz nach § 123 VwGO[487]

Der vorbeugende Rechtsschutz nach § 123 VwGO ist (im Gegensatz zu den Eilanträgen nach § 80 Abs. 5 VwGO) im Versammlungsrecht ein Ausnahmefall[488].

a) So hat z. B. das OVG Münster[489] vorbeugenden Rechtsschutz (in Form einer einstweiligen Anordnung) gegen eine von Demonstranten befürchtete Einkesselung ihrer bevorstehenden Versammlung gewährt. Dabei hat das Gericht sowohl einen Anordnungsgrund als auch einen Anordnungsanspruch bejaht:

„Die Antragsteller haben glaubhaft gemacht, dass der Antragsgegner (die Vollzugspolizei) am 21.10. und 16.12.2000 Versammlungen i. S. des Art. 8 Abs. 1 GG, 1 Abs. 1 VersG ohne vorherige Auflösung der Versammlung eingekesselt hat und in gleicher Weise auch in Zukunft verfahren will (Anordnungsgrund).

Die Antragsteller haben auch einen Anordnungsanspruch glaubhaft gemacht. Der Antragsgegner ist nicht berechtigt, die Antragsteller als Teilnehmer eine öffentlichen Versammlung in Anwendung präventiv-polizeilicher Ermächtigungsgrundlagen des allgemeinen Polizeirechts einzukesseln, wenn er nicht zuvor die Versammlung nach § 15 Abs. 2 VersG (Anm.: heute § 15 Abs. 3) förmlich aufgelöst hat."

b) Im Jahre 1993 begehrte der Geschäftsführer einer in Konkurs gegangenen Firma die behördliche Verpflichtung zum Einschreiten gegen Demonstrationen ehemaliger Mitarbeiter des Unternehmens. Die ehemaligen Betriebsangehörigen demonstrierten wochenlang vor seiner Privatwohnung mit Transparenten, Lautsprechern und Flugblättern, um ihn zur Zahlung eines durch den Sozialplan vereinbarten Geldbetrages aus seinem Privatvermögen zu veranlassen.

Der VGH Kassel[490] bejahte sowohl einen Anordnungsanspruch als auch einen Anordnungsgrund (Vorrang des Schutzes der Persönlichkeit des Antragstellers vor der Versammlungsfreiheit der ehemaligen Mitarbeiter der Fa.). Den Anspruch auf Erlass eines Versammlungsverbotes für die Zukunft hat das Gericht abgelehnt.

---

487 Kintz, S. 192 ff.; Lisken/Denninger, S. 1167.
　　Es liegt kein Eingriffsverwaltungsakt vor, gegen den man nach § 80 Abs. 5 VwGO vorgehen muss, es handelt sich grundsätzlich „nur" um behördliche Eingriffe in Form von Realakten.
488 Siehe z. B. VG Halle, NJW 2004, 2846; VGH Kassel, NJW 1994, 1750, und OVG Münster, DVBl. 2001, 839
489 DVBl. 2001, 839
490 NJW 1994, 1750

E. Rechtsschutz gegen versammlungsrechtliche Maßnahmen

3. Übersicht:

Verwaltungsgerichtlicher Eilrechtsschutz	
Nach § 80 Abs. 5 VwGO (typisch bei belastenden Verwaltungsakten, hier z. B. Versammlungsverbot)	Nach § 123 VwGO (einstweilige Anordnung) als Ausnahmefall

II. Antrag auf Erlass einer einstweiligen Anordnung durch das BVerfG[491]

Anschließend (also nach erfolglosem Eilverfahren beim VG einschl. Beschwerde beim OVG bzw. VGH) verbleibt nur noch die Anrufung des BVerfG, da sich der Rechtsschutz im Eilverfahren beim OVG (bzw. VGH) erschöpft hat.[492]

„Die meisten Entscheidungen des BVerfG im Bereich des Versammlungsrechts ergehen im Verfahren des einstweiligen Rechtschutzes".[493]

1. Es handelt sich dann um den Antrag auf Erlass einer einstweiligen Anordnung nach § 32 BVerfGG[494]. Danach kann das BVerfG im Streitfall einen Zustand durch einstweilige Anordnung vorläufig regeln, wenn dies zur Abwehr schwerer Nachteile[495], zur Verhinderung drohender Gewalt oder aus einem anderen wichtigen Grund zum gemeinen Wohl dringend geboten ist.

2. Zum Prüfungsmaßstab des Bundesverfassungsgerichts

Auszugehen ist von dem Grundsatz, dass fachgerichtliche Entscheidungen nur daraufhin überprüft werden, ob Bedeutung und Tragweite der Grundrechte verkannt worden sind, nicht aber, ob das einfache Gesetzesrecht zutreffend angewandt wurde ..., hinsichtlich des zu prüfenden Verfassungsrechts werden nur offensichtliche Verstöße gegen das Verfassungsrecht korrigiert[496].

---

491 Dazu umfassend Hoffmann-Riem, NJW 2002, 257 ff.; Battis/Grigoleit, NJW 2001, 2051; aus der Rechtsprechung z. B. BVerfG, DVBl. 2004, 697, und 2006, 368; NJW 2004, 2814; 1 BvR 2492/08 (Bayerisches Versammlungsgesetz)
492 BVerfG, NJW 2004, 2510, 2511: In verwaltungsgerichtlichen Eilverfahren reicht der Rechtsweg niemals bis zum BVerwG
493 Papier, BayVBl. 2010, 225, 226
494 Z. B. BVerfG NJW 1998, 3631; NJW 2000, 3050, 3053, und 2001, 2069; DVBl. 2000, 1121; 2004, 697; BayVBl. 2006, 348; NVwZ-RR 2008, 73.
   In allen Fällen vorher sowohl erfolgloser Antrag nach § 80 Abs. 5 VwGO beim VG als auch anschließende Beschwerde beim OVG oder VGH.
495 BVerfG, NJW 2004, 2814, 2816
496 Hoffmann-Riem, NJW 2002, 257, 258, mit Hinweisen auf die Rechtsprechung des BVerfG

E. Rechtsschutz gegen versammlungsrechtliche Maßnahmen

„Im Eilrechtsschutzverfahren sind die erkennbaren Erfolgsaussichten einer Verfassungsbeschwerde zu berücksichtigen, wenn – wie hier – aus Anlass eines Versammlungsverbotes über einen Antrag auf einstweiligen Rechtsschutz zur Wiederherstellung der aufschiebenden Wirkung eines Rechtsbehelfs zu entscheiden ist und ein Abwarten bis zum Abschluss des Verfassungsbeschwerdeverfahrens oder des Hauptsacheverfahrens den Versammlungszweck mit hoher Wahrscheinlichkeit vereitelte.

Ergibt die Prüfung im Eilrechtsschutzverfahren, dass eine Verfassungsbeschwerde offensichtlich begründet wäre, läge in der Nichtgewährung von Rechtsschutz der schwere Nachteil für das gemeine Wohl i. S. des § 32 Abs. 1 BVerfGG...im Eilverfahren ist dem BVerfG nur eine vorläufige Prüfung möglich."[497]"

„Bei offenem Ausgang des (möglichen) (Anm.: späteren) Verfassungsbeschwerdeverfahrens muss das BVerfG die Folgen, die eintreten würden, wen eine einstweilige Anordnung Erfolg hätte, gegenüber den Nachteilen abwägen, die entstünden, wenn die begehrte einstweilige Anordnung erlassen würde, der Verfassungsbeschwerde aber der Erfolg zu versagen wäre"[498].

- Gibt es bei eindeutiger Rechtslage keinen Spielraum für eine Folgenabwägung, weil das öffentliche Interesse am Verbot der Versammlung überwiegt, so wird der Antrag abgelehnt[499].
- Andererseits haben die Eilverfahren beim BVerfG (wegen der eindeutigen Sach- und Rechtslage zugunsten der Antragsteller, also ohne Abwägung) durchaus auch Erfolg.

> **Dazu beispielhaft der Beschluss des BVerfG vom 24. 3. 2001[500]:**
>
> „Die Argumentation der Versammlungsbehörde und der Gerichte (betr. ein Versammlungsverbot) ist anhand der Maßstäbe zur Überprüfung im Rahmen des Eilrechtsschutzverfahrens weder in tatsächlicher noch in rechtlicher Hinsicht tragfähig".

3. Wegen des bereits angesprochenen Zeitproblems[501] (Termin der Versammlung steht unmittelbar bevor) entscheidet das BVerfG schnell, also noch vor Beginn der geplanten Versammlung.

---

497 BVerfG DVBl. 2006, 368
498 BVerfG DVBl. 2000, 1121, und 2001, 558 (Holocaust-Gedenktag); NJW 2000, 3051, 3052; 2003, 3689: „*Die Abwägung führt zu einem Überwiegen derjenigen Gründe, die für den Erlass einer einstweiligen Anordnung sprechen*"; NVwZ-RR 2008, 73, 74
499 BVerfG, DVBl. 2004, 697 (Verstoß gegen § 130 StGB)
500 NJW 2001. 2069, 2070;
501 Siehe dazu Hoffmann-Riem, NJW 2002, 257,258, und 264; BVerfG, NJW 2004, 2814: „*Die Versammlung gilt einem zeitabhängigen Ereignis*" (geplante Versammlung am 13. 3. 2004, Eilentscheidung des BVerfG am 12. 3. 2004); Papier, BayVBl. 2010, 225, 226: „*Nicht selten stehen nur wenige Stunden zur Entscheidung zur Verfügung*".

- Geplante Versammlung am 22. 4. 2000, ablehnende Eilentscheidung des VG am 21. 4. 2000, am selben Tag ablehnende Entscheidung des OVG über die Beschwerde. Das BVerfG entscheidet am 21. 4. 2000 und hält den Antrag auf Erlass einer einstweiligen Anordnung für zulässig und begründet[502].
- Geplante Versammlung am 15. 7. 2000, ablehnende Eilentscheidung des VG am 4. 7. 2000, ablehnende Entscheidung des OVG über die Beschwerde am 11. 7. 2000. Das BVerfG entscheidet am 14. 7. 2000 und lehnt den Antrag auf Erlass einer einstweiligen Anordnung ab[503].
- Geplante Versammlung am 19. 8. 2000, ablehnende Eilentscheidung des VG am 17. 8. 2000, ablehnender Beschluss des OVG auf die Beschwerde vom 18. 8. 2000. Das BVerfG entscheidet am 18. 8. 2000, der Antrag auf Erlass einer einstweiligen Anordnung hatte teilweise Erfolg[504].
- Geplante Versammlung am 28. 1. 2006, ablehnende Entscheidung des VG am 20. 1. 2006, erfolglose Beschwerde beim OVG. Das BVerfG entscheidet am 26. 1. 2006, der Antrag auf Erlass einer einstweiligen Anordnung hatte Erfolg[505].

Nach den Feststellungen des damaligen Richters am BVerfG Hoffmann-Riem hatten immerhin 30 % aller Eilanträge in versammlungsrechtlichen Sachen beim BVerfG Erfolg[506].

„Die Verweigerung der aufschiebenden Wirkung des Widerspruchs führt angesichts der offensichtlichen Rechtswidrigkeit der Verbotsverfügung zu einem schweren Nachteil i. S. des § 32 Abs. 1 BVerfGG"[507].

5. Grundsätzlich legt das BVerfG im Zuge der gebotenen Folgeabwägung die Tatsachenfeststellung und Tatsachenwürdigungen in den angegriffenen Entscheidungen zu Grunde[508]. Das BVerfG ist auch regelmäßig der Auffassung, dass die Versammlungsbehörde auf Grund ihrer Sach- und Ortsnähe am ehesten in der Lage ist, die Eignung, Erforderlichkeit und Angemessenheit von Auf-

---

502 NVwZ-RR 2000, 554
503 NJW 2000, 3051
504 NJW 2000, 3054
505 DVBl. 2006, 368
506 NJW 2004, 2777, 2779
507 BVerfG, NJW 2004, 2814, 2816
508 NJW 2003, 3689, 3690; DVBl. 2001, 558, und 2004, 697.
    Es sei denn, die getroffenen Tatsachenfeststellungen sind offensichtlich fehlerhaft oder die Tatsachenwürdigung trägt nicht unter Berücksichtigung des Schutzgehalts der betroffenen Grundrechtsnorm, z. B. bei fehlerhafter Gefahrenprognose. Ebenso, wenn das für eine Einschränkung der Versammlungsfreiheit herangezogene Schutzgut in rechtlicher Hinsicht die Einschränkung eindeutig nicht trägt.

lagen zu beurteilen. Notfalls hat das BVerfG die entspr. Maßgaben eigenständig festgesetzt[509].

III. Sogenanntes verwaltungsgerichtliches Hauptsacheverfahren

1. Fortsetzungsfeststellungsklage[510], § 113 Abs. 1 S. 4 VwGO.

a) Im Anschluss an die angesprochenen Eilverfahren nach § 80 Abs. 5 VwGO (siehe oben unter I) kommt es später in den sogenannten Hauptsacheverfahren oft zu sogenannten Fortsetzungsfeststellungsklagen. Ziel ist die Feststellung der Rechtswidrigkeit der getroffenen Maßnahmen (mittels Verwaltungsakt, also Verbot oder Auflage[511]).

Regelmäßig kommt es auch zu derartigen Klagen bei vorhergehenden mündlichen Anordnungen von Polizeivollzugsbeamten, denen nach § 80 Abs. 2 S. 1 Nr. 2 VwGO keine aufschiebende Wirkung zukommt.

b) Das BVerfG hat sich im Beschluss vom 3. 3. 2004[512] grundsätzlich zur Zulässigkeit der Fortsetzungsfeststellungsklage bei versammlungsrechtlichen Streitigkeiten geäußert:

„Art. 19 Abs. 4 GG garantiert den Rechtsweg nicht nur bei aktuell anhaltenden, sondern grundsätzlich auch bei Rechtsverletzungen, die in der Vergangenheit erfolgt sind, allerdings unter dem Vorbehalt eines darauf bezogenen Rechtsschutzbedürfnisses ...

Das Grundrecht auf effektiven Rechtsschutz gebietet darüber hinaus, die Möglichkeit einer gerichtlichen Klärung in Fällen gewichtiger, allerdings in tatsächlicher Hinsicht überholter Grundrechtseingriffe zu eröffnen, wenn die direkte Belastung durch den angegriffenen Hoheitsakt sich nach dem typischen Verfahrensablauf auf eine Zeitspanne beschränkt, in welcher der Betroffene eine gerichtliche Entscheidung kaum erlangen kann. Solche Eingriffe können auch durch Beeinträchtigungen des Grundrechts auf Versammlungsfreiheit bewirkt werden, gegen die Rechtsschutz im Hauptsacheverfahren in dem dafür verfügbaren Zeitraum typischerweise nicht erreichbar."

---

509 BVerfG, NJW 2001, 2069: Auflagen als milderes Mittel, damit die Versammlung nicht verboten werden muss; Hoffmann-Riem, NJW 2002, 257, 264
510 BVerwG, NJW 2009, 98; BVerfG, NJW 2004, 2510; NVwZ 2008, 671, 674; VGH München, BayVBl. 2007, 373, mit späterem Beschluss des BVerwG, BayVBl. 2007, 505; VGH Mannheim, NVwZ 1987, 237; 1998, 761; NVwZ-RR 1990, 602; VBlBW 2008, 60, und Urteil vom 12. 7. 2010, 1 S 349/10; OVG Saarlouis, DÖV 1973, 863; VG Lüneburg, NVwZ-RR 2005, 248; 2006, 3299; VG Gelsenkirchen, Urteil vom 18. 5. 2010, 14 K 5459/08
511 BVerfG, NJW 2004, 2510, 2512; VG Lüneburg, NVwZ-RR 2005, 249, 250; VG Gelsenkirchen, Urteil vom 18. 5. 2010, 14 K 5459/08: mehrere Auflagen
512 BVerfG, NJW 2004, 2510, 2512; mit Anmerkung von Sachs, JuS 2005, 173

c) In versammlungsrechtlichen Verfahren sind die für die Beurteilung des Rechtsschutzinteresses bei einer Fortsetzungsfeststellungsklage geltenden Anforderungen unter Berücksichtigung der Besonderheiten der Versammlungsfreiheit anzuwenden. Indessen begründet nicht jeder Eingriff in die Versammlungsfreiheit ein Fortsetzungsfeststellungsinteresse. Ein solches Interesse besteht allerdings dann,

- wenn die angegriffene Maßnahme die Versammlungsfreiheit schwer beeinträchtigt (durch Verbot oder Auflösung einer Versammlung als schwerste mögliche Beeinträchtigung der Versammlungsfreiheit; aber auch, wenn der Versammlung infolge der Auferlegung von Auflagen die Verwirklichung ihres kommunikativen Anliegens erschwert wurde),
- wenn die Gefahr einer Wiederholung besteht (bei einer erneuten Durchführung einer vergleichbaren Versammlung, falls die Behörde auch zukünftig an ihrer Rechtsauffassung festhalten wird; dann kann der Veranstalter nicht auf die Alternative zukünftig möglichen Eilrechtsschutzes verwiesen werden), oder
- wenn aus Gründen der Rehabilitierung ein rechtlich anerkanntes Interesse an der Klärung der Rechtmäßigkeit angenommen werden kann (wenn der behördliche Verwaltungsakt diskriminierenden Charakter hatte und das Persönlichkeitsrecht verletzte; denn auch in versammlungsrechtlichen Streitigkeiten sind Begründungen für beschränkende Maßnahmen vorstellbar, die diskriminierend wirken können, insbes. Ausführungen über die Persönlichkeit des Veranstalters oder zu seinem erwarteten kriminellen Verhalten auf Versammlungen).

2. Feststellungsklage[513]

Handelte es sich bei der Maßnahme mit Eingriff in das Grundrecht der Versammlungsfreiheit um eine Betätigung ohne Verwaltungsakt-Charakter[514], scheidet im sich anschließenden Hauptsacheverfahren ein Fortsetzungsfeststellungsklage nach § 113 Abs. 1 S. 4 VwGO aus.

Es kommt mangels Verwaltungsakt (wg. fehlender Regelungswirkung der Maßnahme, § 35 S. 1 VwVfG), nicht die vorrangig zu prüfende Fortsetzungsfeststellungsklage, sondern nur noch die allgemeine Feststellungsklage nach § 43 VwGO in Betracht. Es liegt ein sogenannter Realakt vor[515] ohne Regelungswirkung[516], z. B. Filmen von Teilnehmern einer Versammlung oder Behinderung durch Vor-

---

513 VGH München, NVwZ 1988, 1055, 1056; VG Hamburg, NVwZ 1987, 829; VG München, NVwZ 2000, 461; Weber, VR 2006, 237 ff. (Klausur), mit ausführlicher Erörterung auch der Zulässigkeit einer Feststellungsklage.
514 Also in Form eines sogenannten Realaktes bzw. schlicht-hoheitliches Handeln
515 VGH Mannheim, NVwZ 1998, 761, 762; VG Lüneburg, NVwZ-RR 2005, 249, 250; Weber, apf 2003, 27 ff.
516 OVG Lüneburg, NJW 2006, 391

fahren eines Polizeibusses, damit kein Kontakt zwischen den Versammlungsteilnehmern und einem ausländischen Staatsmann besteht[517].

3. Übersicht

Verwaltungsgerichtliches Hauptverfahren	
Fortsetzungsfeststellungsklage (bei vorausgegangenem Verwaltungsakt, der sich erledigt hat)	Feststellungsklage

IV. Verfassungsbeschwerde

1. Wegen der Bedeutung des Grundrechts der Versammlungsfreiheit kommt es regelmäßig zu späteren Verfassungsbeschwerden beim BVerfG[518]. Eine derartige Verfassungsbeschwerde war auch Ausgangspunkt der grundlegenden Entscheidung des BVerfG zum Versammlungsrecht im Jahre 1985, „Brokdorf"[519]. Die Großdemonstration sollte am 28. 2. 1981 stattfinden, der Landrat verbot diese gegen das Kernkraftwerk gerichtete Demonstration unter Anordnung der sofortigen Vollziehung. Das VG beschränkte die Anordnung der sofortigen Vollziehung auf einen bestimmten Bereich, das OVG Lüneburg stellt in der Nach zum 28. 2. 1981 die sofortige Vollziehung des Verbots in vollem Umfang wieder her. Die Verfassungsbeschwerden gegen die Entscheidungen des OVG hatten Erfolg.

2. Das BVerfG ist im Verfassungsbeschwerdeverfahren keine Superrevisionsinstanz. Das Gericht prüft deshalb z. B. nicht, ob die Tatbestandsvoraussetzungen des § 15 VersG vorliegen, auch nicht unter dem Gesichtspunkt des Art. 20 Abs. 3 GG:

„Die angegriffenen Entscheidungen (Anm.: VG-Urteile) verletzen den Beschwerdeführer in seinem Grundrecht auf Versammlungsfreiheit aus Art. 8 Abs. 1 GG".[520]

3. Das BVerfG prüft nur die Verletzung spezifischen Verfassungsrechts, d. h. ob die grundrechtsbeschränkenden Gesetzesbestimmungen (z. B. § 15 VersG) ihrerseits verfassungsgemäß sind, da sie nur dann eine wirksame Eingriffsgrundlage abgeben können. Weiterhin wird geprüft, ob die konkrete Anwendung der Eingriffsgrundlage verfassungsgemäß ist[521].

---

517 VG München, NVwZ 2000, 461
518 BVerfG, NJW 1985, 2395 (Brokdorf); NVwZ 1998, 834; NJW 2004, 2510, und NVwZ 2008, 671; NVwZ 2005, 80; NVwZ 2008, 671; BayVBl. 2008, 497: Verfassungsbeschwerde wg. Kostenbescheid für die Erteilung versammlungsrechtlicher Auflagen; DVBl. 2010, 41; LKV 2010, 316 (Auflage der Durchsuchung aller Versammlungsteilnehmer vor Versammlungsbeginn)
519 Beschluss vom 14. 5. 1985, NJW 1985, 2395
520 BVerfG, LKV 2010, 316
521 Kahl, JuS 2000, 1090, 1092

E. Rechtsschutz gegen versammlungsrechtliche Maßnahmen

4. Nach dem Grundsatz der Subsidiarität der Verfassungsbeschwerde[522] ist auch bei Streitigkeiten um die Rechtmäßigkeit eines Versammlungsverbotes der Beschwerdeführer zunächst auf das Hauptsacheverfahren vor den Fachgerichten verwiesen[523]. Denn dort besteht die Gelegenheit, nach der Art des gerügten Grundrechtsverstoßes der verfassungsrechtlichen Beschwer abzuhelfen[524].

5. Rechtsschutzbedürfnis für eine Verfassungsbeschwerde

„Das Rechtsschutzbedürfnis für eine Verfassungsbeschwerde ist nicht dadurch entfallen, dass der Demonstrationstermin verstrichen und somit der Sofortvollzug der strittigen Auflagen gegenstandslos geworden ist. Sind verfassungsrechtliche Fragen von grundsätzlicher Bedeutung nicht (mehr) zu klären, besteht ein Rechtsschutzbedürfnis auch nach Erledigung des ursprünglichen Begehrens im Falle einer Wiederholungsgefahr"[525].

V. Praktisches Beispiel für ein versammlungsrechtliches Rechtsschutzverfahren (mit sechs gerichtlichen Entscheidungen bis hin zum BVerfG)[526]

Versammlungsverbot vom 29.6.2005 mit Anordnung der sofortigen Vollziehung
Eilrechtsschutz Antrag auf vorläufigen Rechtsschutz beim VG erfolglos
Dagegen Beschwerde beim VGH München erfolglos
Klage in der **Hauptsache** beim Verwaltungsgericht Klageabweisung mit Urteil vom 9.5.2006
Berufung beim VGH München Zurückweisung mit Urteil vom 26.3.2007[527]
Zurückweisung der Revision durch das BVerwG mit Urteil vom 25.6.2008[528]
Einlegung der **Verfassungsbeschwerde** beim BVerfG am 6.8.2008 Mit Beschluss vom 4.11.2009 stellte das BVerfG[529] die Unbegründetheit der Verfassungsbeschwerde fest.

---

522 BVerfG, NJW 1985, 2395; NVwZ 1998, 834, 835
523 Im Brokdorf-Beschluss hat das BVerfG aber auch eine Verfassungsbeschwerde ohne späteres Hauptsacheverfahren als zulässig angesehen, weil durch das Versammlungsverbot mit Anordnung der sofortigen Vollziehung die beabsichtigte Grundrechtsausübung endgültig verhindert wurde. Das BVerfG hatte somit gegen die Zulässigkeit der Verfassungsbeschwerde gegen die Eilentscheidung des OVG keine Bedenken.
524 BVerfG, NJW 2004, 2510, 2511
525 BVerfG, NVwZ 1998, 834, 835
526 BVerfG, BayVBl. 2010, 234 (Wunsiedel)
527 BayVBl. 2008, 109
528 BayVBl. 2009, 50
529 BayVBl. 2010, 234

F. Musterformulare und Musterbescheide

I. Zum Aufbau eines „Auflagenbescheides"[530] der (hier bayerischen) Versammlungsbehörde

Absender, erlassende Behörde (Kreispolizeibehörde als Versammlungsbehörde) Art. 37 Abs. 3 BayVwVfG
Adressat (Veranstalter)
Tenor der Entscheidung: 1. Konkrete Auflage oder Auflagen bzw. Beschränkungen unter Beachtung des Bestimmtheitsprinzips nach Art. 37 Abs. 1 BayVwVfG   1. Anordnung der sofortigen Vollziehung der Auflage oder der Auflagen unter 1. (in Bayern nicht erforderlich)
Begründung, Art. 39 Abs. 1 BayVwVfG
Sogenannte **wesentliche tatsächliche Gründe**, Art. 39 Abs. 1 S. 2 BayVwVfG, Tatsachen (der der behördlichen Entscheidung zugrunde liegende Sachverhalt, Art. 24, 26 BayVwVfG)
Sogenannte **wesentliche rechtliche Gründe**, Art. 39 Abs. 1 S. 2 BayVwVfG (ausgehend von der Rechtsgrundlage, z. B. § 15 Abs. 1 BVersG oder Art. 15 Abs. 1 BayVersG)   **Prüfung des Tatbestandes**   unmittelbare Gefährdung der öffentlichen Sicherheit oder   (*hilfsweise*) der öffentlichen Ordnung   – Nachvollziehbare umfangreiche Ausführungen zur Gefahrenprognose (Beweis- und Darlegungslast liegt bei der Behörde)   – immer unter Beachtung der Bedeutung der Grundrechte aus Art. 5 und 8 GG
Besondere Begründung der **Ermessensentscheidung** („kann") nach Art. 39 Abs. 1 S. 3 BayVwVfG   hier insbes. umfangreiche Ausführungen wegen der Bedeutung der Versammlungsfreiheit   – sogenanntes Entschließungsermessen (Ob)   – sogenanntes Handlungsermessen (Wie)
Besondere Begründung der Anordnung der **sofortigen Vollziehung**, § 80 Abs. 2 S. 1 Nr. 4, Abs. 3 VwGO (Ziffer 2 des Tenors; nicht in Bayern, Art. 25 BayVersG)
Rechtsbehelfsbelehrung

---

530 BVerfG, NVwZ 2008, 671, 674: „Auflagenbescheid der Versammlungsbehörde"; ebenso OVG Weimar, DVBl. 1998, 850, 851; siehe dazu Weber, KommJur 2009, 97 ff.
  Dieser Aufbau gilt auch bei einem Verbotsbescheid, dort sind aber insgesamt noch umfangreichere Ausführungen als bei einer Auflage oder mehreren Auflagen erforderlich. Denn die Auflage ist nur eine „beschränkende Verfügung", während das sogenannte „Totalverbot" umfassend in die Grundrechtsausübung der Versammlungsfreiheit eingreift.

F. Musterformulare und Musterbescheide

II. Bescheid der Versammlungsbehörde betreffend ein Versammlungsverbot

Absender, erlassende Behörde (Kreispolizeibehörde als Versammlungsbehörde) Art. 37 Abs. 3 BayVwVfG
Adressat des Versammlungsverbotes (Veranstalter)
Tenor der Entscheidung 1. Konkreter Ausspruch des Verbotes unter Beachtung des Bestimmtheitsprinzips nach Art. 37 Abs. 1 BayVwVfG 1. Anordnung der sofortigen Vollziehung des unter 1. ausgesprochenen Verbotes (in Bayern nicht erforderlich)
Begründung, Art. 39 Abs. 1 BayVwVfG
Sogenannte **wesentliche tatsächliche Gründe**, Art. 39 Abs. 1 S. 2 BayVwVfG (Tatsachen) das ist der behördlichen Entscheidung zugrunde liegende Sachverhalt, Art. 24, 26 BayVwVfG (erforderlich ist eine umfangreiche und nachvollziehbare Darstellung einschl. der sogenannten Kooperationsgespräche mit dem Veranstalter)
Sogenannte **wesentliche rechtliche Gründe**, Art. 39 Abs. 1 S. 2 BayVwVfG (ausgehend von der Rechtsgrundlage, z. B. Art. 15 Abs. 1 BayVersG) **Prüfung und Erörterung des Tatbestandes der Norm** unmittelbare Gefährdung der öffentlichen Sicherheit oder (*hilfsweise*) der öffentlichen Ordnung – Nachvollziehbare umfangreiche Ausführungen zur Gefahrenprognose (Beweislast liegt bei der Behörde) – immer unter Beachtung der Bedeutung der Grundrechte aus Art. 5 und 8 GG
Besondere Begründung der **Ermessensentscheidung** (die Behörde „kann" verbieten) nach Art. 39 Abs. 1 S. 3 BayVwVfG hier insbes. umfangreiche Ausführungen wegen der Bedeutung der Versammlungsfreiheit und der Auswirkungen eines sogenannten. Totalverbotes – sogenanntes Entschließungsermessen (Ob) – sogenanntes Handlungsermessen (Wie)
Besondere Begründung der Anordnung der **sofortigen Vollziehung** des Versammlungsverbotes: § 80 Abs. 2 S. 1 Nr. 4, Abs. 3 VwGO (Ziffer 2 des Tenors, aber nicht in Bayern)
Rechtsbehelfsbelehrung

III. Muster aus der Praxis der Versammlungsbehörden[531]

Überblick

1. Informationen des Bayerischen Staatsministeriums des Innern zum Bayerischen Versammlungsgesetz
2. Informationen des Niedersächsischen Ministeriums für Inneres und Sport zum Versammlungsrecht
3. Hinweise der Stadt Heilbronn für geplante Versammlungen
4. Formblatt der Stadt Heilbronn für die Anmeldung einer öffentlichen Versammlung unter freiem Himmel
5. Auflagenbescheid der Stadt Rostock
6. Anmeldebestätigung einer Versammlung mit Standardauflagen des Landratsamtes Neuburg/Schrobenhausen (Bayern)

1. Informationen des Bayerischen Staatsministeriums des Innern zum Bayerischen Versammlungsgesetz (Quelle: Homepage des Ministeriums)

1. Warum braucht es eigentlich ein Bayerisches Versammlungsgesetz?

Das Versammlungsrecht, also das für Demonstrationen geltende Recht, war früher im **Versammlungsgesetz des Bundes** geregelt, das in seinem Kern aus dem Jahr 1953 stammt.

In den letzten Jahrzehnten hat vor allem das **Bundesverfassungsgericht** eine Reihe von Entscheidungen zum Versammlungsrecht getroffen, die Versammlungsbehörden (in Bayern: die kreisfreien Städte bzw. Landratsämter) und Polizei beachten müssen. Daran ist das Bundesversammlungsgesetz bis heute nicht angepasst worden. So hat das Bundesverfassungsgericht Versammlungsbehörden und Polizei verpflichtet, kooperativ mit den Veranstaltern von Versammlungen zusammen zu arbeiten und dazu beizutragen, dass die Teilnehmer ihr Versammlungsgrundrecht ausüben können (sogenannte Brokdorf-Entscheidung aus dem Jahr 1985). Zudem hat das Bundesverfassungsgericht Grundsätze für Versammlungen aufgestellt, die aus kurzfristigem Anlass stattfinden oder sich spontan bilden. Auch eine Reihe weiterer Vorgaben des Bundesverfassungsgerichts berücksichtigt das Versammlungsgesetz des Bundes bis heute nicht. Deshalb orientiert sich die Praxis heute weniger am Gesetzeswortlaut, sondern an gerade für den Laien unüberschaubaren, zahlreichen Gerichtsurteilen.

Dazu kommt, dass das Versammlungsgesetz des Bundes nur unzulängliche Antworten auf bedenkliche Entwicklungen in den **extremistischen Bereichen** gibt: Es geht weder auf die Besonderheiten rechtsextremistischer Aufmärsche ein, die nur

---

531 Weitere Beispiele bei Weber, Sächsisches Versammlungsrecht, S. 256 ff.

zu oft in unerträglicher Weise an die nationalsozialistische Gewalt- und Willkürherrschaft anknüpfen, noch hatte das Versammlungsgesetz des Bundes Erscheinungen wie den sogenannten „schwarzen Block" vor Augen, in dem sich gewaltbereite Linksextremisten zu einer anonymen Masse formieren und aus dem Schutz der Menge heraus Straftaten begehen.

Nachdem die **Föderalismusreform** (2006) das Gesetzgebungsrecht für Versammlungen vom Bund auf die Länder übertragen hatte, wollte die Bayerische Staatsregierung das Versammlungsrecht auf der Grundlage der Rechtsprechung des Bundesverfassungsgerichts modern gestalten und dabei auch auf die bedenklichen Entwicklungen im Versammlungsgeschehen reagieren. Nach der Landtagswahl 2008 wurde es von den Regierungsfraktionen nochmals überarbeitet.

2. Was sind die Schwerpunkte?

Das Bayerische Versammlungsgesetz verfolgt mehrere Ziele:

Zum einen setzt es die Rechtsprechung des **Bundesverfassungsgerichts** der letzten Jahrzehnte um und beantwortet Fragen, die sich in der Versammlungspraxis immer wieder stellten. Behörden und gerade auch die bayerischen Bürger, die eine Versammlung veranstalten wollen, sollen sich unmittelbar aus dem Gesetz informieren können, was sie bei einer Versammlung zu beachten haben. Daneben reagiert das Bayerische Versammlungsgesetz aber auch auf die bedenklichen Entwicklungen in den extremistischen Bereichen:

Es sieht die Möglichkeit vor, **rechtsextremistische Versammlungen** beschränken und verbieten zu können, wenn sie

– an einem Tag oder Ort stattfinden, der im Zusammenhang mit der nationalsozialistischen Gewalt- und Willkürherrschaft gewichtige Symbolkraft hat, und die Würde der Opfer des Nationalsozialismus oder andere grundlegende soziale oder ethische Anschauungen verletzen können oder
– die nationalsozialistische Gewalt- und Willkürherrschaft billigen, verherrlichen, rechtfertigen oder verharmlosen können und dies wiederum die Würde der Opfer des Nationalsozialismus gefährdet.

Siehe dazu auch die **Fragen 3. und 4.**

Weiter enthält das Bayerische Versammlungsgesetz ein **Uniformierungs- und Militanzverbot**. Es will Versammlungen verhindern, die nach ihrem äußeren Erscheinungsbild paramilitärisch geprägt sind. Hintergrund ist, dass sowohl das Grundgesetz als auch die Bayerische Verfassung nur friedliche Versammlungen schützen. Das Bundesverfassungsgericht hat bereits mehrfach bestätigt, dass sich paramilitärisch geprägte oder gewaltbereite Versammlungen nicht auf das Versammlungsgrundrecht berufen können. Siehe dazu auch **Frage 5**.

3. Ist eine „Sondernorm gegen rechts" gerechtfertigt?

Es gibt mehrere Gründe für eine solche Sondernorm: Der wichtigste ist, dass das Bayerische Versammlungsgesetz den **Schutz der Würde der Opfer des Nationalsozialismus** verstärken will und dies vor dem Hintergrund der deutschen Geschichte seine besondere Rechtfertigung findet. Bereits das Versammlungsgesetz des Bundes enthält in § 15 Abs. 2 eine solche Norm, die aber beschränkt ist auf den Schutz von „Gedenkstätten von historisch herausragender, überregionaler Bedeutung an die Opfer der menschenunwürdigen Behandlung unter der nationalsozialistischen Gewalt- und Willkürherrschaft" (gemeint ist insbesondere die Holocaust-Gedenkstätte in Berlin).

Hinzu kommen aber auch Erfahrungen aus Praxis: Die Veranstalter **rechtsextremistischer** Versammlungen legen besonderen Wert darauf, der Versammlung einen legalen Anschein zu geben. Sie wissen, dass die Versammlung andernfalls sofort unterbunden würde. Probleme bereiten hier paramilitärische, an das NS-Regime erinnernde Aufmärsche (denen wiederum mit dem Uniformierungs- und Militanzverbot begegnet werden kann), **an historisch belasteten Tagen und Orten** stattfindende Versammlungen sowie **die nationalsozialistische Gewalt- und Willkürherrschaft verherrlichende, billigende oder verharmlosende Aussagen,** die jeweils die Würde der Opfer des Nationalsozialismus verletzen. Hierauf gibt das Bayerische Versammlungsgesetz die bei **Frage 2.** beschriebene Antwort.

Selbst wenn eine rechtsextremistische Partei verboten würde, könnte dies eine solche versammlungsrechtliche Regelung nicht ersetzen. Die Erfahrungen mit Rechtsextremisten zeigen, dass sie stets versuchen, auf staatliche Maßnahmen ausweichend zu reagieren. Es wäre nicht zu verhindern, dass selbst ein führendes Mitglied einer verbotenen Partei eine Versammlung als Einzelperson anmeldet. Beispielsweise trat einer der führenden Aktivisten der vom bayerischen Innenministerium 2004 verbotenen neonazistischen „Fränkischen Aktionsfront" regelmäßig als Veranstalter rechtsextremistischer Umzüge im oberfränkischen Gräfenberg auf. Auch ein Partei- oder Vereinigungsverbot könnte ihm dieses Recht nicht nehmen; insoweit ginge ein solches Verbot ins Leere. Die Problematik rechtsextremer Aufzüge kann daher effektiv nur das Versammlungsrecht lösen.

4. Welche rechtsextremistischen Versammlungen können künftig leichter verhindert werden?

Der Schutz von symbolträchtigen Tagen und Orten ist nach dem bisherigen Versammlungsgesetz des Bundes nur begrenzt: Nur wenn eine rechtsextremistische Versammlungen in unerträglicher Weise grundlegende soziale und ethische Anschauungen verletzt, ist nach der Rechtsprechung des Bundesverfassungsgerichtes möglich, die Versammlung wegen eines Verstoßes gegen die öffentliche Ordnung zu verbieten oder zu beschränken. Dies hat das Bundesverfassungsgericht bisher etwa für den Holocaust-Gedenktag oder für das Reichsparteitagsgelände in Nürnberg angenommen.

Das Bayerische Versammlungsgesetz knüpft an diese Rechtsprechung an und bezieht nun alle Tage und Orte mit ein, die im Zusammenhang mit der nationalsozialistischen Gewalt- und Willkürherrschaft eine gewichtige Symbolkraft haben.

Geschützte Tage sind daher neben dem Holocaust-Gedenktag u. a. der 20. April (Geburtstag von Adolf Hitler) oder der 17. August (Todestag von Rudolf Heß). Bisher mussten die Versammlungsbehörden nachweisen, dass eine rechtsextremistische Versammlung z. B. am Todestag von Rudolf Heß eine Ersatzveranstaltung für die verbotene Heß-Gedenkveranstaltung im oberfränkischen Wunsiedel war. Künftig können Veranstaltungen an besonderen Tagen und Orten verboten werden, wenn sie die Würde der Opfer des Nationalsozialismus verletzen.

Geschützte Orte sind nicht nur sogenannte „Opferorte" wie die ehemaligen Konzentrationslager Dachau und Flossenbürg, sondern auch sogenannte „Täterorte" wie das Reichsparteitagsgelände in Nürnberg oder der Königsplatz und der Platz vor der Feldherrnhalle in München. Geschützte Orte sind aber z. B. auch die Orte, an denen sich Synagogen befanden, die unter dem Nationalsozialismus niedergebrannt wurden.

Nach dem Bayerischen Versammlungsgesetz kann eine Versammlung an einem symbolträchtigen Tag oder Ort verboten oder beschränkt werden, wenn sie die **Würde der Opfer der nationalsozialistischen Gewalt- und Willkürherrschaft oder andere grundlegende sozialen und ethischen Anschauungen** zu verletzten droht. Dies berührt nicht Gedenk- oder andere Veranstaltungen, die weiterhin zulässig bleiben.

5. Warum braucht es ein Uniformierungs- und Militanzverbot?

Das alte Versammlungsgesetz des Bundes ist, was das Uniformierungsverbot betrifft, im Wortlaut sehr streng: Es ist allgemein untersagt, Uniformen, Uniformteile oder gleichartige Kleidungsstücke als Ausdruck einer gemeinsamen politischen Gesinnung zu tragen. Tatsächlich aber werden gleichartige Kleidungsstücke oft in legitimer Weise verwendet (z. B. einheitliche Überzieher bei Gewerkschafts-Versammlungen u. ä.). Deshalb schränkt das Bayerische Versammlungsgesetz das Uniformierungsverbot ein: Unter das Verbot fallen gleichartige Kleidungsstücke als Ausdruck einer gemeinsamen politischen Gesinnung nur noch, wenn durch sie eine **einschüchternde Wirkung** entsteht. Dies grenzt das Verbot auf die Fälle ein, in denen die Gleichartigkeit tatsächlich Indiz für eine unfriedliche Versammlung ist.

Oft geht der gewaltbereite Eindruck aber nicht von Uniformen oder einer gleichartigen Kleidung aus, sondern von anderen Umständen. Beispiele sind etwa rechtsextremistische Aufmärsche in Formation, im Gleichschritt und unter Marschmusik oder Trommelwirbeln. Beim linksextremistischen sogenannten „schwarzen Block" kommen mehrere Umstände zusammen: zum einen eine ähnliche Kleidung, zum anderen eine anonyme Masse, in der sich der Einzelne verbirgt, um aus ihr heraus und von ihr geschützt Straftaten zu begehen. Dieses Verhalten ist fortan ausdrücklich verboten, sofern es zu einem paramilitärischen Erscheinungsbild führt und dadurch eine einschüchternde Wirkung entsteht.

Sowohl das Grundgesetz als auch die Bayerische Verfassung schützen nur **friedliche** Versammlungen. Das Bundesverfassungsgericht hat bereits mehrfach bestätigt, dass sich paramilitärisch geprägte oder gewaltbereite Versammlungen nicht auf das Versammlungsgrundrecht berufen können. Auch dieser Punkt ist noch nicht im Versammlungsgesetz des Bundes berücksichtigt worden.

Das Uniformierungs- und Militanzverbot betrifft **nur unfriedliche Versammlungen** und hat mit dem legitimen „Druck von der Straße", der letztlich aus nahezu jeder Versammlung folgt und der zum Demonstrationsrecht gehört, nichts zu tun. Es hat z. B. für die zahlreichen Demonstrationen von Gewerkschaften in Bayern oder für Gegendemonstrationen bürgerlicher Kräfte gegen rechtsextremistische Versammlungen **keine** Bedeutung.

6. Ist die Bekämpfung extremistischer Versammlungen nicht nur ein Vorwand, um das Versammlungsrecht für alle zu verschärfen?

Dieser Vorwurf ist nicht berechtigt. Er findet im Bayerischen Versammlungsgesetz keine Stütze. Hier einige der Vorwürfe im Einzelnen:

Beispiel 1: Ist jede Unterhaltung von zwei Personen als Versammlung zu werten?

Natürlich nicht. In der bisherigen Rechtsprechung war es umstritten, ob eine Versammlung mindestens zwei oder drei Teilnehmer voraussetzt; das bisherige Bundesversammlungsgesetz schweigt dazu. Das Bundesverfassungsgericht hat bislang immer von „mehreren Personen" gesprochen. Das Bayerische Versammlungsgesetz lässt nun zwei Personen genügen.

Der Vorwurf trifft jedenfalls nicht zu: Zum einen wird eine Veranstaltung durch die Annahme einer Versammlung privilegiert, da sie dann geschützt wird und nur noch unter eingeschränkten Voraussetzungen reglementiert werden kann. Dementsprechend sah auch der Gesetzentwurf der Fraktion BÜNDNIS 90/DIE GRÜNEN für ein Versammlungsfreiheitsgesetz „mindestens zwei Personen" als ausreichend an.

Zum anderen übernimmt das Bayerische Versammlungsgesetz den engen Versammlungs-Begriff des Bundesverfassungsgerichtes, d. h. es verlangt eine „überwiegend auf die Teilhabe an der öffentlichen Meinungsbildung gerichtete Erörterung oder Kundgebung". Ein Gespräch unter mehreren Personen kann nur dann eine Versammlung sein, wenn dies gerade an die Öffentlichkeit gerichtet ist und eine öffentliche Meinungsbildung oder -kundgabe bezweckt. „Normale" Gespräche unter mehreren sind daher nach dem Bayerischen Versammlungsgesetz gerade keine Versammlungen.

Beispiel 2: Verstößt die vorgesehene Anzeigepflicht nicht gegen das Grundgesetz und die Bayerische Verfassung, die beide ausdrücklich davon sprechen, dass Versammlungen nicht angemeldet werden müssen?

Grundgesetz und Bayerische Verfassung wollen verhindern, dass eine Versammlung erst dann stattfinden darf, nachdem eine Behörde sie „genehmigt" hat. Eine solche Genehmigung verlangt aber weder das bisherige Versammlungsgesetz des Bundes, noch das Bayerische Versammlungsgesetz.

Das Bayerische Versammlungsgesetz sieht nur vor, dass eine Versammlung unter freiem Himmel grundsätzlich 48 Stunden (ohne Samstage, Sonn- und Feiertage) vor ihrer Bekanntgabe anzuzeigen ist; für Versammlungen in geschlossenen Räumen gibt es wie bisher keine Anzeigepflicht. Die Anzeige soll Versammlungsbehörde und Polizei in die Lage versetzen, prüfen zu können, ob Maßnahmen zum Schutz der Versammlung und zum Schutz von Dritten erforderlich sind. Welche Gefahrenquellen bei einer Versammlung zu berücksichtigen sind, hängt immer von den konkreten Umständen ab, so dass Versammlungsbehörden und Polizei immer wieder von neuem eine individuelle Gefahrenprognose treffen müssen. Dies kann von bloßen verkehrslenkenden Maßnahmen (Absperrung von Straßen und Plätzen für die Versammlung) bis hin zu Vorkehrungen gehen, um zu verhindern, dass rechts- und linksextremistische Versammlungen aufeinander prallen. Dem Staat obliegt hier eine Schutzpflicht zu Gunsten von Versammlungsteilnehmern und von Unbeteiligten. Damit er ihr aber nachkommen kann, muss er wissen, dass eine Versammlung überhaupt stattfindet. Dies soll die Anzeigepflicht gewährleisten. Das Bundesverfassungsgericht hat bereits mehrfach entschieden, dass dies nicht gegen das Grundgesetz verstößt.

Zudem regelt das Bayerische Versammlungsgesetz erstmals auch Ausnahmen, also die Fälle, für die die grundsätzliche Anzeigepflicht gerade nicht gilt: nämlich bei **Eil- und Spontanversammlungen.** Entsteht der Anlass für eine Versammlung erst kurzfristig oder entwickelt sich eine Versammlung spontan, gelten die grundsätzlichen Anzeigepflichten nicht. Auch das stellt das Bayerische Versammlungsgesetz klar, während das Versammlungsgesetz des Bundes dazu schweigt.

Beispiel 3: Kann die Polizei Fahnen, Anstecker, einheitliche Schilder usw. willkürlich als Verstöße gegen das Uniformierungs- und Militanzverbot einordnen?

Nein. Dieser Vorwurf verkennt die Bedeutung das Militanzverbots: Gleichartige Kleidungsstücke (z. B. einheitliche „ver.di"-Überzieher) verstoßen nach dem Wortlaut des alten Bundesversammlungsgesetzes gegen das Uniformierungsverbot. Dies ist aber unnötig restriktiv und erfasst auch Fälle, in denen es legitim ist, sich gleichartig zu kleiden. Das Bayerische Versammlungsgesetz beschränkt das Verbot daher auf Fälle, in denen die Uniformierung einschüchternd wirkt, was bei Gewerkschafts-Demonstrationen nicht der Fall ist. Diese Lockerung kommt friedlichen Veranstaltern daher entgegen.

Das das Uniformierungsverbot ergänzende Militanzverbot greift nicht bei gleichartiger Kleidung, gleichartigen Fahnen etc., sondern überhaupt nur bei paramilitärischen inszenierenden Demonstrationen (wie z. B. rechtsextremistischen Aufmärschen in Formation, im Gleichschritt und mit szeneüblicher Kleidung oder unter Umständen beim sogenannten „schwarzen Block"). Ob die Voraussetzungen im konkreten Fall zutreffen, können Verwaltungsgerichte uneingeschränkt kontrollieren: diese Rechtsbegriffe sind gerichtlich voll nachprüfbar.

Der Eindruck von Gewaltbereitschaft ist nicht mit dem legitimen „Druck von der Straße" gleichzusetzen und berührt z. B. Gewerkschafts-Demonstrationen auch dann nicht, wenn sie Fahnen, Anstecker, gleiche Schilder etc. mit sich führen.

Die Formulierung im Bayerischen Versammlungsgesetz für ein Militanzverbot übernimmt im Übrigen Formulierungen des Bundesverfassungsgerichts, in denen es die Grenzen der Friedlichkeit einer Versammlung näher bestimmt.

Beispiel 4: Werde ich als Veranstalter zu einem – „Hilfspolizisten" oder zum „verlängerten Arm" von Versammlungsbehörde oder Polizei? Wie ist es mit dem Ablehnungsrecht von Versammlungsleitern und Ordnern?

Auch hier verschärft das Bayerische Versammlungsgesetz die frühere Rechtslage nicht. Bereits das Bundesversammlungsgesetz geht vom „Modell einer geordneten Versammlung" aus, d. h. davon, dass die Versammlung in erster Linie aus sich heraus die Ordnung zu garantieren hat. Das Bundesversammlungsgesetz verpflichtet den Versammlungsleiter, das Hausrecht auszuüben, den Ablauf zu bestimmen und dabei für Ordnung zu sorgen. Weiter ist er ermächtigt, Störer ausschließen zu können.

Das Recht, einen Veranstalter oder Ordner wegen fehlender Eignung oder Zuverlässigkeit abzulehnen, ist zwar bisher im Bundesversammlungsgesetz nicht ausdrücklich geregelt, aber dennoch zulässig. Dies hat auch das Bundesverfassungsgericht bestätigt. Die Regelung im Bayerischen Versammlungsgesetz hat daher nur eine klarstellende Funktion, unter welchen Voraussetzungen ein Leiter oder Ordner abgelehnt werden kann. Das Bayerische Versammlungsgesetz übernimmt dabei die Rechtsprechung des Bundesverfassungsgerichts, wonach Tatsachen die Annahme rechtfertigen müssen, dass die Person die Friedlichkeit der Versammlung gefährdet.

F. Musterformulare und Musterbescheide

Beispiel 5: Können Versammlungen künftig bereits dann verboten oder beschränkt werden, wenn sie gegen „grundlegende soziale und ethische Anschauungen" verstoßen?

Nein. Der Vorwurf, das Bayerische Versammlungsgesetz öffne mit der Berufung auf „grundlegende soziale und ethische Anschauungen" Tür und Tor für Willkürentscheidungen der Versammlungsbehörden, greift aus mehreren Gründen nicht:

Diese Beschränkungsmöglichkeit gilt ausdrücklich nur für rechtsextremistische Versammlungen, die an einem Tag oder Ort stattfinden, die eine an die nationalsozialistische Gewalt- und Willkürherrschaft erinnernde gewichtige Symbolkraft haben. Auf andere Versammlungen findet diese Beschränkungsmöglichkeit von vorne herein keine Anwendung.

Zudem orientiert sich die Formulierung wörtlich an der Entscheidung des Bundesverfassungsgerichts zum Verbot einer NPD-Versammlung auf dem Nürnberger Reichsparteitagsgelände. Das Bundesverfassungsgericht hatte damals zu entscheiden, ob die Stadt Nürnberg eine NPD-Versammlung ausnahmsweise auf den Schutz der sogenannten öffentlichen Ordnung stützen konnte. Das Bundesverfassungsgericht hat dies gebilligt, wobei das Bayerische Versammlungsgesetz die entscheidenden Vorgaben des Gerichts wörtlich übernimmt.

Beispiel 6: Wie ist es mit Versammlungen in geschlossenen Räumen? Der Vorwurf lautet hier, der Staat dringe in Veranstaltungen ein, die Versammlungsleiter müssten alle persönliche Daten an die Polizei weitergeben, der Polizei müsse Zutritt gewährt und ein angemessener Platz eingeräumt werden, es brauche sich nur der Polizeieinsatzleiter gegenüber dem Versammlungsleiter zu erkennen zu geben und selbst nicht öffentliche Versammlungen (wie Streikversammlungen) könnten betroffen sein.

Hierzu ist zu sagen: Versammlungen in geschlossenen Räume sind keine rechtsfreien Räume. Das Versammlungsgrundrecht gilt auch für sie nicht schrankenlos, sondern hat verfassungsunmittelbare Schranken. Dementsprechend sieht das Bundesversammlungsgesetz eine Reihe von Einschränkungen vor, die aber nicht so weit gehen wie bei Versammlungen unter freiem Himmel (für die nach Art. 8 Abs. 2 Grundgesetz ein sogenannter Gesetzesvorbehalt gilt). Das Bayerische Versammlungsgesetz beschränkt sich hier grundsätzlich darauf, die bisherigen Regelungen zu übernehmen bzw. die bisherige Rechtspraxis zu bestätigen.

Das Bayerische Versammlungsgesetz sieht auch kein weitergehendes Anwesenheitsrecht für Polizeibeamte vor als das bisherige Versammlungsgesetz des Bundes. Das Bundesversammlungsgesetz verpflichtet Polizeibeamte bei allen öffentlichen Versammlungen, sich gegenüber dem Versammlungsleiter zu erkennen zu geben. Die Rechtspraxis legte dies bereits früher so aus, dass es genügt, wenn der

Polizeieinsatzleiter dies tut und die Zahl der übrigen Polizeibeamten nennt. Nichts anderes schreibt auch das Bayerische Versammlungsgesetz fest. Entscheidend ist für den Leiter und für Teilnehmer einer Versammlung, zu wissen, ob sich Polizeibeamte in der Versammlung befinden, nicht aber, wer diese im Einzelnen sind. Die Polizei macht von ihrem Anwesenheitsrecht nur in den Fällen Gebrauch, in denen sich abzeichnet, dass es in der Versammlung zu Straftaten kommen kann oder wenn es sich um extremistische Versammlungen handelt. Im Übrigen übernimmt das Bayerische Versammlungsgesetz auch das Anwesenheitsrecht der Presse; auch Pressevertreter muss also zu einer Versammlung in geschlossenen Räumen Zutritt gewährt werden.

Das Bayerische Versammlungsgesetz findet schließlich – entgegen dem Vorwurf – auf nicht-öffentliche Versammlungen gar keine Anwendung, es sei denn, es regelt dies ausnahmsweise anders. Bei den hier angesprochenen Regelungen (Zutrittsrecht etc.) ist dies aber gerade nicht der Fall, so dass die Kritik, auch Streikversammlungen könnten betroffen sein, unberechtigt ist. Hinzu kommt, dass es für die Polizei auch regelmäßig keinen Grund gibt, einen Polizeibeamten in Streikversammlungen zu entsenden.

Fazit: Der Vorwurf, das Versammlungsrecht werde durch das Bayerische Versammlungsgesetz allgemein massiv verschärft, ist daher nicht berechtigt. Außerhalb der verbesserten Handlungsmöglichkeiten gegen extremistische Versammlungen setzt es in erster Linie die Rechtsprechung des Bundesverfassungsgerichts um und schreibt die bisherige bayerische Rechtspraxis fest. Soweit das Bayerische Versammlungsgesetz im Einzelnen darüber hinaus geht, tut es dies moderat und ist dies nicht mit erheblichen Grundrechtseingriffen verbunden.

7. Ganz konkret: was muss ich künftig tun, um eine Versammlung veranstalten zu können? Welche Daten muss ich angeben?

Wer eine Versammlung unter freiem Himmel veranstalten will, hat dies der zuständigen Versammlungsbehörde spätestens 48 Stunden vor ihrer Bekanntgabe fernmündlich, schriftlich, elektronisch oder zur Niederschrift anzuzeigen. Bei der Berechnung der Frist bleiben Samstage, Sonn- und Feiertage außer Betracht. Als „Bekanntgabe" in diesem Sinne gilt die Mitteilung des Veranstalters von Ort, Zeit und Thema der Versammlung an einen bestimmten oder unbestimmten Personenkreis. Erfolgt die Anzeige fernmündlich, kann die Versammlungsbehörde verlangen, diese schriftlich oder elektronisch nachzuholen.

In der Anzeige sind anzugeben

- der Ort der Versammlung,
- der Zeitpunkt des beabsichtigten Beginns und des beabsichtigten Endes der Versammlung,
- das Versammlungsthema,

– der Veranstalter und der Leiter mit ihren persönlichen Daten (hierzu zählen Familienname, Vorname, Geburtsname und Anschrift),
– bei sich fortbewegenden Versammlungen der beabsichtigte Streckenverlauf

Die Versammlungsbehörde kann bei Bedarf auf freiwilliger Basis weitere Angaben erfragen, (z. B. die erwartete Teilnehmerzahl, der Ablauf, die Zahl der Ordner oder die vorgesehenen Hilfsmittel).

Entsteht der Anlass für eine geplante Versammlung kurzfristig (Eilversammlung), ist die Versammlung spätestens mit der Bekanntgabe fernmündlich, schriftlich, elektronisch oder zur Niederschrift bei der Versammlungsbehörde oder bei der Polizei anzuzeigen. Die Anzeigepflicht entfällt, wenn sich die Versammlung aus einem unmittelbaren Anlass ungeplant und ohne Veranstalter entwickelt (Spontanversammlung).

2. Informationen des Niedersächsischen Ministeriums für Inneres und Sport zum Versammlungsrecht (Internet):

Unser **Grundgesetz** garantiert in Artikel 8 die Versammlungsfreiheit. Diese beinhaltet ein Selbstbestimmungsrecht über Ort, Zeitpunkt, Art und Inhalt einer Versammlung. Damit sind Versammlungen als Ausdruck gemeinschaftlicher, auf Kommunikation angelegter Entfaltung grundrechtlich geschützt. Dieser Schutz ist nicht auf Veranstaltungen beschränkt, bei denen argumentiert und gestritten wird, sondern umfasst vielfältige Formen gemeinsamen Verhaltens bis hin zu nichtverbalen Ausdrucksformen. Insbesondere zur Abgrenzungsfrage, wann eine Veranstaltung den Versammlungsbegriff erfüllt, hat das Bundesverfassungsgericht im Juli 2001 entschieden, dass

- Versammlungen örtliche Zusammenkünfte mehrerer Personen zwecks gemeinschaftlicher Erörterung und Kundgebung mit dem Ziel der Teilhabe an der öffentlichen Meinungsbildung sind, es also nicht ausreicht, im Rahmen gemeinschaftlichen Verhaltens nur durch irgendeinen Zweck verbunden zu sein;
- Veranstaltungen, die der bloßen Zurschaustellung eines Lebensgefühles dienen oder die als eine auf Spaß und Unterhaltung ausgerichtete öffentliche Massenparty gedacht sind (z. B. die „Love Parade") keine Versammlungen sind.

Darüber hinaus bestimmt Artikel 8 des Grundgesetzes wichtige Grenzen der Versammlungsfreiheit:

- Geschützt sind nur friedliche Versammlungen; es gibt kein Recht zu gewaltsamen Aktionen. Versammlungsteilnehmer verhalten sich unfriedlich, wenn sie Gewalttätigkeiten gegen Personen oder Sachen begehen.
- Nicht erlaubt ist ebenfalls das Mitführen von Waffen.

Für Versammlungen unter freiem Himmel hat das Grundgesetz weitere gesetzliche Einschränkungen vorgesehen; solche Einschränkungen enthält das **Versammlungsgesetz.**

Wer eine Demonstration unter freiem Himmel beabsichtigt, hat dies spätestens 48 Stunden vor der Mitteilung relevanter Informationen an andere Versammlungsbeteiligte der Versammlungsbehörde mitzuteilen (Anmeldepflicht):

- Die rechtzeitige Anmeldung soll der Versammlungsbehörde einen Interessenausgleich ermöglichen (Schutz der Versammlung und Wahrung von Drittinteressen).
- Sie soll auch eine vertrauensvolle Kooperation zwischen dem Initiator einer Versammlung und der Versammlungsbehörde ermöglichen. Das Bundesverfassungsgericht hat hier ein für beide Seiten gültiges Kooperationsgebot postuliert.
- Die Anmeldepflicht beinhaltet jedoch nicht eine Erlaubnispflicht; es bedarf keiner Genehmigung der angemeldeten Versammlung.

Wer allerdings als Veranstalter oder Leiter eine öffentliche Versammlung unter freiem Himmel ohne Anmeldung durchführt, kann mit einer Freiheitsstrafe oder Geldstrafe bestraft werden. Darüber hinaus enthält das Versammlungsgesetz weitere wichtige, insbesondere die Voraussetzungen und den Ablauf von Versammlungen regelnde Vorschriften. Danach können Untersagungen oder Auflösungen von Versammlungen verfügt werden, wenn nach den Umständen die „öffentliche Sicherheit oder Ordnung" unmittelbar gefährdet ist. Verstöße gegen versammlungsrechtliche Verbote bzw. Pflichten, wie z. B. die Teilnahme an verbotenen Veranstaltungen oder die Nichtbeachtung von Auflagen werden als Ordnungswidrigkeit geahndet.

Versammlungsbehörden sind die Region Hannover, die Landkreise, die kreisfreien Städte, die großen selbstständigen Städte und selbstständigen Gemeinden sowie für die Landeshauptstadt die Polizeidirektion Hannover.

Ebenso wie die Mehrzahl der Länder und der Bund hat auch Niedersachsen eine Bannmeile um den Landtag eingerichtet. Versammlungen innerhalb der Bannmeile sind grundsätzlich nicht zulässig; näheres ist im Niedersächsischen Bannmeilengesetz geregelt.

Aufgrund der Verlagerung der Gesetzgebungszuständigkeit für das Versammlungsrecht vom Bund auf die Länder werden künftig alle versammlungsrechtliche Regelungen einschließlich der Regelungen zur Bannmeile in einem Niedersächsischen Versammlungsgesetz, das das Versammlungsgesetz des Bundes ersetzen wird, zusammengefasst. Ein entsprechender Gesetzentwurf wird derzeit erarbeitet.

3. Hinweise der Stadt Heilbronn für geplante Versammlungen (Internet)

Eine Versammlung im Sinne des Versammlungsrechts liegt vor, wenn mehrere Personen in der Öffentlichkeit gemeinschaftlich an der allgemeinen Meinungsbildung teilhaben wollen. Grundsätzlich kann jeder öffentliche Versammlungen veranstalten oder an solchen teilnehmen. Diese finden regelmäßig unter freiem Himmel statt, zumeist auf Straßen und Plätzen. Die öffentliche Versammlung kann an einem bestimmten Kundgebungsort erfolgen oder mobil in Form eines Aufzuges.

Keine Versammlungen sind im Regelfall wissenschaftliche, sportliche, gewerbliche, religiöse und kulturelle Veranstaltungen, beispielsweise Konzerte, Theateraufführungen, Straßenfeste, Flohmärkte. Für diese Veranstaltungen gelten Vorschriften in anderen Rechtsbereichen.

Nach der gesetzlichen Anmeldefrist sind Versammlungen unter freiem Himmel grundsätzlich spätestens 48 Stunden vor ihrer öffentlichen Bekanntgabe bei der zuständigen Versammlungsbehörde – im Stadtkreis Heilbronn beim Ordnungsamt – anzumelden. Öffentliche Versammlungen in geschlossenen Räumen müssen nicht angemeldet werden.

Die Anmeldefrist geben der Versammlungsbehörde und dem Veranstalter die Möglichkeit, erforderliche Regelungen zu Ort, Zeit und Ablauf der Versammlung bereits im Vorfeld der Versammlung zu treffen, die dann der Veranstalter frühzeitig berücksichtigen kann. Die Anmeldung kann formlos erfolgen oder anhand des unten aufgeführten Anmeldeformulars. Nach der Anmeldung erhält der Veranstalter eine Anmeldebestätigung, die im Einzelfall Auflagen enthalten kann.

Die Anmeldung muss folgende Angaben enthalten

- Name und Adresse des Veranstalters
- Verantwortlicher Leiter, Name, Anschrift und telefonische Erreichbarkeit
- Tag, Zeit und Ort der Versammlung, bei Aufzügen Angabe der Wegstrecke
- Thema/Motto der Versammlung
- Erwartete Zahl der Versammlungsteilnehmer
- Kundgebungsmittel (z. B. Transparente, Megafon usw.)
- Bei Ordnereinsatz: Anzahl der Ordner

4. Formblatt der Stadt Heilbronn für die Anmeldung einer öffentlichen Versammlung unter freiem Himmel (Internet)

Anmeldung einer öffentlichen Versammlung unter freiem Himmel (Demonstration und Kundgebung)
Stadt Heilbronn Telefon: (0 71 31) 56-32 64 oder
Ordnungsamt (0 71 31) 56-32 93
Weststraße 53 Fax: (0 71 31) 56-31 97
74072 Heilbronn
Veranstalter (genaue Anschrift): Verantwortlicher Leiter:
Tel.:
Datum und Uhrzeit der Demonstration/Kundgebung:
Datum:
Beginn: Ende:
Thema der Demonstration/Kundgebung:
Teilnehmerzahl (ggf. geschätzt):
Wegstrecke und Ablauf der Demonstration/Kundgebung (möglichst Kopie Stadtplan mit Einzeichnung der Strecke/des Ortes vorlegen):
Werden **Ordner** eingesetzt?
nein
ja, folgende Anzahl wird beantragt:
Werden **Lautsprecheranlagen** oder Megaphone verwendet?
nein
ja, Anzahl:
Leistung (dB oder Watt):
Standort der Lautsprecher:
Im Zusammenhang mit der Demonstration/Kundgebung werden noch folgende **Veranstaltungen** durchgeführt:
Das **Merkblatt** zur Durchführung von Versammlungen und Aufzügen unter freiem Himmel wurde mir ausgehändigt:
Ja Nein
Datum, Unterschrift

F. Musterformulare und Musterbescheide

5. Auflagenbescheid der Stadt Rostock
(Quelle: Drucksache 5/898 Landtag Mecklenburg-Vorpommern – 5. Wahlperiode)

> Der von Ihnen für den 22. September 2007 ab 15.30 Uhr in der Hansestadt Rostock angemeldete **Aufzug** wird von folgenden Auflagen abhängig gemacht:
>
> Der Demonstrationszug hat folgende Wegstrecke einzuhalten:
>
> Friedhofsweg – Feldstraße – Wismarsche Straße – Saarplatz – Ulmenstraße – Massmannstraße – Lübecker Straße – Doberaner Straße – Lohmühlenweg – Patriotischer Weg – Kabutzenhof – Matrosendenkmal.
>
> Nach einer Auftaktkundgebung um 15.30 Uhr ist mit dem Aufzug spätestens um 16.00 Uhr zu beginnen.
>
> Das Sammeln der Teilnehmer und damit der Schutzvorbehalt als Versammlung beginnt ab 14.00 Uhr im Friedhofsweg.
>
> Die Gestellung der Fahrzeuge (gegenwärtiger Stand 2 Lkw) hat ebenfalls im Bereich Friedhofsweg zu erfolgen.
>
> Einsatzfahrzeugen der Polizei, Rettungsfahrzeugen der medizinischen Dienste und der Feuerwehr ist während des Aufzuges jederzeit freie Durchfahrt zu gewähren.
>
> Für die im Aufzug mitgeführten Fahrzeuge – Lkw wird eine Befreiung von den Vorschriften des § 21 Straßenverkehrsordnung (StVO) (Beförderung von Personen auf Ladeflächen von Lastkraftwagen und Anhängern) erteilt, wenn die Fahrzeuge wie folgt hergerichtet und betrieben werden:
>
> 5.1. Fahrzeuge, auf denen Personen befördert werden, müssen mit rutschfesten (auch bei Nässe) und sicheren Stehflächen, Haltevorrichtungen, Geländern bzw. Brüstungen und Ein- bzw. Ausstiegen im Sinne der Unfallverhütungsvorschriften ausgerüstet sein. Die rutschfesten Böden sollten sauber, trocken sowie öl- und fettfrei sein.
>
> 5.2. Beim Mitführen stehender Personen ist der Beförderungsbereich mit einer 1 m hohen Brüstung zu versehen. Die Brüstung muss einen massiven Handlauf, eine Knieleiste in halber Geländerhöhe und eine Fußleiste von mindestens 50 mm Höhe haben. Anstelle einer Knieleiste können auch Gitter und Netze aus dem Gerüstbau verwendet werden.
>
> Das Geländer muss zwei Personen pro laufenden Meter aushalten. Beim Mitführen von sitzenden Personen oder Kindern ist eine Mindesthöhe des Handlaufs von 800 mm ausreichend.
>
> 5.3. Sitzbänke, Tische und sonstige Auf- und Einbauten müssen mit dem Fahrzeug fest verbunden sein. Die Verbindungen müssen so ausgelegt sein, dass sie den üblicherweise im Betrieb auftretenden Belastungen standhalten. Etwaige Tonanlagen, Lautsprecher o. ä. sind gegen ein Verrutschen und Kippen zu sichern.
>
> 5.4. Ein- und Ausstiege sollten möglichst hinten – bezogen auf die Fahrtrichtung – nachgeordnet sein. Auf keinen Fall dürfen sich jedoch Ein- und Ausstiege zwischen zwei miteinander verbundenen Fahrzeugen befinden.

5.5. Die höchst zulässige Personenzahl auf dem Fahrzeug beträgt drei Personen pro Quadratmeter. Zugrunde gelegt wird die Lagefläche abzüglich der Fläche für Aufbauten. Auf Fahrzeugdächern, Kotflügeln, Trittbretter usw. sowie auf Verbindungseinrichtungen dürfen sich keine Personen aufhalten.

5.6. Die gemäß § 32 und § 34 der Straßenverkehrs-Zulassungs-Ordnung – StVZO – zulässigen Abmessungen, Achslasten und Gesamtgewichte der Fahrzeuge dürfen jedoch mit den Aufbauten und Personen nicht überschritten werden, ggf. ist die Anzahl der mitfahrenden Personen abhängig davon zu beschränken.

5.7. Aufbauten und Dekorationen dürfen das Sichtfeld des Fahrers nicht beeinträchtigen, dies gilt auch für den Rückspiegel; ggf. sind zusätzliche Spiegel zu montieren.

Für die Umsetzung und Einhaltung der Auflage Ziffer 5 (5.1. – 5.7.) des Auflagenbescheides ist für jedes im Aufzug mitgeführte Fahrzeug vom Veranstalter bzw. Leiter vor Beginn der Versammlung ein spezieller Wagenverantwortlicher zu bestimmen und der Versammlungsbehörde unter Angabe der vollständigen Personalien und des Kfz-Kennzeichens des zu überwachenden Fahrzeuges schriftlich vor Beginn des Aufzuges zu benennen. Ohne Einsetzung und Benennung eines Wagenverantwortlichen darf kein Fahrzeug im Aufzug mitgeführt werden.

Ein Anhalten des Aufzuges zwecks Durchführung von weiteren Kundgebungen wird untersagt.

Der Versammlungsleiter bzw. dessen Stellvertreter hat während der gesamten Veranstaltung vor Ort zu sein und dafür Sorge zu tragen, dass die Veranstaltung den Vorschriften des Versammlungsgesetzes entsprechend ordnungsgemäß und friedlich abläuft. Die Verantwortung des Versammlungsleiters beginnt mit Beginn des Sammelns, also 14.00 Uhr. Mit Beginn der Veranstaltung sind den Teilnehmern die Auflagen bekannt zu geben. Der Versammlungsleiter bzw. sein Stellvertreter ist verpflichtet, dem Vertreter der Versammlungsbehörde/dem Einsatzleiter der Polizei während der gesamten Dauer der Veranstaltung jederzeit als Ansprechpartner zur Verfügung zu stehen.

Die von Ihnen angegebenen 16 Ordner bei einer Teilnehmerzahl von 1.000 Personen werden bestätigt. Die Ordner haben hinreichend Gewähr dafür zu bieten, dass sie der Pflicht eines Ordners für einen störungsfreien Ablauf der Veranstaltung zu sorgen in dem erforderlichen Maße nachkommen. Die Ordner müssen volljährig sein und sind durch weiße Armbinden, die nur die Bezeichnung ‚Ordner' tragen dürfen, kenntlich zu machen.

Abs. 2. Kundgebung

(Anmerkung: damit ist im Gegensatz zum Aufzug unter Abs. 1. eine stationäre Versammlung gemeint)

Der Versammlungsort ist Rostock, Matrosendenkmal sowie die Fläche vor dem Fähranleger Kabutzenhof.

Die Versammlung findet in der Zeit von 15.00 – 22.00 Uhr statt.

Das Aufstellen einer Bühne in Form von 2 Lkw, von Informationsständen sowie von Catering-Ständen wird während der Versammlungszeit als notwendige Infrastruktur der öffentlichen Versammlung unter freiem Himmel gestattet.

F. Musterformulare und Musterbescheide

> Der Versammlungsleiter sowie der Stellvertreter hat während der gesamten Veranstaltung vor Ort zu sein und dafür Sorge zu tragen, dass die Veranstaltung den Vorschriften des Versammlungsgesetzes entsprechend ordnungsgemäß und friedlich abläuft.
>
> 4. Gemäß § 18 Abs. 2 VersammlG erhalten Sie die Erlaubnis, Ordner einzusetzen. Die Ordner müssen volljährig und ausschließlich durch weiße Armbinden, die nur die Bezeichnung ‚Ordner' tragen dürfen, kenntlich sein.
>
> Die Veranstaltung ist 22.00 Uhr als beendet zu erklären, wobei sich die Teilnehmer eigenständig vom Veranstaltungsort zu entfernen haben."

6. Anmeldebestätigung einer Versammlung mit Standardauflagen (Landratsamt Neuburg/Schrobenhausen, Bayern)

Wenn Sie die Absicht haben, eine ortsfeste oder sich fortbewegende öffentliche Versammlung unter freiem Himmel durchzuführen, müssen Sie diese rechtzeitig bei der zuständigen Behörde anzeigen. Die Anzeige wird im Regelfall von der Behörde bestätigt und kann, je nach den Umständen des Einzelfalls, mit Beschränkungen verbunden werden.

Beschreibung

Die Verfassung gewährt jedermann das Recht, öffentliche Versammlungen zu veranstalten und an solchen Versammlungen teilzunehmen. Deshalb ist weder für die Veranstaltung, noch für die Teilnahme an einer Versammlung die Erlaubnis einer Behörde erforderlich.

Öffentliche Versammlungen unter freiem Himmel finden jedoch auf öffentlich zugänglichen Straßen, Plätzen und Wegen statt, weshalb nach dem Bayerischen Versammlungsgesetz der zuständigen Versammlungsbehörde vorbehalten bleiben muss, etwa zum Schutz der Versammlungsteilnehmer und der Teilnehmer am allgemeinen Straßenverkehr Regelungen zu treffen.

Voraussetzung dafür ist die Information darüber, dass eine öffentliche Versammlung unter freiem Himmel als ortsfeste oder sich fortbewegende Versammlung stattfinden soll. Deshalb müssen Sie rechtzeitig bei der zuständigen Behörde (grundsätzlich Landratsamt bzw. kreisfreie Gemeinde; bei Eilversammlungen auch die Polizei) anzeigen, dass eine Versammlung unter freiem Himmel geplant ist und welche Durchführungsmodalitäten dafür vorgesehen sind (z. B. Ablauf, erwartete Teilnehmerzahl u.s.w.).

Sie erhalten daraufhin von der Behörde im Regelfall eine Anzeigebestätigung, die je nach den Umständen des Einzelfalls mit Beschränkungen verbunden sein kann.

Für Versammlungen in geschlossenen Räumen besteht hingegen keine Anzeigepflicht.

Auf das Waffen- und Uniformierungsverbot bei Versammlungen wird hingewiesen.

Voraussetzungen

Sie müssen eine Versammlung dann bei der zuständigen Behörde (Landratsamt, kreisfreie Gemeinde, in deren Bezirk die Versammlung stattfinden soll) anzeigen, wenn

- sie öffentlich ist, d. h., wenn jedermann die Möglichkeit hat sich daran zu beteiligen,
- sie außerhalb geschlossener Räume stattfinden soll (unerheblich ist, ob an einem festen Ort oder in Form einer sich von Ort A nach Ort B fortbewegenden Versammlung), und wenn
- zwei oder mehr Personen zu einer gemeinschaftlichen Erörterung oder Kundgebung zusammenkommen sollen, die überwiegend auf die Teilhabe an der öffentlichen Meinungsbildung gerichtet ist.

Keine anzeigepflichtigen Versammlungen sind daher im Regelfall kulturelle, wissenschaftliche, religiöse, sportliche oder gewerbliche öffentliche Veranstaltungen wie Theateraufführungen, Konzerte, Prozessionen, Straßenfeste, Flohmärkte etc. Für diese gelten andere Bestimmungen. Auch Arbeitskampfmaßnahmen. wie z. B. Streikposten vor Betrieben, sind grundsätzlich keine öffentlichen Versammlungen und damit in aller Regel auch nicht anzeigepflichtig.

Fristen

Eine solche Versammlung unter freiem Himmel ist nach dem Bayerischen Versammlungsgesetz 72 Stunden vor deren öffentlicher Bekanntgabe – nicht zu verwechseln mit dem Versammlungsbeginn – anzuzeigen. Bei überörtlichen Versammlungen – also solchen, die über das Gebiet eines Landkreises bzw. einer kreisfreien Gemeinde hinaus gehen (z. B. Fahrraddemonstration von München nach Freising) – muss die Anzeige 96 Stunden vor Bekanntgabe erfolgen.

Für sogenannte Eil- und Spontanversammlungen gelten besondere Regelungen.

Erforderliche Unterlagen

Anzeige für Versammlung

Kosten

Verwaltungsgebühren werden im Versammlungsrecht grundsätzlich nicht erhoben. Eine Gebührenpflicht besteht nur, wenn in begründeten Einzelfällen eine Ausnahme vom Waffenverbot bei Versammlungen (z. B. für Personenschützer) beantragt wird. Für diese Fälle ist ein Kostenrahmen von 15 € bis 200 € vorgesehen.

G. Gesetzestexte

Hinweis: Die nachfolgend abgedruckten Vorschriften können im Downloadbereich des Forums heruntergeladen werden:
http://forum-bayern.ordnungsrecht-direkt.de/downloads.php

I. Versammlungsgesetz des Bundes

Gesetz über Versammlungen und Aufzüge (Versammlungsgesetz)

in der Fassung der Bekanntmachung vom 15. November 1978 (BGBl. I S. 1789), zuletzt geändert durch Artikel 2 des Gesetzes vom 8. Dezember 2008 (BGBl. I S. 2366)

§ 1

(1) Jedermann hat das Recht, öffentliche Versammlungen und Aufzüge zu veranstalten und an solchen Veranstaltungen teilzunehmen.

(2) Dieses Recht hat nicht,

1. wer das Grundrecht der Versammlungsfreiheit gemäß Artikel 18 des Grundgesetzes verwirkt hat,
2. wer mit der Durchführung oder Teilnahme an einer solchen Veranstaltung die Ziele einer nach Artikel 21 Abs. 2 des Grundgesetzes durch das Bundesverfassungsgericht für verfassungswidrig erklärten Partei oder Teil- oder Ersatzorganisation einer Partei fördern will,
3. eine Partei, die nach Artikel 21 Abs. 2 des Grundgesetzes durch das Bundesverfassungsgericht für verfassungswidrig erklärt worden ist, oder
4. eine Vereinigung, die nach Artikel 9 Abs. 2 des Grundgesetzes verboten ist.

§ 2

(1) Wer zu einer öffentlichen Versammlung oder zu einem Aufzug öffentlich einlädt, muss als Veranstalter in der Einladung seinen Namen angeben.

(2) Bei öffentlichen Versammlungen und Aufzügen hat jedermann Störungen zu unterlassen, die bezwecken, die ordnungsmäßige Durchführung zu verhindern.

(3) Niemand darf bei öffentlichen Versammlungen oder Aufzügen Waffen oder sonstige Gegenstände, die ihrer Art nach zur Verletzung von Personen oder zur Beschädigung von Sachen geeignet und bestimmt sind, mit sich führen, ohne dazu behördlich ermächtigt zu sein. Ebenso ist es verboten, ohne behördliche Ermächtigung Waffen oder die in Satz 1 genannten Gegenstände auf dem Weg zu öffentlichen Versammlungen oder Aufzügen mit sich zu führen, zu derartigen Veranstal-

tungen hinzuschaffen oder sie zur Verwendung bei derartigen Veranstaltungen bereitzuhalten oder zu verteilen.

§ 3

(1) Es ist verboten, öffentlich oder in einer Versammlung Uniformen, Uniformteile oder gleichartige Kleidungsstücke als Ausdruck einer gemeinsamen politischen Gesinnung zu tragen.

(2) Jugendverbänden, die sich vorwiegend der Jugendpflege widmen, ist auf Antrag für ihre Mitglieder eine Ausnahmegenehmigung von dem Verbot des Absatzes 1 zu erteilen. Zuständig ist bei Jugendverbänden, deren erkennbare Organisation oder Tätigkeit sich über das Gebiet eines Landes hinaus erstreckt, der Bundesminister des Innern, sonst die oberste Landesbehörde. Die Entscheidung des Bundesministers des Innern ist im Bundesanzeiger und im Gemeinsamen Ministerialblatt, die der obersten Landesbehörden in ihren amtlichen Mitteilungsblättern bekannt zu machen.

§ 4

– *weggefallen* –

§ 5

Die Abhaltung einer Versammlung kann nur im Einzelfall und nur dann verboten werden, wenn

1. der Veranstalter unter die Vorschriften des § 1 Abs. 2 Nr. 1 bis 4 fällt, und im Falle der Nummer 4 das Verbot durch die zuständige Verwaltungsbehörde festgestellt worden ist,
2. der Veranstalter oder Leiter der Versammlung Teilnehmern Zutritt gewährt, die Waffen oder sonstige Gegenstände im Sinne von § 2 Abs. 3 mit sich führen,
3. Tatsachen festgestellt sind, aus denen sich ergibt, dass der Veranstalter oder sein Anhang einen gewalttätigen oder aufrührerischen Verlauf der Versammlung anstreben,
4. Tatsachen festgestellt sind, aus denen sich ergibt, dass der Veranstalter oder sein Anhang Ansichten vertreten oder Äußerungen dulden werden, die ein Verbrechen oder ein von Amts wegen zu verfolgendes Vergehen zum Gegenstand haben.

§ 6

(1) Bestimmte Personen oder Personenkreise können in der Einladung von der Teilnahme an einer Versammlung ausgeschlossen werden.

(2) Pressevertreter können nicht ausgeschlossen werden; sie haben sich dem Leiter der Versammlung gegenüber durch ihren Presseausweis ordnungsgemäß auszuweisen.

§ 7

(1) Jede öffentliche Versammlung muss einen Leiter haben.

(2) Leiter der Versammlung ist der Veranstalter. Wird die Versammlung von einer Vereinigung veranstaltet, so ist ihr Vorsitzender der Leiter.

(3) Der Veranstalter kann die Leitung einer anderen Person übertragen.

(4) Der Leiter übt das Hausrecht aus.

§ 8

Der Leiter bestimmt den Ablauf der Versammlung. Er hat während der Versammlung für Ordnung zu sorgen. Er kann die Versammlung jederzeit unterbrechen oder schließen. Er bestimmt, wann eine unterbrochene Versammlung fortgesetzt wird.

§ 9

(1) Der Leiter kann sich bei der Durchführung seiner Rechte aus § 8 der Hilfe einer angemessenen Zahl ehrenamtlicher Ordner bedienen. Diese dürfen keine Waffen oder sonstigen Gegenstände im Sinne von § 2 Abs. 3 mit sich führen, müssen volljährig und ausschließlich durch weiße Armbinden, die nur die Bezeichnung „Ordner" tragen dürfen, kenntlich sein.

(2) Der Leiter ist verpflichtet, die Zahl der von ihm bestellten Ordner der Polizei auf Anfordern mitzuteilen. Die Polizei kann die Zahl der Ordner angemessen beschränken.

§ 10

Alle Versammlungsteilnehmer sind verpflichtet, die zur Aufrechterhaltung der Ordnung getroffenen Anweisungen des Leiters oder der von ihm bestellten Ordner zu befolgen.

§ 11

(1) Der Leiter kann Teilnehmer, welche die Ordnung gröblich stören, von der Versammlung ausschließen.

(2) Wer aus der Versammlung ausgeschlossen wird, hat sie sofort zu verlassen.

§ 12

Werden Polizeibeamte in eine öffentliche Versammlung entsandt, so haben sie sich dem Leiter zu erkennen zu geben. Es muss ihnen ein angemessener Platz eingeräumt werden.

§ 12a

(1) Die Polizei darf Bild- und Tonaufnahmen von Teilnehmern bei oder im Zusammenhang mit öffentlichen Versammlungen nur anfertigen, wenn tatsächliche

Anhaltspunkte die Annahme rechtfertigen, dass von ihnen erhebliche Gefahren für die öffentliche Sicherheit oder Ordnung ausgehen. Die Maßnahmen dürfen auch durchgeführt werden, wenn Dritte unvermeidbar betroffen werden.

(2) Die Unterlagen sind nach Beendigung der öffentlichen Versammlung oder zeitlich und sachlich damit unmittelbar im Zusammenhang stehender Ereignisse unverzüglich zu vernichten, soweit sie nicht benötigt werden

1. für die Verfolgung von Straftaten von Teilnehmern oder
2. im Einzelfall zur Gefahrenabwehr, weil die betroffene Person verdächtig ist, Straftaten bei oder im Zusammenhang mit der öffentlichen Versammlung vorbereitet oder begangen zu haben, und deshalb zu besorgen ist, dass von ihr erhebliche Gefahren für künftige öffentliche Versammlungen oder Aufzüge ausgehen.

Unterlagen, die aus den in Satz 1 Nr. 2 aufgeführten Gründen nicht vernichtet wurden, sind in jedem Fall spätestens nach Ablauf von drei Jahren seit ihrer Entstehung zu vernichten, es sei denn, sie würden inzwischen zu dem in Satz 1 Nr. 1 aufgeführten Zweck benötigt.

(3) Die Befugnisse zur Erhebung personenbezogener Informationen nach Maßgabe der Strafprozessordnung und des Gesetzes über Ordnungswidrigkeiten bleiben unberührt.

§ 13

(1) Die Polizei (§ 12) kann die Versammlung nur dann und unter Angabe des Grundes auflösen, wenn

1. der Veranstalter unter die Vorschriften des § 1 Abs. 2 Nr. 1 bis 4 fällt, und im Falle der Nummer 4 das Verbot durch die zuständige Verwaltungsbehörde festgestellt worden ist,
2. die Versammlung einen gewalttätigen oder aufrührerischen Verlauf nimmt oder unmittelbare Gefahr für Leben und Gesundheit der Teilnehmer besteht,
3. der Leiter Personen, die Waffen oder sonstige Gegenstände im Sinne von § 2 Abs. 3 mit sich führen, nicht sofort ausschließt und für die Durchführung des Ausschlusses sorgt,
4. durch den Verlauf der Versammlung gegen Strafgesetze verstoßen wird, die ein Verbrechen oder von Amts wegen zu verfolgendes Vergehen zum Gegenstand haben, oder wenn in der Versammlung zu solchen Straftaten aufgefordert oder angereizt wird und der Leiter dies nicht unverzüglich unterbindet.

In den Fällen der Nummern 2 bis 4 ist die Auflösung nur zulässig, wenn andere polizeiliche Maßnahmen, insbesondere eine Unterbrechung, nicht ausreichen.

(2) Sobald eine Versammlung für aufgelöst erklärt ist, haben alle Teilnehmer sich sofort zu entfernen.

§ 14

(1) Wer die Absicht hat, eine öffentliche Versammlung unter freiem Himmel oder einen Aufzug zu veranstalten, hat dies spätestens 48 Stunden vor der Bekanntgabe der zuständigen Behörde unter Angabe des Gegenstandes der Versammlung oder des Aufzuges anzumelden.

(2) In der Anmeldung ist anzugeben, welche Person für die Leitung der Versammlung oder des Aufzuges verantwortlich sein soll.

§ 15

(1) Die zuständige Behörde kann die Versammlung oder den Aufzug verbieten oder von bestimmten Auflagen abhängig machen, wenn nach den zur Zeit des Erlasses der Verfügung erkennbaren Umständen die öffentliche Sicherheit oder Ordnung bei Durchführung der Versammlung oder des Aufzuges unmittelbar gefährdet ist.

(2) Eine Versammlung oder ein Aufzug kann insbesondere verboten oder von bestimmten Auflagen abhängig gemacht werden, wenn

1. die Versammlung oder der Aufzug an einem Ort stattfindet, der als Gedenkstätte von historisch herausragender, überregionaler Bedeutung an die Opfer der menschenunwürdigen Behandlung unter der nationalsozialistischen Gewalt- und Willkürherrschaft erinnert, und
2. nach den zur Zeit des Erlasses der Verfügung konkret feststellbaren Umständen zu besorgen ist, dass durch die Versammlung oder den Aufzug die Würde der Opfer beeinträchtigt wird.

Das Denkmal für die ermordeten Juden Europas in Berlin ist ein Ort nach Satz 1 Nr. 1. Seine Abgrenzung ergibt sich aus der Anlage zu diesem Gesetz. Andere Orte nach Satz 1 Nr. 1 und deren Abgrenzung werden durch Landesgesetz bestimmt.

(3) Sie kann eine Versammlung oder einen Aufzug auflösen, wenn sie nicht angemeldet sind, wenn von den Angaben der Anmeldung abgewichen oder den Auflagen zuwidergehandelt wird oder wenn die Voraussetzungen zu einem Verbot nach Absatz 1 oder 2 gegeben sind.

(4) Eine verbotene Veranstaltung ist aufzulösen.

§ 16

(1) Öffentliche Versammlungen unter freiem Himmel und Aufzüge sind innerhalb des befriedeten Bannkreises der Gesetzgebungsorgane oder der Länder verboten. Ebenso ist es verboten, zu öffentlichen Versammlungen unter freiem Himmel oder Aufzügen nach Satz 1 aufzufordern.

(2) Die befriedeten Bannkreise für die Gesetzgebungsorgane der Länder werden durch Landesgesetze bestimmt.

(3) Das Weitere regeln die Bannmeilengesetze der Länder.

§ 17

Die §§ 14 bis 16 gelten nicht für Gottesdienste unter freiem Himmel, kirchliche Prozessionen, Bittgänge und Wallfahrten, gewöhnliche Leichenbegängnisse, Züge von Hochzeitsgesellschaften und hergebrachte Volksfeste.

§ 17 a

(1) Es ist verboten, bei öffentlichen Versammlungen unter freiem Himmel, Aufzügen oder sonstigen öffentlichen Veranstaltungen unter freiem Himmel oder auf dem Weg dorthin Schutzwaffen oder Gegenstände, die als Schutzwaffen geeignet und den Umständen nach dazu bestimmt sind, Vollstreckungsmaßnahmen eines Trägers von Hoheitsbefugnissen abzuwehren, mit sich zu führen.

(2) Es ist auch verboten,

1. an derartigen Veranstaltungen in einer Aufmachung, die geeignet und den Umständen nach darauf gerichtet ist, die Feststellung der Identität zu verhindern, teilzunehmen oder den Weg zu derartigen Veranstaltungen in einer solchen Aufmachung zurückzulegen.
2. bei derartigen Veranstaltungen oder auf dem Weg dorthin Gegenstände mit sich zu führen, die geeignet und den Umständen nach dazu bestimmt sind, die Feststellung der Identität zu verhindern.

(3) Die Absätze 1 und 2 gelten nicht, wenn es sich um Veranstaltungen im Sinne des § 17 handelt. Die zuständige Behörde kann weitere Ausnahmen von den Verboten der Absätze 1 und 2 zulassen, wenn eine Gefährdung der öffentlichen Sicherheit oder Ordnung nicht zu besorgen ist.

(4) Die zuständige Behörde kann zur Durchsetzung der Verbote der Absätze 1 und 2 Anordnungen treffen. Sie kann insbesondere Personen, die diesen Verboten zuwiderhandeln, von der Veranstaltung ausschließen.

§ 18

(1) Für Versammlungen unter freiem Himmel sind § 7 Abs. 1, §§ 8, 9 Abs. 1, §§ 10, 11 Abs. 2, §§ 12 und 13 Abs. 2 entsprechend anzuwenden.

(2) Die Verwendung von Ordnern bedarf polizeilicher Genehmigung. Sie ist bei der Anmeldung zu beantragen.

(3) Die Polizei kann Teilnehmer, welche die Ordnung gröblich stören, von der Versammlung ausschließen.

§ 19

(1) Der Leiter des Aufzuges hat für den ordnungsmäßigen Ablauf zu sorgen. Er kann sich der Hilfe ehrenamtlicher Ordner bedienen, für welche § 9 Abs. 1 und § 18 gelten.

(2) Die Teilnehmer sind verpflichtet, die zur Aufrechterhaltung der Ordnung getroffenen Anordnungen des Leiters oder der von ihm bestellten Ordner zu befolgen.

(3) Vermag der Leiter sich nicht durchzusetzen, so ist er verpflichtet, den Aufzug für beendet zu erklären.

(4) Die Polizei kann Teilnehmer, welche die Ordnung gröblich stören, von dem Aufzug ausschließen.

§ 19 a

Für Bild- und Tonaufnahmen durch die Polizei bei Versammlungen unter freiem Himmel und Aufzügen gilt § 12a.

§ 20

Das Grundrecht des Artikels 8 des Grundgesetzes wird durch die Bestimmungen dieses Abschnitts eingeschränkt.

§ 21

Wer in der Absicht, nichtverbotene Versammlungen oder Aufzüge zu verhindern oder zu sprengen oder sonst ihre Durchführung zu vereiteln, Gewalttätigkeiten vornimmt oder androht oder grobe Störungen verursacht, wird mit Freiheitsstrafe bis zu drei Jahren oder mit Geldstrafe bestraft.

§ 22

Wer bei einer öffentlichen Versammlung oder einem Aufzug dem Leiter oder einem Ordner in der rechtmäßigen Ausübung seiner Ordnungsbefugnisse mit Gewalt oder Drohung mit Gewalt Widerstand leistet oder ihn während der rechtmäßigen Ausübung seiner Ordnungsbefugnisse tätlich angreift, wird mit Freiheitsstrafe bis zu einem Jahr oder mit Geldstrafe bestraft.

§ 23

Wer öffentlich, in einer Versammlung oder durch Verbreiten von Schriften, Ton- oder Bildträgern, Abbildungen oder anderen Darstellungen zur Teilnahme an einer öffentlichen Versammlung oder einem Aufzug auffordert, nachdem die Durchführung durch ein vollziehbares Verbot untersagt oder die Auflösung angeordnet worden ist, wird mit Freiheitsstrafe bis zu einem Jahr oder mit Geldstrafe bestraft.

§ 24

Wer als Leiter einer öffentlichen Versammlung oder eines Aufzuges Ordner verwendet, die Waffen oder sonstige Gegenstände, die ihrer Art nach zur Verletzung von Personen oder Beschädigung von Sachen geeignet und bestimmt sind, mit sich führen, wird mit Freiheitsstrafe bis zu einem Jahr oder mit Geldstrafe bestraft.

§ 25

Wer als Leiter einer öffentlichen Versammlung unter freiem Himmel oder eines Aufzuges

1. die Versammlung oder den Aufzug wesentlich anders durchführt, als die Veranstalter bei der Anmeldung angegeben haben, oder
2. Auflagen nach § 15 Abs. 1 oder 2 nicht nachkommt,

wird mit Freiheitsstrafe bis zu sechs Monaten oder mit Geldstrafe bis zu einhundertachtzig Tagessätzen bestraft.

§ 26

Wer als Veranstalter oder Leiter

1. eine öffentliche Versammlung oder einen Aufzug trotz vollziehbaren Verbots durchführt oder trotz Auflösung oder Unterbrechung durch die Polizei fortsetzt oder
2. eine öffentliche Versammlung unter freiem Himmel oder einen Aufzug ohne Anmeldung (§ 14) durchführt, wird mit Freiheitsstrafe bis zu einem Jahr oder mit Geldstrafe bestraft.

§ 27

(1) Wer bei öffentlichen Versammlungen oder Aufzügen Waffen oder sonstige Gegenstände, die ihrer Art nach zur Verletzung von Personen oder Beschädigung von Sachen geeignet und bestimmt sind, mit sich führt, ohne dazu behördlich ermächtigt zu sein, wird mit Freiheitsstrafe bis zu einem Jahr oder mit Geldstrafe bestraft. Ebenso wird bestraft, wer ohne behördliche Ermächtigung Waffen oder sonstige Gegenstände im Sinne des Satzes 1 auf dem Weg zu öffentlichen Versammlungen oder Aufzügen mit sich führt, zu derartigen Veranstaltungen hinschafft oder sie zur Verwendung bei derartigen Veranstaltungen bereithält oder verteilt.

(2) Wer

1. entgegen § 17a Abs. 1 bei öffentlichen Versammlungen unter freiem Himmel, Aufzügen oder sonstigen öffentlichen Veranstaltungen unter freiem Himmel oder auf dem Weg dorthin Schutzwaffen oder Gegenstände, die als Schutzwaffen geeignet und den Umständen nach dazu bestimmt sind, Vollstreckungsmaßnahmen eines Trägers von Hoheitsbefugnissen abzuwehren, mit sich führt,
2. entgegen § 17a Abs. 2 Nr. 1 an derartigen Veranstaltungen in einer Aufmachung, die geeignet und den Umständen nach darauf gerichtet ist, die Feststellung der Identität zu verhindern, teilnimmt oder den Weg zu derartigen Veranstaltungen in einer solchen Aufmachung zurücklegt oder
3. sich im Anschluss an oder sonst im Zusammenhang mit derartigen Veranstaltungen mit anderen zusammenrottet und dabei
    a) Waffen oder sonstige Gegenstände, die ihrer Art nach zur Verletzung von Personen oder Beschädigung von Sachen geeignet und bestimmt sind, mit sich führt,

b) Schutzwaffen oder sonstige in Nummer 1 bezeichnete Gegenstände mit sich führt oder
c) in der in Nummer 2 bezeichneten Weise aufgemacht ist,

wird mit Freiheitsstrafe bis zu einem Jahr oder mit Geldstrafe bestraft.

§ 28

Wer der Vorschrift des § 3 zuwiderhandelt, wird mit Freiheitsstrafe bis zu zwei Jahren oder mit Geldstrafe bestraft.

§ 29

(1) Ordnungswidrig handelt, wer

1. an einer öffentlichen Versammlung oder einem Aufzug teilnimmt, deren Durchführung durch vollziehbares Verbot untersagt ist,
1a. entgegen § 17a Abs. 2 Nr. 2 bei einer öffentlichen Versammlung unter freiem Himmel, einem Aufzug oder einer sonstigen öffentlichen Veranstaltung unter freiem Himmel oder auf dem Weg dorthin Gegenstände, die geeignet und den Umständen nach dazu bestimmt sind, die Feststellung der Identität zu verhindern, mit sich führt.
2. sich trotz Auflösung einer öffentlichen Versammlung oder eines Aufzuges durch die zuständige Behörde nicht unverzüglich entfernt,
3. als Teilnehmer einer öffentlichen Versammlung unter freiem Himmel oder eines Aufzuges einer vollziehbaren Auflage nach § 15 Abs. 1 oder 2 nicht nachkommt,
4. trotz wiederholter Zurechtweisung durch den Leiter oder einen Ordner fortfährt, den Ablauf einer öffentlichen Versammlung oder eines Aufzuges zu stören,
5. sich nicht unverzüglich nach seiner Ausschließung aus einer öffentlichen Versammlung oder einem Aufzug entfernt,
6. der Aufforderung der Polizei, die Zahl der von ihm bestellten Ordner mitzuteilen, nicht nachkommt oder eine unrichtige Zahl mitteilt (§ 9 Abs. 2),
7. als Leiter oder Veranstalter einer öffentlichen Versammlung oder eines Aufzuges eine größere Zahl von Ordnern verwendet, als die Polizei zugelassen oder genehmigt hat (§ 9 Abs. 2, § 18 Abs. 2), oder Ordner verwendet, die anders gekennzeichnet sind, als es nach § 9 Abs. 1 zulässig ist, oder
8. als Leiter den in eine öffentliche Versammlung entsandten Polizeibeamten die Anwesenheit verweigert oder ihnen keinen angemessenen Platz einräumt.

(2) Die Ordnungswidrigkeit kann in den Fällen des Absatzes 1 Nr. 1 bis 5 mit einer Geldbuße bis tausend Deutsche Mark und in den Fällen des Absatzes 1 Nr. 6 bis 8 mit einer Geldbuße bis zu fünftausend Deutsche Mark geahndet werden.

§ 29a

(1) Ordnungswidrig handelt, wer entgegen § 16 Abs. 1 an einer öffentlichen Versammlung unter freiem Himmel oder an einem Aufzug teilnimmt oder zu einer

öffentlichen Versammlung unter freiem Himmel oder zu einem Aufzug auffordert.

(2) Die Ordnungswidrigkeit kann mit einer Geldbuße bis zu dreißigtausend Deutsche Mark geahndet werden.

§ 30

Gegenstände, auf die sich eine Straftat nach § 27 oder § 28 oder eine Ordnungswidrigkeit nach § 29 Abs. 1 Nr. 1a oder 3 bezieht, können eingezogen werden. § 74a des Strafgesetzbuches und § 23 des Gesetzes über Ordnungswidrigkeiten sind anzuwenden.

§ 31

(Aufhebungsvorschriften)

§ 32

(gegenstandslose Berlin-Klausel)

§ 33

(In-Kraft-Treten)

Anlage (zu § 15 Abs. 2)

Die Abgrenzung des Ortes nach § 15 Abs. 2 Satz 2 (Denkmal für die ermordeten Juden Europas) umfasst das Gebiet der Bundeshauptstadt Berlin, das umgrenzt wird durch die Ebertstraße, zwischen der Straße In den Ministergärten bzw. Lennéstraße und der Umfahrung Platz des 18. März, einschließlich des unbefestigten Grünflächenbereichs Ebertpromenade und des Bereichs der unbefestigten Grünfläche im Bereich des J.-W.-von-Goethe-Denkmals, die Behrenstraße, zwischen Ebertstraße und Wilhelmstraße, die Cora-Berliner-Straße, die Gertrud-Kolmar-Straße, nördlich der Einmündung der Straße In den Ministergärten, die Hannah-Arendt-Straße, einschließlich der Verlängerung zur Wilhelmstraße. Die genannten Umgrenzungslinien sind einschließlich der Fahrbahnen, Gehwege und aller sonstigen zum Betreten oder Befahren bestimmten öffentlichen Flächen Bestandteil des Gebiets.

II. Versammlungsgesetz des Freistaates Bayern
Bayerisches Versammlungsgesetz (BayVersG)

vom 22. Juli 2008 (GVBl S. 421) – zuletzt geändert durch § 1 des Gesetzes vom 22. April 2010 (GVBl S. 190)

Der Landtag des Freistaates Bayern hat das folgende Gesetz beschlossen, das hiermit bekannt gemacht wird:

Art. 1
Grundsatz

(1) Jedermann hat das Recht, sich friedlich und ohne Waffen öffentlich mit anderen zu versammeln.

(2) Dieses Recht hat nicht,
1. wer das Grundrecht der Versammlungsfreiheit gemäß Art. 18 des Grundgesetzes verwirkt hat,
2. wer mit der Durchführung oder Teilnahme an einer Versammlung die Ziele einer nach Art. 21 Abs. 2 des Grundgesetzes für verfassungswidrig erklärten Partei oder Teil- oder Ersatzorganisation einer Partei fördern will,
3. eine Partei, die nach Art. 21 Abs. 2 des Grundgesetzes für verfassungswidrig erklärt worden ist, oder
4. eine Vereinigung, die nach Art. 9 Abs. 2 des Grundgesetzes oder nach dem Vereinsgesetz verboten ist.

Art. 2
Begriffsbestimmungen, Anwendungsbereich

(1) Eine Versammlung ist eine Zusammenkunft von mindestens zwei Personen zur gemeinschaftlichen, überwiegend auf die Teilhabe an der öffentlichen Meinungsbildung gerichteten Erörterung oder Kundgebung.

(2) Eine Versammlung ist öffentlich, wenn die Teilnahme nicht auf einen individuell feststehenden Personenkreis beschränkt ist.

(3) Soweit nichts anderes bestimmt ist, gilt dieses Gesetz nur für öffentliche Versammlungen.

Art. 3
Versammlungsleitung

(1) ¹Der Veranstalter leitet die Versammlung. ²Er kann die Leitung einer natürlichen Person übertragen.

(2) Veranstaltet eine Vereinigung die Versammlung, ist Leiter die Person, die den Vorsitz der Vereinigung führt, es sei denn, der Veranstalter hat die Leitung nach Abs. 1 Satz 2 auf eine andere natürliche Person übertragen.

(3) Abs. 1 und 2 gelten nicht für Spontanversammlungen nach Art. 13 Abs. 4.

Art. 4
Leitungsrechte und -pflichten

(1) Der Leiter

1. bestimmt den Ablauf der Versammlung, insbesondere durch Erteilung und Entziehung des Worts,
2. hat während der Versammlung für Ordnung zu sorgen,
3. kann die Versammlung jederzeit schließen und
4. muss während der Versammlung anwesend sein.

(2) [1]Der Leiter kann sich zur Erfüllung seiner Aufgaben der Hilfe einer angemessenen Anzahl volljähriger Ordner bedienen. [2]Die Ordner müssen weiße Armbinden mit der Aufschrift „Ordner" oder „Ordnerin" tragen; zusätzliche Kennzeichnungen sind nicht zulässig. [3]Der Leiter darf keine Ordner einsetzen, die Waffen oder sonstige Gegenstände mit sich führen, die ihrer Art nach geeignet und den Umständen nach dazu bestimmt sind, Personen zu verletzen oder Sachen zu beschädigen.

(3) [1]Polizeibeamte haben das Recht auf Zugang und auf einen angemessenen Platz
1. bei Versammlungen unter freiem Himmel, wenn dies zur polizeilichen Aufgabenerfüllung erforderlich ist,
2. bei Versammlungen in geschlossenen Räumen, wenn tatsächliche Anhaltspunkte für die Begehung von Straftaten vorliegen oder eine erhebliche Gefahr für die öffentliche Sicherheit zu besorgen ist.

[2]Polizeibeamte haben sich dem Leiter zu erkennen zu geben; bei Versammlungen unter freiem Himmel genügt es, wenn dies die polizeiliche Einsatzleitung tut.

Art. 5
Pflichten der teilnehmenden Personen

(1) Personen, die an der Versammlung teilnehmen, haben die zur Aufrechterhaltung der Ordnung getroffenen Anweisungen des Leiters oder der Ordner zu befolgen.

(2) Wer aus der Versammlung ausgeschlossen wird, hat sie unverzüglich zu verlassen.

(3) Wird eine Versammlung aufgelöst, haben sich alle teilnehmenden Personen unverzüglich zu entfernen.

Art. 6
Waffenverbot

Es ist verboten, Waffen oder sonstige Gegenstände, die ihrer Art nach zur Verletzung von Personen oder zur Beschädigung von Sachen geeignet und den Umständen nach dazu bestimmt sind, ohne Erlaubnis der zuständigen Behörde
1. bei Versammlungen mit sich zu führen oder
2. auf dem Weg zu Versammlungen mit sich zu führen, zu Versammlungen hinzuschaffen oder sie zur Verwendung bei Versammlungen bereitzuhalten oder zu verteilen.

Art. 7
Uniformierungs- und Militanzverbot

Es ist verboten,

1. in einer öffentlichen oder nichtöffentlichen Versammlung Uniformen, Uniformteile oder gleichartige Kleidungsstücke als Ausdruck einer gemeinsamen politischen Gesinnung zu tragen oder
2. an einer öffentlichen oder nichtöffentlichen Versammlung in einer Art und Weise teilzunehmen, die dazu beiträgt, dass die Versammlung oder ein Teil hiervon nach dem äußeren Erscheinungsbild paramilitärisch geprägt wird,

sofern dadurch eine einschüchternde Wirkung entsteht.

Art. 8
Störungsverbot, Aufrufverbot

(1) Störungen, die bezwecken, die ordnungsgemäße Durchführung öffentlicher oder nichtöffentlicher Versammlungen zu verhindern, sind verboten.

(2) Es ist insbesondere verboten,

1. in der Absicht, nicht verbotene öffentliche oder nichtöffentliche Versammlungen zu verhindern oder zu sprengen oder sonst ihre Durchführung zu vereiteln, Gewalttätigkeiten vorzunehmen oder anzudrohen oder erhebliche Störungen zu verursachen oder
2. bei einer öffentlichen Versammlung dem Leiter oder den Ordnern in der rechtmäßigen Erfüllung ihrer Ordnungsaufgaben mit Gewalt oder Drohung mit Gewalt Widerstand zu leisten oder sie während der Ausübung ihrer Ordnungsaufgaben tätlich anzugreifen.

(3) Es ist verboten, öffentlich, in einer öffentlichen oder nichtöffentlichen Versammlung, im Internet oder durch Verbreiten von Schriften, Ton- oder Bildträgern, Datenspeichern, Abbildungen oder anderen Darstellungen zur Teilnahme an einer Versammlung aufzufordern, deren Durchführung durch ein vollziehbares Verbot untersagt oder deren vollziehbare Auflösung angeordnet worden ist.

Art. 9
Bild- und Tonaufnahmen oder -aufzeichnungen

(1) [1]Die Polizei darf bei oder im Zusammenhang mit Versammlungen Bild- und Tonaufnahmen oder -aufzeichnungen von Teilnehmern nur offen und nur dann anfertigen, wenn tatsächliche Anhaltspunkte die Annahme rechtfertigen, dass von ihnen erhebliche Gefahren für die öffentliche Sicherheit oder Ordnung ausgehen. [2]Die Maßnahmen dürfen auch durchgeführt werden, wenn Dritte unvermeidbar betroffen werden.

(2) [1]Die Polizei darf Übersichtsaufnahmen von Versammlungen unter freiem Himmel und ihrem Umfeld zur Lenkung und Leitung des Polizeieinsatzes nur offen und

nur dann anfertigen, wenn dies wegen der Größe oder Unübersichtlichkeit der Versammlung im Einzelfall erforderlich ist. ²Übersichtsaufnahmen dürfen aufgezeichnet werden, soweit Tatsachen die Annahme rechtfertigen, dass von Versammlungen, von Teilen hiervon oder ihrem Umfeld erhebliche Gefahren für die öffentliche Sicherheit oder Ordnung ausgehen. ³Die Identifizierung einer auf den Übersichtsaufnahmen oder -aufzeichnungen abgebildeten Person ist nur zulässig, soweit die Voraussetzungen nach Abs. 1 vorliegen.

(3) ¹Die nach Abs. 1 oder 2 angefertigten Bild-, Ton- und Übersichtsaufzeichnungen sind nach Beendigung der Versammlung unverzüglich auszuwerten und spätestens innerhalb von zwei Monaten zu löschen, soweit sie nicht benötigt werden

1. zur Verfolgung von Straftaten bei oder im Zusammenhang mit der Versammlung oder
2. im Einzelfall zur Gefahrenabwehr, weil die betroffene Person verdächtig ist, Straftaten bei oder im Zusammenhang mit der Versammlung vorbereitet oder begangen zu haben, und deshalb zu besorgen ist, dass von dieser Person erhebliche Gefahren für künftige Versammlungen ausgehen.

²Soweit die Identifizierung von Personen auf Bild-, Ton- und Übersichtsaufzeichnungen für Zwecke nach Satz 1 Nr. 2 nicht erforderlich ist, ist sie technisch unumkehrbar auszuschließen. ³Bild-, Ton- und Übersichtsaufzeichnungen, die aus den in Satz 1 Nr. 2 genannten Gründen nicht gelöscht wurden, sind spätestens nach Ablauf von sechs Monaten seit ihrer Entstehung zu löschen, es sei denn, sie werden inzwischen zur Verfolgung von Straftaten nach Satz 1 Nr. 1 benötigt.

(4) ¹Soweit Übersichtsaufzeichnungen nach Abs. 2 Satz 2 zur polizeilichen Aus- und Fortbildung benötigt werden, ist hierzu eine eigene Fassung herzustellen, die eine Identifizierung der darauf abgebildeten Personen unumkehrbar ausschließt. ²Sie darf nicht für andere Zwecke genutzt werden. ³Die Herstellung einer eigenen Fassung für Zwecke der polizeilichen Aus- und Fortbildung ist nur zulässig, solange die Aufzeichnung nicht nach Abs. 3 zu löschen ist.

(5) ¹Die Gründe für die Anfertigung von Bild-, Ton- und Übersichtsaufzeichnungen nach Abs. 1 und 2 und für ihre Verwendung nach Abs. 3 Satz 1 Nrn. 1 und 2 sind zu dokumentieren. ²Werden von Übersichtsaufzeichnungen eigene Fassungen nach Abs. 4 Satz 1 hergestellt, sind die Notwendigkeit für die polizeiliche Aus- und Fortbildung, die Anzahl der hergestellten Fassungen sowie der Ort der Aufbewahrung zu dokumentieren.

(6) Die Befugnisse zur Erhebung personenbezogener Daten nach Maßgabe der Strafprozessordnung und des Gesetzes über Ordnungswidrigkeiten bleiben unberührt.

Art. 10
Veranstalterrechte und -pflichten

(1) Bestimmte Personen oder Personenkreise können in der Einladung von der Teilnahme an der Versammlung ausgeschlossen werden.

(2) ¹Pressevertreter können nicht ausgeschlossen werden. ²Sie haben sich gegenüber dem Leiter oder gegenüber den Ordnern als Pressevertreter auszuweisen.

(3) ¹Der Veranstalter hat der zuständigen Behörde auf Anforderung Familiennamen, Vornamen, Geburtsnamen und Anschrift (persönliche Daten) des Leiters mitzuteilen, wenn Tatsachen die Annahme rechtfertigen, dass dieser die Friedlichkeit der Versammlung gefährdet. ²Die zuständige Behörde kann den Leiter ablehnen, wenn die Voraussetzungen nach Satz 1 vorliegen.

(4) ¹Der Veranstalter hat der zuständigen Behörde auf Anforderung die persönlichen Daten eines Ordners im Sinn des Abs. 3 Satz 1 mitzuteilen, wenn Tatsachen die Annahme rechtfertigen, dass dieser die Friedlichkeit der Versammlung gefährdet. ²Die zuständige Behörde kann den Ordner ablehnen, wenn die Voraussetzungen nach Satz 1 vorliegen.

(5) Die zuständige Behörde kann dem Veranstalter aufgeben, die Anzahl der Ordner zu erhöhen, wenn ohne die Erhöhung eine Gefahr für die öffentliche Sicherheit zu besorgen ist.

Art. 11
Ausschluss von Störern, Hausrecht

(1) Der Leiter kann teilnehmende Personen, die die Ordnung erheblich stören, von der Versammlung ausschließen.

(2) Der Leiter übt das Hausrecht aus.

Art. 12
Beschränkungen, Verbote, Auflösung

(1) Die zuständige Behörde kann die Durchführung einer Versammlung in geschlossenen Räumen beschränken oder verbieten, wenn

1. der Veranstalter eine der Voraussetzungen des Art. 1 Abs. 2 erfüllt,
2. Tatsachen festgestellt sind, aus denen sich ergibt, dass der Veranstalter oder der Leiter Personen Zutritt gewähren wird, die Waffen oder sonstige Gegenstände im Sinn des Art. 6 mit sich führen,
3. Tatsachen festgestellt sind, aus denen sich ergibt, dass der Veranstalter oder sein Anhang einen gewalttätigen Verlauf der Versammlung anstrebt, oder
4. Tatsachen festgestellt sind, aus denen sich ergibt, dass der Veranstalter oder sein Anhang Ansichten vertreten oder Äußerungen dulden wird, die ein Verbrechen oder ein von Amts wegen zu verfolgendes Vergehen zum Gegenstand haben.

(2) ¹Nach Versammlungsbeginn kann die zuständige Behörde die Versammlung unter Angabe des Grundes beschränken oder auflösen, wenn

1. der Veranstalter eine der Voraussetzungen des Art. 1 Abs. 2 erfüllt,
2. die Versammlung einen gewalttätigen Verlauf nimmt oder eine unmittelbare Gefahr für Leben oder Gesundheit der teilnehmenden Personen besteht,

3. der Leiter Personen, die Waffen oder sonstige Gegenstände im Sinn des Art. 6 mit sich führen, nicht sofort ausschließt und nicht für die Durchführung des Ausschlusses sorgt, oder
4. durch den Verlauf der Versammlung gegen Strafgesetze verstoßen wird, die ein Verbrechen oder ein von Amts wegen zu verfolgendes Vergehen zum Gegenstand haben, oder wenn in der Versammlung zu solchen Straftaten aufgefordert oder angereizt wird und der Leiter dies nicht unverzüglich unterbindet.

²In den Fällen von Satz 1 Nrn. 2 bis 4 ist die Auflösung nur zulässig, wenn andere Maßnahmen der zuständigen Behörde, insbesondere eine Unterbrechung, nicht ausreichen.

Art. 13
Anzeige- und Mitteilungspflicht

(1) ¹Wer eine Versammlung unter freiem Himmel veranstalten will, hat dies der zuständigen Behörde spätestens 48 Stunden vor ihrer Bekanntgabe fernmündlich, schriftlich, elektronisch oder zur Niederschrift anzuzeigen. ²Bei der Berechnung der Frist bleiben Samstage, Sonn- und Feiertage außer Betracht. ³Bei einer fernmündlichen Anzeige kann die zuständige Behörde verlangen, die Anzeige schriftlich, elektronisch oder zur Niederschrift unverzüglich nachzuholen. ⁴Eine Anzeige ist frühestens zwei Jahre vor dem beabsichtigten Versammlungsbeginn möglich. ⁵Bekanntgabe einer Versammlung ist die Mitteilung des Veranstalters von Ort, Zeit und Thema der Versammlung an einen bestimmten oder unbestimmten Personenkreis.

(2) ¹In der Anzeige sind anzugeben
1. der Ort der Versammlung,
2. der Zeitpunkt des beabsichtigten Beginns und des beabsichtigten Endes der Versammlung,
3. das Versammlungsthema,
4. der Veranstalter und der Leiter mit ihren persönlichen Daten im Sinn des Art. 10 Abs. 3 Satz 1 sowie
5. bei sich fortbewegenden Versammlungen der beabsichtigte Streckenverlauf.

²Der Veranstalter hat wesentliche Änderungen der Angaben nach Satz 1 der zuständigen Behörde unverzüglich mitzuteilen.

(3) Entsteht der Anlass für eine geplante Versammlung kurzfristig (Eilversammlung), ist die Versammlung spätestens mit der Bekanntgabe fernmündlich, schriftlich, elektronisch oder zur Niederschrift bei der zuständigen Behörde oder bei der Polizei anzuzeigen.

(4) Die Anzeigepflicht entfällt, wenn sich die Versammlung aus einem unmittelbaren Anlass ungeplant und ohne Veranstalter entwickelt (Spontanversammlung).

(5) Die zuständige Behörde kann den Leiter ablehnen, wenn Tatsachen die Annahme rechtfertigen, dass dieser die Friedlichkeit der Versammlung gefährdet.

(6) ¹Der Veranstalter hat der zuständigen Behörde auf Anforderung die persönlichen Daten eines Ordners im Sinn des Art. 10 Abs. 3 Satz 1 mitzuteilen, wenn Tatsachen die Annahme rechtfertigen, dass dieser die Friedlichkeit der Versammlung gefährdet. ²Die zuständige Behörde kann den Ordner ablehnen, wenn die Voraussetzungen nach Satz 1 vorliegen.

(7) Die zuständige Behörde kann dem Veranstalter aufgeben, die Anzahl der Ordner zu erhöhen, wenn ohne die Erhöhung eine Gefahr für die öffentliche Sicherheit zu besorgen ist.

Art. 14
Zusammenarbeit

(1) ¹Die zuständige Behörde soll dem Veranstalter Gelegenheit geben, mit ihr die Einzelheiten der Durchführung der Versammlung zu erörtern. ²Der Veranstalter ist zur Mitwirkung nicht verpflichtet.

(2) Die zuständige Behörde kann bei Maßnahmen nach Art. 15 berücksichtigen, inwieweit der Veranstalter oder der Leiter nach Abs. 1 mit ihr zusammenarbeiten.

Art. 15
Beschränkungen, Verbote, Auflösung

(1) Die zuständige Behörde kann eine Versammlung beschränken oder verbieten, wenn nach den zur Zeit des Erlasses der Verfügung erkennbaren Umständen die öffentliche Sicherheit oder Ordnung bei Durchführung der Versammlung unmittelbar gefährdet ist oder ein Fall des Art. 12 Abs. 1 vorliegt.

(2) Die zuständige Behörde kann eine Versammlung insbesondere dann beschränken oder verbieten, wenn nach den zur Zeit des Erlasses der Verfügung erkennbaren Umständen
1. die Versammlung an einem Tag oder Ort stattfinden soll, dem ein an die nationalsozialistische Gewalt- und Willkürherrschaft erinnernder Sinngehalt mit gewichtiger Symbolkraft zukommt, und durch sie
   a) eine Beeinträchtigung der Würde der Opfer zu besorgen ist,
      oder
   b) die unmittelbare Gefahr einer erheblichen Verletzung grundlegender sozialer oder ethischer Anschauungen besteht oder
2. durch die Versammlung die nationalsozialistische Gewalt- und Willkürherrschaft gebilligt, verherrlicht, gerechtfertigt oder verharmlost wird, auch durch das Gedenken an führende Repräsentanten des Nationalsozialismus, und dadurch die unmittelbare Gefahr einer Beeinträchtigung der Würde der Opfer besteht.

(3) Maßnahmen nach Abs. 1 oder 2 sind rechtzeitig vor Versammlungsbeginn zu treffen.

(4) Nach Versammlungsbeginn kann die zuständige Behörde eine Versammlung beschränken oder auflösen, wenn die Voraussetzungen für eine Beschränkung oder

ein Verbot nach Abs. 1 oder 2 vorliegen oder gerichtlichen Beschränkungen zuwidergehandelt wird.

(5) Die zuständige Behörde kann teilnehmende Personen, die die Ordnung erheblich stören, von der Versammlung ausschließen.

(6) Eine verbotene Versammlung ist aufzulösen.

Art. 16
Schutzwaffen- und Vermummungsverbot

(1) Es ist verboten, bei Versammlungen oder sonstigen öffentlichen Veranstaltungen unter freiem Himmel oder auf dem Weg dorthin Schutzwaffen oder Gegenstände mit sich zu führen, die als Schutzwaffen geeignet und den Umständen nach dazu bestimmt sind, Vollstreckungsmaßnahmen eines Trägers von Hoheitsbefugnissen abzuwehren.

(2) Es ist auch verboten,

1. an derartigen Veranstaltungen in einer Aufmachung teilzunehmen, die geeignet und den Umständen nach darauf gerichtet ist, die Feststellung der Identität zu verhindern, oder den Weg zu derartigen Veranstaltungen in einer solchen Aufmachung zurückzulegen,
2. bei derartigen Veranstaltungen oder auf dem Weg dorthin Gegenstände mit sich zu führen, die geeignet und den Umständen nach dazu bestimmt sind, die Feststellung der Identität zu verhindern, oder
3. sich im Anschluss an oder sonst im Zusammenhang mit derartigen Veranstaltungen mit anderen zu einem gemeinschaftlichen friedensstörenden Handeln zusammenzuschließen und dabei
   a) Waffen oder sonstige Gegenstände, die ihrer Art nach zur Verletzung von Personen oder Beschädigung von Sachen geeignet und den Umständen nach dazu bestimmt sind, mit sich zu führen,
   b) Schutzwaffen oder sonstige in Nr. 2 bezeichnete Gegenstände mit sich zu führen oder
   c) in einer in Nr. 1 bezeichneten Aufmachung aufzutreten.

(3) Die zuständige Behörde kann Ausnahmen von den Verboten nach Abs. 1 und 2 zulassen, wenn eine Gefährdung der öffentlichen Sicherheit oder Ordnung nicht zu besorgen ist.

(4) Abs. 1 und 2 gelten nicht für Gottesdienste unter freiem Himmel, kirchliche Prozessionen, Bittgänge und Wallfahrten, gewöhnliche Leichenbegängnisse, Züge von Hochzeitsgesellschaften und hergebrachte Volksfeste.

(5) Die zuständige Behörde kann Personen, die den Verboten nach Abs. 1 und 2 zuwiderhandeln, von der Versammlung ausschließen.

Art. 17
Befriedeter Bezirk

¹Für den Landtag des Freistaates Bayern wird ein befriedeter Bezirk gebildet. ²Der befriedete Bezirk um das Landtagsgebäude umfasst das nachfolgend umgrenzte Gebiet der Landeshauptstadt München: Max-Weber-Platz, Innere Wiener Straße, Wiener Platz, Innere Wiener Straße, Am Gasteig, Ludwigsbrücke, Westufer der Isar, Prinzregentenbrücke, südliches Rondell am Friedensengel, Prinzregentenstraße, Ismaninger Straße, Max-Weber-Platz. ³Die angeführten Straßen und Plätze sind nicht Teil des befriedeten Bezirks.

Art. 18
Schutz des Landtags

¹Versammlungen unter freiem Himmel sind innerhalb des befriedeten Bezirks verboten. ²Ebenso ist es verboten, zu Versammlungen nach Satz 1 aufzufordern.

Art. 19
Zulassung von Versammlungen

(1) Nicht verbotene Versammlungen unter freiem Himmel können innerhalb des befriedeten Bezirks zugelassen werden.

(2) ¹Anträge auf Zulassung von Versammlungen nach Abs. 1 sind spätestens sieben Tage vor der Bekanntgabe schriftlich, elektronisch oder zur Niederschrift beim Staatsministerium des Innern einzureichen. ²Art. 13 Abs. 2 und ³ gelten entsprechend.

(3) Über Anträge auf Zulassung entscheidet das Staatsministerium des Innern im Einvernehmen mit dem Präsidenten des Landtags.

(4) Durch die Zulassung werden die übrigen Vorschriften dieses Gesetzes, insbesondere Art. 13 bis 15 , nicht berührt.

Art. 20
Strafvorschriften

(1) Mit Freiheitsstrafe bis zu zwei Jahren oder mit Geldstrafe wird bestraft, wer
1. entgegen Art. 6 eine Waffe oder einen sonstigen Gegenstand der dort bezeichneten Art mit sich führt, zu einer Versammlung hinschafft, bereithält oder verteilt,
2. entgegen Art. 8 Abs. 2 Nr. 1 Gewalttätigkeiten vornimmt oder androht oder eine erhebliche Störung verursacht oder
3. entgegen Art. 16 Abs. 2 Nr. 3 Buchst. a sich mit anderen zu einem gemeinschaftlichen friedensstörenden Handeln zusammenschließt und dabei Waffen oder sonstige Gegenstände der dort bezeichneten Art mit sich führt.

G. Gesetzestexte

(2) Mit Freiheitsstrafe bis zu einem Jahr oder mit Geldstrafe wird bestraft, wer
1. entgegen Art. 4 Abs. 2 Satz 3 Ordner verwendet,
2. entgegen Art. 8 Abs. 2 Nr. 2 einer dort genannten Person Widerstand leistet oder sie tätlich angreift,
3. entgegen Art. 8 Abs. 3 oder Art. 18 Satz 2 zur Teilnahme an einer Versammlung auffordert,
4. als Veranstalter oder als Leiter einer vollziehbaren Anordnung nach Art. 12 Abs. 1 oder 2 Satz 1 , Art. 15 Abs. 1 , 2 oder 4 oder einer gerichtlichen Beschränkung zuwiderhandelt,
5. entgegen Art. 16 Abs. 2 Nr. 3 sich mit anderen zu einem gemeinschaftlichen friedensstörenden Handeln zusammenschließt und dabei den in Art. 16 Abs. 2 Nr. 3 Buchst. b oder c bezeichneten Verboten zuwiderhandelt.

Art. 21
Bußgeldvorschriften

(1) Mit Geldbuße bis zu dreitausend Euro kann belegt werden, wer

1. als Leiter entgegen Art. 4 Abs. 3 Satz 1 Polizeibeamten keinen Zugang oder keinen angemessenen Platz einräumt,
2. entgegen Art. 7 Nr. 1 eine Uniform, ein Uniformteil oder ein gleichartiges Kleidungsstück trägt,
3. entgegen Art. 10 Abs. 2 Satz 1 Pressevertreter ausschließt,
4. als Veranstalter Personen als Leiter der Versammlung einsetzt, die von der zuständigen Behörde nach Art. 10 Abs. 3 Satz 2 oder Art. 13 Abs. 5 abgelehnt wurden,
5. als Veranstalter Ordner einsetzt, die von der zuständigen Behörde nach Art. 10 Abs. 4 Satz 2 oder nach Art. 13 Abs. 6 Satz 2 abgelehnt wurden,
6. einer vollziehbaren Anordnung nach Art. 12 Abs. 1 oder 2 Satz 1 , Art. 15 Abs. 1 , 2 oder 4 oder einer gerichtlichen Beschränkung zuwiderhandelt,
7. als Veranstalter oder als Leiter eine Versammlung unter freiem Himmel ohne Anzeige nach Art. 13 Abs. 1 Satz 1 oder Abs. 3 durchführt, ohne dass die Voraussetzungen nach Art. 13 Abs. 4 vorliegen,
8. entgegen Art. 16 Abs. 1 eine Schutzwaffe oder einen Gegenstand mit sich führt,
9. entgegen Art. 16 Abs. 2 Nr. 1 an einer Versammlung teilnimmt oder den Weg zu einer Versammlung zurücklegt oder
10. entgegen Art. 18 Satz 1 an einer dort genannten Versammlung teilnimmt.

(2) Mit Geldbuße bis zu fünfhundert Euro kann belegt werden, wer

1. als Leiter Ordner einsetzt, die anders gekennzeichnet sind, als es nach Art. 4 Abs. 2 Satz 2 zulässig ist,
2. entgegen Art. 5 Abs. 2 die Versammlung nicht unverzüglich verlässt,
3. entgegen Art. 5 Abs. 3 sich nicht unverzüglich entfernt,
4. trotz wiederholter Zurechtweisung durch den Leiter oder einen Ordner fortfährt, entgegen Art. 8 Abs. 1 eine Versammlung zu stören,

5. als Veranstalter entgegen Art. 10 Abs. 3 Satz 1 persönliche Daten nicht oder nicht richtig mitteilt,
6. entgegen Art. 13 Abs. 2 Satz 2 eine Mitteilung nicht macht oder
7. entgegen Art. 16 Abs. 2 Nr. 2 einen Gegenstand mit sich führt.

Art. 22
Einziehung

¹Gegenstände, auf die sich eine Straftat nach Art. 20 oder eine Ordnungswidrigkeit nach Art. 21 Abs. 1 Nr. 6 oder 10 oder nach Art. 21 Abs. 2 Nr. 4 oder 7 bezieht, können eingezogen werden. ²§ 74 a des Strafgesetzbuchs und § 23 des Gesetzes über Ordnungswidrigkeiten sind anzuwenden.

Art. 23
Einschränkung von Grundrechten

Die Grundrechte der Versammlungsfreiheit (Art. 8 Abs. 1 des Grundgesetzes , Art. 113 der Verfassung) und der Meinungsfreiheit (Art. 5 Abs. 1 Satz 1 des Grundgesetzes , Art. 110 Abs. 1 Satz 1 der Verfassung) werden nach Maßgabe dieses Gesetzes eingeschränkt.

Art. 24
Zuständigkeiten

(1) Polizei im Sinn dieses Gesetzes ist die Polizei im Sinn des Art. 1 PAG .

(2) ¹Zuständige Behörden im Sinn dieses Gesetzes sind die Kreisverwaltungsbehörden, ab Beginn der Versammlung die Polizei. ²In unaufschiebbaren Fällen kann die Polizei auch an Stelle der Kreisverwaltungsbehörde Maßnahmen treffen.

(3) ¹Bei Versammlungen unter freiem Himmel, die über das Gebiet einer Kreisverwaltungsbehörde hinaus gehen (überörtliche Versammlungen), genügt der Veranstalter seiner Anzeigepflicht, wenn er die Versammlung gegenüber einer zuständigen Kreisverwaltungsbehörde anzeigt. ²Dies gilt nicht bei Eilversammlungen nach Art. 13 Abs. 3 . ³Die Kreisverwaltungsbehörde unterrichtet unverzüglich die übrigen betroffenen Kreisverwaltungsbehörden und die Regierung; berührt die Versammlung mehrere Regierungsbezirke, unterrichtet sie das Staatsministerium des Innern.

(4) ¹Bei überörtlichen Versammlungen kann die Regierung bestimmen, dass eine der nach Abs. 2 Satz 1 zuständigen Kreisverwaltungsbehörden im Benehmen mit den übrigen über Verfügungen nach Art. 6 , 13 Abs. 1 Satz 3 , Abs. 5 bis 7 , Art. 15 und 16 Abs. 3 entscheidet. ²Bei überörtlichen Versammlungen, die mehrere Regierungsbezirke berühren, kann das Staatsministerium des Innern diese Bestimmung treffen.

Art. 25
Keine aufschiebende Wirkung der Klage

Klagen gegen Entscheidungen nach diesem Gesetz haben keine aufschiebende Wirkung.

Art. 26
Kosten

Mit Ausnahme von Entscheidungen über Erlaubnisse nach Art. 6 sind Amtshandlungen nach diesem Gesetz kostenfrei.

Art. 27
Folgeänderungen anderer Rechtsvorschriften

(1) Das Gesetz über die Aufgaben und Befugnisse der Bayerischen Staatlichen Polizei (Polizeiaufgabengesetz – PAG) in der Fassung der Bekanntmachung vom 14. September 1990 (GVBl S. 397, BayRS 2012-1-1-I), zuletzt geändert durch Gesetz vom 8. Juli 2008 (GVBl S. 365), wird wie folgt geändert:

1. In Art. 13 Abs. 1 Nr. 4 werden die Worte „§ 27 des Versammlungsgesetzes" durch die Worte „Art. 20 Abs. 1 Nrn. 1 und 3, Abs. 2 Nrn. 10 bis 12 des Bayerischen Versammlungsgesetzes (BayVersG)" ersetzt.
2. In Art. 32 Abs. 5 werden die Worte „gelten die §§ 12 a und 19 a des Versammlungsgesetzes" durch die Worte „gilt Art. 9 BayVersG" ersetzt.
3. Art. 74 wird wie folgt geändert:
   a) Nach dem Wort „Person" werden ein Komma und das Wort „Versammlungsfreiheit" eingefügt,
   b) Nach den Worten „Art. 2 Abs. 2 Sätze 1 und 2," werden die Worte „Art. 8 Abs. 1" und ein Komma eingefügt.
   c) Nach den Worten „Art. 112 Abs. 1" werden ein Komma und die Worte „Art. 113" eingefügt.

(2) Das Gesetz über das Landesstrafrecht und das Verordnungsrecht auf dem Gebiet der öffentlichen Sicherheit und Ordnung - Landesstraf- und Verordnungsgesetz – LStVG - (BayRS 2011-2-I), zuletzt geändert durch Gesetz vom 8. Juli 2008 (GVBl S. 364), wird wie folgt geändert:

1. In das Inhaltsverzeichnis wird folgender Art. 23 a eingefügt:
   „Art. 23 a Uniform- und politisches Kennzeichenverbot".
2. in Art. 23 Abs. 1 Satz 2 wird vor dem Wort „Versammlungsgesetzes" das Wort „Bayerischen" eingefügt.
3. Es wird folgender Art. 23 a eingefügt:
   „Art. 23 a
   Uniform- und politisches Kennzeichenverbot
   Mit Geldbuße bis zu dreitausend Euro kann belegt werden, wer außerhalb von Versammlungen öffentlich Uniformen, Uniformteile oder gleichartige Kleidungsstücke als Ausdruck einer politischen Gesinnung trägt, sofern damit eine einschüchternde Wirkung verbunden ist,"

4. Art. 58 Satz 1 wird wie folgt geändert:
   a) Nach dem Wort „Person" werden ein Komma und die Worte „der Versammlungsfreiheit," eingefügt.
   b) Nach den Worten „Art. 2 Abs. 2," werden die Worte „Art. 8 Abs. 1" und ein Komma eingefügt.
   c) Nach den Worten „106 Abs. 3" werden ein Komma und die Worte „Art. 113" eingefügt.

Art. 28
Inkrafttreten, Außerkrafttreten, Übergangsregelung

(1) ¹Dieses Gesetz tritt am 1. Oktober 2008 in Kraft. ²Es ersetzt nach Art. 125a Abs. 1 Satz 2 des Grundgesetzes das Gesetz über Versammlungen und Aufzüge (Versammlungsgesetz) in der Fassung der Bekanntmachung vom 15. November 1978 (BGBl. I S. 1789), zuletzt geändert durch Art. 1 des Gesetzes vom 24. März 2005 (BGBl. I S. 969). ³Mit Ablauf des 30. September 2008 treten außer Kraft:

1. das Gesetz über die Befriedung des Landtagsgebäudes vom 7. März 1952 (BayRS 2180-5-I),
2. die Verordnung zur Durchführung des Gesetzes über die Befriedung des Landtagsgebäudes vom 30. April 1969 (BayRS 2180-5-1-I) und
3. das Gesetz zur Ausführung des Versammlungsgesetzes (AGVersammlG) vom 15. Juli 1957 (BayRS 2180-4-I).

(2) Für Einladungen zu Versammlungen in geschlossenen Räumen und Anmeldungen zu Versammlungen unter freiem Himmel, die vor Inkrafttreten dieses Gesetzes erfolgten, gelten abweichend von Abs. 1 Satz 2 § 2 Abs. 1 und § 14 Abs. 1 des Versammlungsgesetzes , sofern die Versammlungen innerhalb eines Jahres nach Inkrafttreten dieses Gesetzes stattfinden.

III. Versammlungsgesetz des Freistaates Sachsen

Sächsisches Versammlungsgesetz (SächsVersG)

vom 20. Januar 2010 (SächsGVBl. S. 3)

§ 1

(1) Jedermann hat das Recht, öffentliche Versammlungen und Aufzüge zu veranstalten und an solchen Veranstaltungen teilzunehmen.

(2) Dieses Recht hat nicht,

1. wer das Grundrecht der Versammlungsfreiheit gemäß Artikel 18 des Grundgesetzes verwirkt hat,
2. wer mit der Durchführung oder Teilnahme an einer solchen Veranstaltung die Ziele einer nach Artikel 21 Abs. 2 des Grundgesetzes durch das Bundesverfassungsgericht für verfassungswidrig erklärten Partei oder Teil- oder Ersatzorganisation einer Partei fördern will,

3. eine Partei, die nach Artikel 21 Abs. 2 des Grundgesetzes durch das Bundesverfassungsgericht für verfassungswidrig erklärt worden ist, oder
4. eine Vereinigung, die nach Artikel 9 Abs. 2 des Grundgesetzes verboten ist.

§ 2

(1) Wer zu einer öffentlichen Versammlung oder zu einem Aufzug öffentlich einlädt, muss als Veranstalter in der Einladung seinen Namen angeben.

(2) Bei öffentlichen Versammlungen und Aufzügen hat jedermann Störungen zu unterlassen, die bezwecken, die ordnungsgemäße Durchführung zu verhindern.

(3) Niemand darf bei öffentlichen Versammlungen oder Aufzügen Waffen oder sonstige Gegenstände, die ihrer Art nach zur Verletzung von Personen oder zur Beschädigung von Sachen geeignet und bestimmt sind, mit sich führen, ohne dazu behördlich ermächtigt zu sein. Ebenso ist es verboten, ohne behördliche Ermächtigung Waffen oder die in Satz 1 genannten Gegenstände auf dem Weg zu öffentlichen Versammlungen oder Aufzügen mit sich zu führen, zu derartigen Veranstaltungen hinzuschaffen oder sie zur Verwendung bei derartigen Veranstaltungen bereitzuhalten oder zu verteilen.

§ 3

(1) Es ist verboten, öffentlich oder in einer Versammlung Uniformen, Uniformteile oder gleichartige Kleidungsstücke als Ausdruck einer gemeinsamen politischen Gesinnung zu tragen.

(2) Jugendverbänden, die sich vorwiegend der Jugendpflege widmen, ist auf Antrag für ihre Mitglieder eine Ausnahmegenehmigung von dem Verbot des Absatzes 1 zu erteilen. Zuständig ist bei Jugendverbänden, deren erkennbare Organisation oder Tätigkeit sich über das Gebiet eines Landes hinaus erstreckt, der Bundesminister des Innern, sonst die oberste Landesbehörde. Die Entscheidung des Bundesministers des Innern ist im Bundesanzeiger und im Gemeinsamen Ministerialblatt, die der obersten Landesbehörden in ihren amtlichen Mitteilungsblättern bekanntzumachen.

§ 4

– *aufgehoben* –

§ 5

Die Abhaltung einer Versammlung kann nur im Einzelfall und nur dann verboten werden, wenn

1. der Veranstalter unter die Vorschriften des § 1 Abs. 2 Nr. 1 bis 4 fällt, und im Falle der Nummer 4 das Verbot durch die zuständige Verwaltungsbehörde festgestellt worden ist,
2. der Veranstalter oder Leiter der Versammlung Teilnehmern Zutritt gewährt, die Waffen oder sonstige Gegenstände im Sinne von § 2 Abs. 3 mit sich führen,

3. Tatsachen festgestellt sind, aus denen sich ergibt, dass der Veranstalter oder sein Anhang einen gewalttätigen oder aufrührerischen Verlauf der Versammlung anstreben,
4. Tatsachen festgestellt sind, aus denen sich ergibt, dass der Veranstalter oder sein Anhang Ansichten vertreten oder Äußerungen dulden werden, die ein Verbrechen oder ein von Amts wegen zu verfolgendes Vergehen zum Gegenstand haben.

§ 6

(1) Bestimmte Personen oder Personenkreise können in der Einladung von der Teilnahme an einer Versammlung ausgeschlossen werden.

(2) Pressevertreter können nicht ausgeschlossen werden; sie haben sich dem Leiter der Versammlung gegenüber durch ihren Presseausweis ordnungsgemäß auszuweisen.

§ 7

(1) Jede öffentliche Versammlung muss einen Leiter haben.

(2) Leiter der Versammlung ist der Veranstalter. Wird die Versammlung von einer Vereinigung veranstaltet, so ist ihr Vorsitzender der Leiter.

(3) Der Veranstalter kann die Leitung einer anderen Person übertragen.

(4) Der Leiter übt das Hausrecht aus.

§ 8

Der Leiter bestimmt den Ablauf der Versammlung. Er hat während der Versammlung für Ordnung zu sorgen. Er kann die Versammlung jederzeit unterbrechen oder schließen. Er bestimmt, wann eine unterbrochene Versammlung fortgesetzt wird.

§ 9

(1) Der Leiter kann sich bei der Durchführung seiner Rechte aus § 8 der Hilfe einer angemessenen Zahl ehrenamtlicher Ordner bedienen. Diese dürfen keine Waffen oder sonstigen Gegenstände im Sinne vom § 2 Abs. 3 mit sich führen, müssen volljährig und ausschließlich durch weiße Armbinden, die nur die Bezeichnung „Ordner" tragen dürfen, kenntlich sein.

(2) Der Leiter ist verpflichtet, die Zahl der von ihm bestellten Ordner der Polizei auf Anfordern mitzuteilen. Die Polizei kann die Zahl der Ordner angemessen beschränken.

§ 10

Alle Versammlungsteilnehmer sind verpflichtet, die zur Aufrechterhaltung der Ordnung getroffenen Anweisungen des Leiters oder der von ihm bestellten Ordner zu befolgen.

§ 11

(1) Der Leiter kann Teilnehmer, welche die Ordnung gröblich stören, von der Versammlung ausschließen.

(2) Wer aus der Versammlung ausgeschlossen wird, hat sie sofort zu verlassen.

§ 12

Werden Polizeibeamte in eine öffentliche Versammlung entsandt, so haben sie sich dem Leiter zu erkennen zu geben. Es muss ihnen ein angemessener Platz eingeräumt werden.

§ 12a

(1) Die Polizei darf Bild- und Tonaufnahmen von Teilnehmern bei oder im Zusammenhang mit öffentlichen Versammlungen nur anfertigen, wenn tatsächliche Anhaltspunkte die Annahme rechtfertigen, dass von ihnen erhebliche Gefahren für die öffentliche Sicherheit oder Ordnung ausgehen. Die Maßnahmen dürfen auch durchgeführt werden, wenn Dritte unvermeidbar betroffen werden.

(2) Die Unterlagen sind nach Beendigung der öffentlichen Versammlung oder zeitlich und sachlich damit unmittelbar im Zusammenhang stehender Ereignisse unverzüglich zu vernichten, soweit sie nicht benötigt werden

1. für die Verfolgung von Straftaten von Teilnehmern oder
2. im Einzelfall zur Gefahrenabwehr, weil die betroffene Person verdächtigt ist, Straftaten bei oder im Zusammenhang mit der öffentlichen Versammlung vorbereitet oder begangen zu haben, und deshalb zu besorgen ist, dass von ihr erhebliche Gefahren für künftige öffentliche Versammlungen oder Aufzüge ausgehen.

Unterlagen, die aus den in Satz 1 Nr. 2 aufgeführten Gründen nicht vernichtet wurden, sind in jedem Fall spätestens nach Ablauf von drei Jahren seit ihrer Entstehung zu vernichten, es sei denn, sie würden inzwischen zu dem in Satz 1 Nr. 1 aufgeführten Zweck benötigt.

(3) Die Befugnisse zur Erhebung personenbezogener Informationen nach Maßgabe der Strafprozessordnung und des Gesetzes über Ordnungswidrigkeiten bleiben unberührt.

§ 13

(1) Die Polizei (§ 12) kann die Versammlung nur dann und unter Angabe des Grundes auflösen, wenn

1. der Veranstalter unter die Vorschriften des § 1 Abs. 2 Nr. 1 bis 4 fällt, und im Falle der Nummer 4 das Verbot durch die zuständige Verwaltungsbehörde festgestellt worden ist,
2. die Versammlung einen gewalttätigen oder aufrührerischen Verlauf nimmt oder unmittelbare Gefahr für Leben und Gesundheit der Teilnehmer besteht,

3. der Leiter Personen, die Waffen oder sonstige Gegenstände im Sinne von § 2 Abs. 3 mit sich führen, nicht sofort ausschließt und für die Durchführung des Ausschlusses sorgt,
4. durch den Verlauf der Versammlung gegen Strafgesetze verstoßen wird, die ein Verbrechen oder von Amts wegen zu verfolgendes Vergehen zum Gegenstand haben, oder wenn in der Versammlung zu solchen Straftaten aufgefordert oder angereizt wird und der Leiter dies nicht unverzüglich unterbindet.

In den Fällen der Nummern 2 bis 4 ist die Auflösung nur zulässig, wenn andere polizeiliche Maßnahmen, insbesondere eine Unterbrechung, nicht ausreichen.

(2) Sobald eine Versammlung für aufgelöst erklärt ist, haben alle Teilnehmer sich sofort zu entfernen.

§ 14

(1) Wer die Absicht hat, eine öffentliche Versammlung unter freiem Himmel oder einen Aufzug zu veranstalten, hat dies spätestens 48 Stunden vor der Bekanntgabe der zuständigen Behörde unter Angabe des Gegenstandes der Versammlung oder des Aufzuges anzumelden.

(2) In der Anmeldung ist anzugeben, welche Person für die Leitung der Versammlung oder des Aufzuges verantwortlich sein soll.

§ 15

(1) Die zuständige Behörde kann die Versammlung oder den Aufzug verbieten oder von bestimmten Auflagen abhängig machen, wenn nach den zur Zeit des Erlasses der Verfügung erkennbaren Umständen die öffentliche Sicherheit oder Ordnung bei Durchführung der Versammlung oder des Aufzuges unmittelbar gefährdet ist. Eine Gefährdung im Sinne von Satz 1 ist insbesondere zu besorgen, wenn in der Vergangenheit vergleichbare Versammlungen oder Aufzüge zu einer solchen Gefährdung oder Störung geführt haben und

1. diese einen konkreten Bezug zu der Versammlung oder dem Aufzug aufweisen oder
2. besondere tatsächliche Umstände die Annahme rechtfertigen, dass die Versammlung oder der Aufzug in gleicher Weise zu einer Gefährdung führen wird.

(2) Eine Versammlung oder ein Aufzug kann insbesondere verboten oder von bestimmten Auflagen abhängig gemacht werden, wenn

1. die Versammlung oder der Aufzug an einem Ort von historisch herausragender Bedeutung stattfindet, der an
    a) Menschen, die unter der nationalsozialistischen oder der kommunistischen Gewaltherrschaft Opfer menschenunwürdiger Behandlung waren,
    b) Menschen, die Widerstand gegen die nationalsozialistische oder kommunistische Gewaltherrschaft geleistet haben, oder
    c) die Opfer eines Krieges

erinnert und
2. nach den zur Zeit des Erlasses der Verfügung konkret feststellbaren Umständen zu besorgen ist, dass durch die Versammlung oder den Aufzug die Würde von Personen im Sinne der Nummer 1 beeinträchtigt wird. Dies ist insbesondere der Fall, wenn die Versammlung oder der Aufzug
   a) die Gewaltherrschaft, das durch sie begangene Unrecht oder die Verantwortung des nationalsozialistischen Regimes für den Zweiten Weltkrieg und dessen Folgen leugnet, verharmlost oder gegen die Verantwortung anderer aufrechnet,
   b) Organe oder Vertreter der nationalsozialistischen oder kommunistischen Gewaltherrschaft als vorbildlich oder ehrenhaft darstellt oder
   c) gegen Aussöhnung oder Verständigung zwischen den Völkern auftritt.

Das Völkerschlachtdenkmal in Leipzig, die Frauenkirche mit dem Neumarkt in Dresden sowie am 13. und 14. Februar darüber hinaus auch die nördliche Altstadt und die südliche innere Neustadt in Dresden sind Orte nach Satz 1 Nr. 1. Ihre Abgrenzung ergibt sich aus der Anlage zu diesem Gesetz.

(3) Die zuständige Behörde kann eine Versammlung oder einen Aufzug auflösen, wenn die Versammlung oder der Aufzug nicht angemeldet ist, wenn von den Angaben der Anmeldung abgewichen oder den Auflagen zuwidergehandelt wird oder wenn die Voraussetzungen zu einem Verbot nach Absatz 1 oder 2 gegeben sind.

(4) Verbotene Versammlungen und Aufzüge sind aufzulösen.

§ 16

– *aufgehoben* –

§ 17

Die §§ 14 bis 16 gelten nicht für Gottesdienste unter freiem Himmel, kirchliche Prozessionen, Bittgänge und Wallfahrten, gewöhnliche Leichenbegängnisse, Züge von Hochzeitsgesellschaften und hergebrachte Volksfeste.

§ 17a

(1) Es ist verboten, bei öffentlichen Versammlungen unter freiem Himmel, Aufzügen oder sonstigen öffentlichen Veranstaltungen unter freiem Himmel oder auf dem Weg dorthin Schutzwaffen oder Gegenstände, die als Schutzwaffen geeignet und den Umständen nach dazu bestimmt sind, Vollstreckungsmaßnahmen eines Trägers von Hoheitsbefugnissen abzuwehren, mit sich zu führen.

(2) Es ist auch verboten,
1. an derartigen Veranstaltungen in einer Aufmachung, die geeignet und den Umständen nach darauf gerichtet ist, die Feststellung der Identität zu verhindern, teilzunehmen oder den Weg zu derartigen Veranstaltungen in einer solchen Aufmachung zurückzulegen,

2. bei derartigen Veranstaltungen oder auf dem Weg dorthin Gegenstände mit sich zu führen, die geeignet und den Umständen nach dazu bestimmt sind, die Feststellung der Identität zu verhindern.

(3) Absätze 1 und 2 gelten nicht, wenn es sich um Veranstaltungen im Sinne des § 17 handelt. Die zuständige Behörde kann weitere Ausnahmen von den Verboten der Absätze 1 und 2 zulassen, wenn eine Gefährdung der öffentlichen Sicherheit oder Ordnung nicht zu besorgen ist.

(4) Die zuständige Behörde kann zur Durchsetzung der Verbote der Absätze 1 und 2 Anordnungen treffen. Sie kann insbesondere Personen, die diesen Verboten zuwiderhandeln, von der Veranstaltung ausschließen.

§ 18

(1) Für Versammlungen unter freiem Himmel sind § 7 Abs. 1, §§ 8, 9 Abs. 1, §§ 10, 11 Abs. 2, §§ 12 und 13 Abs. 2 entsprechend anzuwenden.

(2) Die Verwendung von Ordnern bedarf polizeilicher Genehmigung. Sie ist bei der Anmeldung zu beantragen.

(3) Die Polizei kann Teilnehmer, welche die Ordnung gröblich stören, von der Versammlung ausschließen.

§ 19

(1) Der Leiter des Aufzuges hat für den ordnungsmäßigen Ablauf zu sorgen. Er kann sich der Hilfe ehrenamtlicher Ordner bedienen, für welche § 9 Abs. 1 und § 18 gelten.

(2) Die Teilnehmer sind verpflichtet, die zur Aufrechterhaltung der Ordnung getroffenen Anordnungen des Leiters oder der von ihm bestellten Ordner zu befolgen.

(3) Vermag der Leiter sich nicht durchzusetzen, so ist er verpflichtet, den Aufzug für beendet zu erklären.

(4) Die Polizei kann Teilnehmer, welche die Ordnung gröblich stören, von dem Aufzug ausschließen.

§ 19a

Für Bild- und Tonaufnahmen durch die Polizei bei Versammlungen unter freiem Himmel und Aufzügen gilt § 12a.

§ 20

Das Grundrecht auf Versammlungsfreiheit (Artikel 8 Abs. 1 des Grundgesetzes und Artikel 23 Abs. 1 der Verfassung des Freistaates Sachsen), das Grundrecht auf informationelle Selbstbestimmung (Artikel 2 Abs. 1 in Verbindung mit Artikel 1 Abs. 1 des Grundgesetzes) sowie das Grundrecht auf Datenschutz (Artikel 33 der Verfassung des Freistaates Sachsen) werden durch die Bestimmungen dieses Abschnitts eingeschränkt.

§ 21

Wer in der Absicht, nicht verbotene Versammlungen oder Aufzüge zu verhindern oder zu sprengen oder sonst ihre Durchführung zu vereiteln, Gewalttätigkeiten vornimmt oder androht oder grobe Störungen verursacht, wird mit Freiheitsstrafe bis zu zwei Jahren oder mit Geldstrafe bestraft.

§ 22

Wer bei einer öffentlichen Versammlung oder einem Aufzug dem Leiter oder einem Ordner in der rechtmäßigen Ausübung seiner Ordnungsbefugnisse mit Gewalt oder Drohung mit Gewalt Widerstand leistet oder ihn während der rechtmäßigen Ausübung seiner Ordnungsbefugnisse tätlich angreift, wird mit Freiheitsstrafe bis zu einem Jahr oder mit Geldstrafe bestraft.

§ 23

Wer öffentlich, in einer Versammlung oder durch Verbreiten von Schriften, Ton- oder Bildträgern, Abbildungen oder anderen Darstellungen zur Teilnahme an einer öffentlichen Versammlung oder einem Aufzug auffordert, nachdem die Durchführung durch ein vollziehbares Verbot untersagt oder die Auflösung angeordnet worden ist, wird mit Freiheitsstrafe bis zu einem Jahr oder mit Geldstrafe bestraft.

§ 24

Wer als Leiter einer öffentlichen Versammlung oder eines Aufzuges Ordner verwendet, die Waffen oder sonstige Gegenstände, die ihrer Art nach zur Verletzung von Personen oder Beschädigung von Sachen geeignet und bestimmt sind, mit sich führen, wird mit Freiheitsstrafe bis zu einem Jahr oder mit Geldstrafe bestraft.

§ 25

Wer als Leiter einer öffentlichen Versammlung unter freiem Himmel oder eines Aufzuges

1. die Versammlung oder den Aufzug wesentlich anders durchführt, als die Veranstalter bei der Anmeldung angegeben haben, oder
2. Auflagen nach § 15 Abs. 1 oder 2 nicht nachkommt,

wird mit Freiheitsstrafe bis zu sechs Monaten oder mit Geldstrafe bis zu einhundertachtzig Tagessätzen bestraft.

§ 26

Wer als Veranstalter oder Leiter

1. eine öffentliche Versammlung oder einen Aufzug trotz vollziehbaren Verbots durchführt oder trotz Auflösung oder Unterbrechung durch die Polizei fortsetzt oder
2. eine öffentliche Versammlung unter freiem Himmel oder einen Aufzug ohne Anmeldung (§ 14) durchführt,

wird mit Freiheitsstrafe bis zu einem Jahr oder mit Geldstrafe bestraft.

§ 27

(1) Wer bei öffentlichen Versammlungen oder Aufzügen Waffen oder sonstige Gegenstände, die ihrer Art nach zur Verletzung von Personen oder Beschädigung von Sachen geeignet und bestimmt sind, mit sich führt, ohne dazu behördlich ermächtigt zu sein, wird mit Freiheitsstrafe bis zu einem Jahr oder mit Geldstrafe bestraft. Ebenso wird bestraft, wer ohne behördliche Ermächtigung Waffen oder sonstige Gegenstände im Sinne des Satzes 1 auf dem Weg zu öffentlichen Versammlungen oder Aufzügen mit sich führt, zu derartigen Veranstaltungen hinschafft oder sie zur Verwendung bei derartigen Veranstaltungen bereithält oder verteilt.

(2) Wer

1. entgegen § 17a Abs. 1 bei öffentlichen Versammlungen unter freiem Himmel, Aufzügen oder sonstigen öffentlichen Veranstaltungen unter freiem Himmel oder auf dem Weg dorthin Schutzwaffen oder Gegenstände, die als Schutzwaffen geeignet und den Umständen nach dazu bestimmt sind, Vollstreckungsmaßnahmen eines Trägers von Hoheitsbefugnissen abzuwehren, mit sich führt,
2. entgegen § 17a Abs. 2 Nr. 1 an derartigen Veranstaltungen in einer Aufmachung, die geeignet und den Umständen nach darauf gerichtet ist, die Feststellung der Identität zu verhindern, teilnimmt oder den Weg zu derartigen Veranstaltungen in einer solchen Aufmachung zurücklegt oder
3. sich im Anschluss an oder sonst im Zusammenhang mit derartigen Veranstaltungen mit anderen zusammenrottet und dabei
   a) Waffen oder sonstige Gegenstände, die ihrer Art nach zur Verletzung von Personen oder Beschädigung von Sachen geeignet und bestimmt sind, mit sich führt,
   b) Schutzwaffen oder sonstige in Nummer 1 bezeichnete Gegenstände mit sich führt oder
   c) in der in Nummer 2 bezeichneten Weise aufgemacht ist,

wird mit Freiheitsstrafe bis zu einem Jahr oder mit Geldstrafe bestraft.

§ 28

Wer der Vorschrift des § 3 zuwiderhandelt, wird mit Freiheitsstrafe bis zu zwei Jahren oder mit Geldstrafe bestraft.

§ 29

(1) Ordnungswidrig handelt, wer

1. an einer öffentlichen Versammlung oder einem Aufzug teilnimmt, deren Durchführung durch vollziehbares Verbot untersagt ist,
1a. entgegen § 17a Abs. 2 Nr. 2 bei einer öffentlichen Versammlung unter freiem Himmel, einem Aufzug oder einer sonstigen öffentlichen Veranstaltung unter freiem Himmel oder auf dem Weg dorthin Gegenstände, die geeignet und den Umständen nach dazu bestimmt sind, die Feststellung der Identität zu verhindern, mit sich führt,
2. sich trotz Auflösung einer öffentlichen Versammlung oder eines Aufzuges durch die zuständige Behörde nicht unverzüglich entfernt,
3. als Teilnehmer einer öffentlichen Versammlung unter freiem Himmel oder eines Aufzuges einer vollziehbaren Auflage nach § 15 Abs. 1 oder 2 nicht nachkommt,
4. trotz wiederholter Zurechtweisung durch den Leiter oder einen Ordner fortfährt, den Ablauf einer öffentlichen Versammlung oder eines Aufzuges zu stören,
5. sich nicht unverzüglich nach seiner Ausschließung aus einer öffentlichen Versammlung oder einem Aufzug entfernt,
6. der Aufforderung der Polizei, die Zahl der von ihm bestellten Ordner mitzuteilen, nicht nachkommt oder eine unrichtige Zahl mitteilt (§ 9 Abs. 2),
7. als Leiter oder Veranstalter einer öffentlichen Versammlung oder eines Aufzuges eine größere Zahl von Ordnern verwendet, als die Polizei zugelassen oder genehmigt hat (§ 9 Abs. 2, § 18 Abs. 2), oder Ordner verwendet, die anders gekennzeichnet sind, als es nach § 9 Abs. 1 zulässig ist, oder
8. als Leiter den in eine öffentliche Versammlung entsandten Polizeibeamten die Anwesenheit verweigert oder ihnen keinen angemessenen Platz einräumt.

(2) Die Ordnungswidrigkeit kann in den Fällen des Absatzes 1 Nr. 1 bis 5 mit einer Geldbuße bis 500 EUR und in den Fällen des Absatzes 1 Nr. 6 bis 8 mit einer Geldbuße bis zu 2.500 EUR geahndet werden.

§ 30

Gegenstände, auf die sich eine Straftat nach § 27 oder § 28 oder eine Ordnungswidrigkeit nach § 29 Abs. 1 Nr. 1a oder 3 bezieht, können eingezogen werden. § 74a des Strafgesetzbuches und § 23 des Gesetzes über Ordnungswidrigkeiten sind anzuwenden.

Anlage 1 (zu § 15 Abs. 2 Satz 3)

1. Das Völkerschlachtdenkmal in Leipzig umfasst in nordöstlicher Richtung die Prager Straße, in südöstlicher und südwestlicher Richtung jeweils die Grenze zum Südfriedhof und in nordwestlicher Richtung das östliche Teilstück des Friedhofsweges und das östliche Teilstück der Straße An der Tabaksmühle sowie das von diesen umschlossene Gebiet.

2. Die Frauenkirche mit dem Neumarkt in Dresden umfasst die Plätze An der Frauenkirche und Neumarkt sowie die Straße An der Frauenkirche.
3. Die nördliche Altstadt und die südliche innere Neustadt in Dresden umfassen den Theaterplatz, den Schloßplatz, die Augustusbrücke, den Neustädter Markt, die Köpckestraße, den Carolaplatz, die Carolabrücke, die St. Petersburger Straße zwischen Carolabrücke und Pirnaischem Platz, den Rathenauplatz, den Pirnaischen Platz, die westliche Seite der Ringstraße bis zum Rathausplatz, die unmittelbar am Rathaus verlaufende Stichstraße nördlich des Dr.-Külz-Ringes, die Pfarrgasse und den sich anschließenden Teil der Straße An der Kreuzkirche bis zum Altmarkt, den Altmarkt, die Wilsdruffer Straße, den Postplatz, die Sophienstraße und das von diesen umschlossene Gebiet.

IV. Versammlungsgesetz des Landes Sachsen-Anhalt

Gesetz des Landes Sachsen-Anhalt über Versammlungen und Aufzüge (Landesversammlungsgesetz – VersammlG LSA)

vom 3. Dezember 2009 (GVBl. LSA S. 558)

§ 1 Versammlungsfreiheit

(1) Jeder hat das Recht, öffentliche Versammlungen und Aufzüge zu veranstalten und an solchen Veranstaltungen teilzunehmen.

(2) Dieses Recht hat nicht,
1. wer das Grundrecht der Versammlungsfreiheit gemäß Artikel 18 des Grundgesetzes verwirkt hat,
2. wer mit der Durchführung oder Teilnahme an einer solchen Veranstaltung die Ziele einer nach Artikel 21 Abs. 2 des Grundgesetzes durch das Bundesverfassungsgericht für verfassungswidrig erklärten Partei oder Teil- oder Ersatzorganisation einer Partei fördern will,
3. eine Partei, die nach Artikel 21 Abs. 2 des Grundgesetzes durch das Bundesverfassungsgericht für verfassungswidrig erklärt worden ist, oder
4. eine Vereinigung, die nach Artikel 9 Abs. 2 des Grundgesetzes, Artikel 13 Abs. 2 der Verfassung des Landes Sachsen-Anhalt verboten ist.

§ 2 Einladung, Störungs- und Bewaffnungsverbot

(1) Wer zu einer öffentlichen Versammlung oder zu einem Aufzug einlädt, muss als Veranstalter in der Einladung seinen Namen angeben.

(2) Bei öffentlichen Versammlungen und Aufzügen hat jeder Störungen zu unterlassen, die bezwecken, die ordnungsgemäße Durchführung zu verhindern.

(3) Niemand darf bei öffentlichen Versammlungen oder Aufzügen Waffen oder sonstige Gegenstände, die ihrer Art nach zur Verletzung von Personen oder zur

Beschädigung von Sachen geeignet und bestimmt sind, mit sich führen, ohne dazu behördlich ermächtigt zu sein. Ebenso ist es verboten, ohne behördliche Ermächtigung Waffen oder die in Satz 1 genannten Gegenstände auf dem Weg zu öffentlichen Versammlungen oder Aufzügen mit sich zu führen, zu derartigen Veranstaltungen hinzuschaffen oder sie zur Verwendung bei derartigen Veranstaltungen bereitzuhalten oder zu verteilen.

§ 3 Uniformierungsverbot

Es ist verboten, in einer öffentlichen Versammlung Uniformen, Uniformteile oder uniformähnliche Kleidungsstücke als Ausdruck einer gemeinsamen politischen Gesinnung zu tragen, sofern davon eine einschüchternde Wirkung ausgeht.

§ 4 Verbot einer öffentlichen Versammlung

Das Abhalten einer Versammlung in einem geschlossenen Raum kann nur im Einzelfall und nur dann verboten werden, wenn

1. der Veranstalter unter die Vorschriften des § 1 Abs. 2 Nrn. 1 bis 4 fällt und im Falle von § 1 Abs. 2 Nr. 4 das Verbot durch die zuständige Behörde festgestellt worden ist,
2. der Veranstalter oder Leiter der Versammlung Teilnehmern Zutritt gewährt, die Waffen oder sonstige Gegenstände im Sinne von § 2 Abs. 3 mit sich führen,
3. Tatsachen festgestellt sind, aus denen sich ergibt, dass der Veranstalter oder sein Anhang einen gewalttätigen oder aufrührerischen Verlauf der Versammlung anstreben,
4. Tatsachen festgestellt sind, aus denen sich ergibt, dass der Veranstalter oder sein Anhang Ansichten vertreten oder Äußerungen dulden werden, die ein Verbrechen oder ein von Amts wegen zu verfolgendes Vergehen zum Gegenstand haben.

§ 5 Beschränkung des Teilnehmerkreises

(1) Bestimmte Personen oder Personenkreise können in der Einladung von der Teilnahme an einer Versammlung ausgeschlossen werden.

(2) Pressevertreter können nicht ausgeschlossen werden; sie haben sich dem Leiter der Versammlung gegenüber durch ihren Presseausweis ordnungsgemäß auszuweisen.

§ 6 Versammlungsleiter

(1) Jede öffentliche Versammlung muss einen Leiter haben. Dies gilt nicht für Spontanversammlungen nach § 12 Abs. 1 Satz 2.

(2) Leiter der Versammlung ist der Veranstalter. Wird die Versammlung von einer Vereinigung veranstaltet, so ist ihr Vorsitzender der Leiter.

(3) Der Veranstalter kann die Leitung einer anderen Person übertragen.

(4) Der Leiter übt das Hausrecht aus.

§ 7 Rechte und Pflichten des Versammlungsleiters

Der Leiter bestimmt den Ablauf der Versammlung. Er hat während der Versammlung für Ordnung zu sorgen. Er kann die Versammlung jederzeit unterbrechen oder schließen. Er bestimmt, wann eine unterbrochene Versammlung fortgesetzt wird.

§ 8 Ordner

(1) Der Leiter kann sich bei der Durchführung seiner Rechte aus § 7 der Hilfe einer angemessenen Zahl ehrenamtlicher Ordner bedienen. Diese dürfen keine Waffen oder sonstigen Gegenstände im Sinne von § 2 Abs. 3 mit sich führen. Sie müssen geeignet und durch Armbinden, die nur die Bezeichnung „Ordner" tragen dürfen, kenntlich sein.

(2) Der Leiter ist verpflichtet, die Zahl der von ihm bestellten Ordner auf Anfordern mitzuteilen. Die zuständige Behörde kann die Zahl der Ordner angemessen beschränken.

§ 9 Teilnehmerpflichten

Alle Versammlungsteilnehmer sind verpflichtet, die zur Aufrechterhaltung der Ordnung getroffenen Anweisungen des Leiters oder der von ihm bestellten Ordner zu befolgen.

§ 10 Ausschlussrecht

(1) Der Leiter kann Teilnehmer, welche die Ordnung gröblich stören, von der Versammlung ausschließen.

(2) Wer aus der Versammlung ausgeschlossen wird, hat sie sofort zu verlassen.

§ 11 Auflösung einer Versammlung

(1) Die Polizei kann die Versammlung nur dann und unter Angabe des Grundes auflösen, wenn

1. der Veranstalter unter die Vorschriften des § 1 Abs. 2 Nrn. 1 bis 4 fällt und im Falle von § 1 Abs. 2 Nr. 4 das Verbot durch die zuständige Behörde festgestellt worden ist,
2. die Versammlung einen gewalttätigen oder aufrührerischen Verlauf nimmt oder unmittelbare Gefahr für Leben und Gesundheit der Teilnehmer besteht,
3. der Leiter Personen, die Waffen oder sonstige Gegenstände im Sinne von § 2 Abs. 3 mit sich führen, nicht sofort ausschließt und für die Durchführung des Ausschlusses sorgt,
4. durch den Verlauf der Versammlung gegen Strafgesetze verstoßen wird, die ein Verbrechen oder von Amts wegen zu verfolgendes Vergehen zum Gegenstand haben, oder wenn in der Versammlung zu solchen Straftaten aufgefordert oder angereizt wird und der Leiter dies nicht unverzüglich unterbindet.

In den Fällen von Satz 1 Nrn. 2 bis 4 ist die Auflösung nur zulässig, wenn andere polizeiliche Maßnahmen, insbesondere eine Unterbrechung, nicht ausreichen.

(2) Sobald eine Versammlung für aufgelöst erklärt ist, haben alle Teilnehmer sich sofort zu entfernen.

§ 12 Anmeldepflicht

(1) Wer die Absicht hat, eine öffentliche Versammlung unter freiem Himmel oder einen Aufzug zu veranstalten, hat dies spätestens 48 Stunden vor der Bekanntgabe der zuständigen Behörde unter Angabe des Gegenstandes der Versammlung oder des Aufzuges anzumelden. Dies gilt nicht für Versammlungen, die sich aus aktuellem Anlass augenblicklich und ohne Veranstalter bilden (Spontanversammlungen), und für Versammlungen, bei denen der mit der Versammlung verfolgte Zweck bei Einhaltung der Anmeldefrist nicht erreicht werden kann (Eilversammlungen).

(2) In der Anmeldung ist anzugeben, welche Person für die Leitung der Versammlung oder des Aufzuges verantwortlich sein soll.

(3) Die zuständige Behörde erörtert mit dem Veranstalter Einzelheiten der Durchführung der Versammlung, insbesondere geeignete Maßnahmen zur Wahrung der öffentlichen Sicherheit, und wirkt auf eine ordnungsgemäße Durchführung der Versammlung hin. Dem Veranstalter ist Gelegenheit zu geben, sich zu äußern und sachdienliche Fragen zu stellen. Der Veranstalter soll mit den zuständigen Behörden kooperieren, insbesondere Auskunft über Art, Umfang und vorgesehenen Ablauf der Veranstaltung geben.

§ 13 Beschränkungen, Verbote, Auflösung

(1) Die zuständige Behörde kann die Versammlung oder den Aufzug von bestimmten Beschränkungen abhängig machen oder verbieten, wenn nach den zur Zeit des Erlasses der Verfügung erkennbaren Umständen die öffentliche Sicherheit bei Durchführung der Versammlung oder des Aufzuges unmittelbar gefährdet ist.

(2) Eine Versammlung unter freiem Himmel oder ein Aufzug kann insbesondere auch dann von bestimmten Beschränkungen abhängig gemacht oder verboten werden, wenn

1. die Versammlung oder der Aufzug an einem Ort oder Tag stattfindet, der in besonderer Weise an
   a) Menschen, die unter der nationalsozialistischen Gewaltherrschaft aus rassischen, religiösen oder politischen Gründen oder wegen einer Behinderung Opfer menschenunwürdiger Behandlung waren,
   b) Menschen, die Widerstand gegen die nationalsozialistische Gewaltherrschaft geleistet haben,
   c) die zivilen oder militärischen Opfer des zweiten Weltkrieges,
   d) die Opfer der schweren Menschenrechtsverletzungen während der Zeiten der sowjetischen Besatzung und der SED-Diktatur
   erinnert und

2. nach den zur Zeit des Erlasses der Verfügung konkret feststellbaren Umständen zu besorgen ist, dass durch die Art und Weise der Durchführung der Versammlung oder des Aufzuges die Gefahr einer erheblichen Verletzung ethischer und sozialer Grundanschauungen besteht, insbesondere die Würde oder Ehre von Personen im Sinne von Satz 1 Nr. 1 verletzt wird.

Gleiches gilt, wenn die Versammlung oder der Aufzug an einem Tag stattfindet, der

1. an die Schrecken der nationalsozialistischen Gewaltherrschaft erinnert oder
2. unter dieser besonders begangen wurde.

(3) Eine Versammlung oder ein Aufzug verletzt die ethischen und sozialen Grundanschauungen in erheblicher Weise regelmäßig dann, wenn die Versammlung oder der Aufzug

1. die nationalsozialistische Gewaltherrschaft billigt, verherrlicht, rechtfertigt oder verharmlost, auch durch das Gedenken an führende Repräsentanten des Nationalsozialismus, und dadurch die Gefahr einer Beeinträchtigung der Würde oder Ehre der Opfer besteht,
2. durch die Art und Weise der Durchführung ein Klima der Gewaltdemonstration oder potentieller Gewaltbereitschaft erzeugt oder durch das Gesamtgepräge an die Riten und Symbole der nationalsozialistischen Gewaltherrschaft anknüpft und Dritte hierdurch eingeschüchtert werden,
3. das friedliche Zusammenleben der Völker stört oder
4. die Menschenrechtsverletzungen nach Absatz 2 Satz 1 Nr. 1 Buchst. d verharmlost oder leugnet und dadurch die Gefahr einer Beeinträchtigung der Würde oder Ehre der Opfer besteht.

(4) Die zuständige Behörde kann eine Versammlung oder einen Aufzug auflösen, wenn die Voraussetzungen zu einem Verbot nach Absatz 1 oder 2 gegeben sind. Sie kann eine Versammlung oder einen Aufzug, die oder der nach Maßgabe von § 12 Abs. 1 Satz 1 anzumelden war, darüber hinaus auflösen, wenn

1. keine Anmeldung erfolgte,
2. von den Angaben der Anmeldung abgewichen wird oder
3. den Beschränkungen zuwidergehandelt wird und andere Maßnahmen nicht ausreichen.

(5) Eine verbotene Versammlung ist aufzulösen.

§ 14 Erinnerungsorte und Erinnerungstage

(1) Orte nach § 13 Abs. 2 Satz 1 sind:

1. die KZ-Gedenkstätte Lichtenburg Prettin,
2. die Gedenkstätte für Opfer der NS-"Euthanasie" Bernburg,
3. die Gedenkstätte Langenstein-Zwieberge,
4. die Gedenkstätte „Roter Ochse" Halle (Saale),
5. das Mahnmal in Dolle für ermordete Häftlinge des KZ Mittelbau-Dora,
6. die Mahn- und Gedenkstätte Feldscheune Isenschnibbe Gardelegen,

G. Gesetzestexte

7. die Mahn- und Gedenkstätte Veckenstedter Weg Wernigerode,
8. die Gedenkstätte Moritzplatz Magdeburg,
9. die Gedenkstätte Deutsche Teilung Marienborn.

Die räumliche Abgrenzung der in Satz 1 Nrn. 1 bis 9 genannten Orte ergibt sich aus den Anlagen zu diesem Gesetz.

(2) Tage nach § 13 Abs. 2 Satz 2 Nr. 1 sind der 27. und 30. Januar, der 8. Mai, der 20. Juli, der 1. September sowie der 9. November. Tag nach § 13 Abs. 2 Satz 2 Nr. 2 ist der 20. April.

(3) Das Gesetz über die Sonn- und Feiertage in der Fassung der Bekanntmachung vom 25. August 2004 (GVBl. LSA S. 538), geändert durch § 13 Abs. 1 des Gesetzes vom 22. November 2006 (GVBl. LSA S. 528), bleibt unberührt.

§ 15 Bewaffnungs- und Vermummungsverbot

(1) Es ist verboten, bei öffentlichen Versammlungen unter freiem Himmel oder bei Aufzügen oder auf dem Weg dorthin Gegenstände, die als Schutzwaffen geeignet und den Umständen nach dazu bestimmt sind, Vollstreckungsmaßnahmen eines Trägers von öffentlich-rechtlichen Befugnissen abzuwehren, mit sich zu führen.

(2) Es ist auch verboten,

1. an derartigen Veranstaltungen in einer Aufmachung, die geeignet und den Umständen nach darauf gerichtet ist, die Feststellung der Identität zu verhindern, teilzunehmen oder den Weg zu derartigen Veranstaltungen in einer solchen Aufmachung zurückzulegen,
2. bei derartigen Veranstaltungen oder auf dem Weg dorthin Gegenstände mit sich zu führen, die geeignet und den Umständen nach dazu bestimmt sind, die Feststellung der Identität zu verhindern.

(3) Die zuständige Behörde soll Ausnahmen von den Verboten der Absätze 1 und 2 zulassen, wenn eine Gefährdung der Friedlichkeit nicht zu besorgen ist. Sie kann zur Durchsetzung der Verbote der Absätze 1 und 2 Anordnungen treffen. Sie kann insbesondere Personen, die diesen Verboten zuwiderhandeln, von der Veranstaltung ausschließen.

§ 16 Durchführung einer Versammlung unter freiem Himmel

(1) Für Versammlungen unter freiem Himmel sind § 6 Abs. 1, die §§ 7, 8 Abs. 1, die §§ 9, 10 Abs. 2 und § 11 Abs. 2 entsprechend anzuwenden.

(2) Die Verwendung von Ordnern bedarf der Genehmigung. Sie ist bei der Anmeldung zu beantragen.

(3) Die Polizei kann Teilnehmer, welche die Ordnung gröblich stören, von der Versammlung ausschließen.

§ 17 Durchführung eines Aufzugs

(1) Der Leiter des Aufzuges hat für den ordnungsmäßigen Ablauf zu sorgen. Er kann sich der Hilfe ehrenamtlicher Ordner bedienen, für welche § 8 Abs. 1 und § 16 gelten.

(2) Die Teilnehmer sind verpflichtet, die zur Aufrechterhaltung der Ordnung getroffenen Anordnungen des Leiters oder der von ihm bestellten Ordner zu befolgen.

(3) Vermag der Leiter sich nicht durchzusetzen, so ist er verpflichtet, den Aufzug für beendet zu erklären.

(4) Die Polizei kann Teilnehmer, welche die Ordnung gröblich stören, von dem Aufzug ausschließen.

§ 18 Bild- und Tonaufzeichnungen

(1) Die Polizei darf Bild- und Tonaufzeichnungen von Teilnehmern bei oder im Zusammenhang mit öffentlichen Versammlungen nur anfertigen, wenn tatsächliche Anhaltspunkte die Annahme rechtfertigen, dass von ihnen erhebliche Gefahren für die öffentliche Sicherheit ausgehen. Die Maßnahmen dürfen auch durchgeführt werden, wenn Dritte unvermeidbar betroffen werden.

(2) Die Unterlagen sind nach Beendigung der öffentlichen Versammlung oder zeitlich und sachlich damit unmittelbar im Zusammenhang stehender Ereignisse unverzüglich zu vernichten, soweit sie nicht benötigt werden

1. für die Verfolgung von Straftaten von Teilnehmern oder
2. im Einzelfall zur Gefahrenabwehr, weil die betroffene Person verdächtigt ist, Straftaten bei oder im Zusammenhang mit der öffentlichen Versammlung vorbereitet oder begangen zu haben, und deshalb zu besorgen ist, dass von ihr erhebliche Gefahren für künftige öffentliche Versammlungen oder Aufzüge ausgehen.

Unterlagen, die aus den in Satz 1 Nr. 2 aufgeführten Gründen nicht vernichtet wurden, sind in jedem Fall spätestens nach Ablauf von drei Monaten seit ihrer Entstehung zu vernichten, es sei denn, sie würden inzwischen zu dem in Satz 1 Nr. 1 aufgeführten Zweck benötigt.

(3) Die Befugnisse zur Erhebung personenbezogener Informationen nach Maßgabe der Strafprozessordnung und des Gesetzes über Ordnungswidrigkeiten bleiben unberührt.

(4) Für Bild- und Tonaufnahmen von Teilnehmern gilt Absatz 1 entsprechend.

§ 19 Einschränkung von Grundrechten

Die §§ 12 bis 18 schränken das Grundrecht der Versammlungsfreiheit (Artikel 8 Abs. 1 des Grundgesetzes, Artikel 12 Abs. 1 der Verfassung des Landes Sachsen-Anhalt) ein. § 18 schränkt das Grundrecht auf den Schutz personenbezogener Daten (Artikel 2 Abs. 1 in Verbindung mit Artikel 1 Abs. 1 des Grundgesetzes, Artikel 6 Abs. 1 der Verfassung des Landes Sachsen-Anhalt) ein.

G. Gesetzestexte

§ 20 Störung von Versammlungen

Wer in der Absicht, nicht verbotene öffentliche Versammlungen oder Aufzüge zu verhindern oder zu sprengen oder sonst ihre Durchführung zu vereiteln, Gewalttätigkeiten vornimmt oder androht oder grobe Störungen verursacht, wird mit Freiheitsstrafe bis zu zwei Jahren oder mit Geldstrafe bestraft.

§ 21 Störung der Versammlungsleitung

Wer bei einer öffentlichen Versammlung oder einem Aufzug dem Leiter oder einem Ordner in der rechtmäßigen Ausübung seiner Ordnungsbefugnisse mit Gewalt oder Drohung mit Gewalt Widerstand leistet oder ihn während der rechtmäßigen Ausübung seiner Ordnungsbefugnisse tätlich angreift, wird mit Freiheitsstrafe bis zu einem Jahr oder mit Geldstrafe bestraft.

§ 22 Öffentliche Aufforderung zur Teilnahme an einer verbotenen Versammlung

Wer öffentlich, in einer Versammlung oder durch Verbreiten von Schriften, Ton- oder Bildträgern, Abbildungen oder anderen Darstellungen zur Teilnahme an einer öffentlichen Versammlung oder einem Aufzug auffordert, nachdem die Durchführung durch ein vollziehbares Verbot untersagt oder die Auflösung angeordnet worden ist, wird mit Freiheitsstrafe bis zu einem Jahr oder mit Geldstrafe bestraft.

§ 23 Einsatz bewaffneter Ordner

Wer als Leiter einer öffentlichen Versammlung oder eines Aufzuges Ordner verwendet, die Waffen oder sonstige Gegenstände, die ihrer Art nach zur Verletzung von Personen oder Beschädigung von Sachen geeignet und bestimmt sind, mit sich führen, wird mit Freiheitsstrafe bis zu einem Jahr oder mit Geldstrafe bestraft.

§ 24 Missachtung von Beschränkungen

Wer als Leiter einer öffentlichen Versammlung unter freiem Himmel oder eines Aufzuges

1. die Versammlung oder den Aufzug wesentlich anders durchführt, als die Veranstalter bei der Anmeldung angegeben haben, oder
2. vollziehbaren Beschränkungen nach § 13 Abs. 1, 2 oder 4 nicht nachkommt,

wird mit Freiheitsstrafe bis zu sechs Monaten oder mit Geldstrafe bis zu einhundertachtzig Tagessätzen bestraft.

§ 25 Missachtung von Verbots- oder Auflösungsverfügungen

Wer als Veranstalter oder Leiter eine öffentliche Versammlung oder einen Aufzug trotz vollziehbaren Verbots durchführt oder trotz Auflösung oder Unterbrechung durch die Polizei fortsetzt, wird mit Freiheitsstrafe bis zu einem Jahr oder mit Geldstrafe bestraft.

§ 26 Missachtung des Bewaffnungs- oder Vermummungsverbots

(1) Wer bei öffentlichen Versammlungen oder Aufzügen Waffen oder sonstige Gegenstände, die ihrer Art nach zur Verletzung von Personen oder Beschädigung von Sachen geeignet und bestimmt sind, mit sich führt, ohne dazu behördlich ermächtigt zu sein, wird mit Freiheitsstrafe bis zu einem Jahr oder mit Geldstrafe bestraft. Ebenso wird bestraft, wer ohne behördliche Ermächtigung Waffen oder sonstige Gegenstände im Sinne des Satzes 1 auf dem Weg zu öffentlichen Versammlungen oder Aufzügen mit sich führt, zu derartigen Veranstaltungen hinschafft oder sie zur Verwendung bei derartigen Veranstaltungen bereithält oder verteilt.

(2) Wer

1. entgegen § 15 Abs. 1 bei öffentlichen Versammlungen unter freiem Himmel oder bei Aufzügen oder auf dem Weg dorthin Schutzwaffen oder Gegenstände, die als Schutzwaffen geeignet und den Umständen nach dazu bestimmt sind, Vollstreckungsmaßnahmen eines Trägers von öffentlich-rechtlichen Befugnissen abzuwehren, mit sich führt,
2. entgegen § 15 Abs. 2 Nr. 1 an derartigen Veranstaltungen in einer Aufmachung, die geeignet und den Umständen nach darauf gerichtet ist, die Feststellung der Identität zu verhindern, teilnimmt oder den Weg zu derartigen Veranstaltungen in einer solchen Aufmachung zurücklegt oder
3. sich im Anschluss an oder sonst im Zusammenhang mit derartigen Veranstaltungen mit anderen zusammenrottet und dabei
   a) Waffen oder sonstige Gegenstände, die ihrer Art nach zur Verletzung von Personen oder Beschädigung von Sachen geeignet und bestimmt sind, mit sich führt,
   b) Schutzwaffen oder sonstige in Nummer 1 bezeichnete Gegenstände mit sich führt oder
   c) in der in Nummer 2 bezeichneten Weise aufgemacht ist,

wird mit Freiheitsstrafe bis zu einem Jahr oder mit Geldstrafe bestraft.

§ 27 Missachtung des Uniformierungsverbots

Wer der Vorschrift des § 3 zuwiderhandelt, wird mit Freiheitsstrafe bis zu sechs Monaten oder mit Geldstrafe bestraft.

§ 28 Ordnungswidrigkeiten

(1) Ordnungswidrig handelt, wer

1. an einer öffentlichen Versammlung oder einem Aufzug teilnimmt, deren Durchführung durch vollziehbares Verbot untersagt ist,
2. eine öffentliche Versammlung unter freiem Himmel oder einen Aufzug ohne die nach § 12 Abs. 1 Satz 1 erforderliche Anmeldung durchführt,
3. entgegen § 15 Abs. 2 Nr. 2 bei einer öffentlichen Versammlung unter freiem Himmel oder einem Aufzug oder auf dem Weg dorthin Gegenstände, die geeignet und den Umständen nach dazu bestimmt sind, die Feststellung der Identität zu verhindern, mit sich führt,

G. Gesetzestexte

4. sich trotz Auflösung einer öffentlichen Versammlung oder eines Aufzuges durch die zuständige Behörde nicht unverzüglich entfernt,
5. als Teilnehmer einer öffentlichen Versammlung unter freiem Himmel oder eines Aufzuges einer vollziehbaren Beschränkung nach § 13 Abs. 1 oder 2 nicht nachkommt,
6. trotz wiederholter Zurechtweisung durch den Leiter oder einen Ordner fortfährt, den Ablauf einer öffentlichen Versammlung oder eines Aufzuges zu stören,
7. sich nicht unverzüglich nach seiner Ausschließung aus einer öffentlichen Versammlung oder einem Aufzug entfernt,
8. der Aufforderung, die Zahl der von ihm bestellten Ordner mitzuteilen, nicht nachkommt oder eine unrichtige Zahl mitteilt (§ 8 Abs. 2) oder
9. als Leiter oder Veranstalter einer öffentlichen Versammlung oder eines Aufzuges eine größere Zahl von Ordnern verwendet, als zugelassen oder genehmigt wurde (§ 8 Abs. 2, § 16 Abs. 2), oder Ordner verwendet, die anders gekennzeichnet sind, als es nach § 8 Abs. 1 zulässig ist.

(2) Die Ordnungswidrigkeit kann mit einer Geldbuße bis eintausendfünfhundert Euro geahndet werden.

§ 29 Voraussetzungen der Einziehung

Gegenstände, auf die sich eine Straftat nach § 26 oder § 27 oder eine Ordnungswidrigkeit nach § 28 Abs. 1 Nr. 3 oder 4 bezieht, können eingezogen werden. § 74a des Strafgesetzbuches und § 23 des Gesetzes über Ordnungswidrigkeiten sind anzuwenden.

§ 30 Inkrafttreten

Dieses Gesetz tritt am Tage nach seiner Verkündung in Kraft.

Anlage 1 KZ-Gedenkstätte Lichtenburg Prettin

(zu § 14 Abs. 1)

(Karte: Anlage 1a)

Die Gedenkstätte befindet sich im so genannten Werkstattgebäude auf dem hinteren Schlosshof. Der Zugang zum Schlosskomplex erfolgt von der Schlossstraße (L 114) aus, der Zugang zur Gedenkstätte von der Annaburger Straße (L 113) aus. Die anderen Seiten sind durch landwirtschaftliches Gebiet der ehemaligen Schlossdomäne begrenzt.

In die Abgrenzung sind einzubeziehen: die Annaburger Straße bis zur Hälfte der Entfernung zur Puschkinstraße, die Schlossstraße bis zum zweiten Abzweig Domäne und die Domäne selbst.

Anlage 1a KZ-Gedenkstätte Lichtenburg Prettin

Die Karte ist im GVBl. LSA Nr. 22 vom 11. Dezember 2009 auf der Seite 565 wiedergegeben.

Anlage 2 Gedenkstätte für Opfer der NS-"Euthanasie" Bernburg

(zu § 14 Abs. 1)

(Karte: Anlage 2a)

Die Gedenkstätte befindet sich im Krankenhausgebäude „Haus Griesinger", das im Obergeschoss auch als Station genutzt wird. Das Gebäude befindet sich mitten auf dem Gelände und ist nur über dieses zu erreichen. Das Krankenhausgelände kann betreten/verlassen werden über die Hauptpforte in der Olga-Benario-Straße und durch eine unbewachte Parkplatzeinfahrt in der Doktor-John-Rittmeister-Straße.

In die Abgrenzung sind einzubeziehen: die Doktor-John-Rittmeister-Straße von der Kreuzung Kirschberg bis zur Parkplatzeinfahrt, die Kirschbergsiedlung (Einfamilienhäuser) und die Olga-Benario-Straße von der oberen Kreuzung Kirschberg bis zur Hauptpforte.

Anlage 2a Gedenkstätte für Opfer der NS-"Euthanasie" Bernburg

Die Karte ist im GVBl. LSA Nr. 22 vom 11. Dezember 2009 auf der Seite 567 wiedergegeben.

Anlage 3 Gedenkstätte Langenstein-Zwieberge

(zu § 14 Abs. 1)

(Karten: Anlagen 3a, 3b)

Die Lage der Gedenkstätte ergibt sich aus den Anlagen 3a und 3b.

In die Abgrenzung sind einzubeziehen: die Quedlinburger Straße vom Küsterberg bis zur Gedenkstätte, der „Leidensweg der Häftlinge" vom Vorplatz des Verwaltungsgebäudes bis zum Stolleneingang sowie der Stolleneingang selbst.

Anlage 3a Gedenkstätte Langenstein-Zwieberge

Die Karte ist im GVBl. LSA Nr. 22 vom 11. Dezember 2009 auf der Seite 569 wiedergegeben.

G. Gesetzestexte

Anlage 3b Gedenkstätte Langenstein-Zwieberge

Die Karte ist im GVBl. LSA Nr. 22 vom 11. Dezember 2009 auf der Seite 570 wiedergegeben.

Anlage 4 Gedenkstätte „Roter Ochse" Halle (Saale)

(zu § 14 Abs. 1)

(Karte: Anlage 4a)

Das Gedenkstättengebäude gehört als Bausubstanz zum Ensemble der Haftanstalt „Roter Ochse" in Halle. Die Justizvollzugsanstalt (JVA) umgrenzt die Gedenkstätte in nördlicher, südlicher und östlicher Richtung. Lediglich in Richtung Westen grenzt das Gedenkstättengebäude an die Straße „Am Kirchtor", die sich bis in südliche Richtung der JVA hinzieht.

In die Abgrenzung sind einzubeziehen: die Ulestraße und die Straße „Am Kirchtor".

Anlage 4a Gedenkstätte „Roter Ochse" Halle (Saale)

Red. Anm.: Die Karte ist im GVBl. LSA Nr. 22 vom 11. Dezember 2009 auf der Seite 572 wiedergegeben.

Anlage 5 Mahnmal in Dolle für ermordete Häftlinge des KZ Mittelbau-Dora

(zu § 14 Abs. 1)

(Karte: Anlage 5a)

Das zur Gedenkstätte Marienborn zählende Denkmal Dolle befindet sich auf dem Flurstück 24/23, Flur 7 der Gemeinde Dolle. Es liegt an der Ortsdurchfahrt direkt an der Bundesstraße B 189.

In die Abgrenzung sind einzubeziehen: ein Teil der B 189 (Lindenstraße) von den Abzweigungen Lindenstraße sowie ein Teil des von der Lindenstraße abzweigenden Feldweges.

Anlage 5a Mahnmal in Dolle für ermordete Häftlinge des KZ Mittelbau Dora

Die Karte ist im GVBl. LSA Nr. 22 vom 11. Dezember 2009 auf der Seite 574 wiedergegeben.

G. Gesetzestexte

Anlage 6 Mahn- und Gedenkstätte Feldscheune Isenschnibbe Gardelegen

(zu § 14 Abs. 1)

(Karte: Anlage 6a)

Das Gelände der Gedenkstätte unterliegt einem Flurbereinigungsverfahren, dessen Ergebnisse noch nicht in das Liegenschaftskataster übernommen sind. Die Darstellung erfolgt in einem Auszug aus dem Flurbereinigungsplan des Amtes für Landwirtschaft, Flurneuordnung und Forsten.

Das Gelände der Gedenkstätte (Flur 39, Flurstück 361) wird demnach im Norden, Westen und Süden durch landwirtschaftliche Nutzflächen und im Osten durch den befestigten Zuweg begrenzt.

In die Abgrenzung sind einzubeziehen: die in östliche Richtung von der Landstraße L 27 abzweigende Zufahrt sowie die von dieser in südliche Richtung abzweigende Zufahrt zur Mahn- und Gedenkstätte.

Anlage 6a Mahn- und Gedenkstätte Feldscheune Isenschnibbe Gardelegen

Die Karte ist im GVBl. LSA Nr. 22 vom 11. Dezember 2009 auf der Seite 576 wiedergegeben.

Anlage 7 Mahn- und Gedenkstätte Veckenstedter Weg Wernigerode

(zu § 14 Abs. 1)

(Karte: Anlage 7a)

Das Gelände der Gedenkstätte wird im Norden vom Kurtsteich, im Süden durch das Gelände der Firma Linding Fördertechnik GmbH (Am Köhlerteich 13), im Westen durch das Gelände der Stadt Wernigerode, Stadtbetriebsamt - Bauhof (Am Köhlerteich 9) und im Osten durch den Fußweg und die Zufahrt vom Veckenstedter Weg begrenzt.

In die Abgrenzung ist einzubeziehen: der Zuweg vom Veckenstedter Weg bis an den Durchgang zum Wendehammer Am Köhlerteich (angrenzende Grundstücke sind Hausnummer 43a, das Gelände der Stadtwerke Wernigerode und Parkplatz der Thyssen Krupp AG).

Anlage 7a Mahn- und Gedenkstätte Veckenstedter Weg Wernigerode

Die Karte ist im GVBl. LSA Nr. 22 vom 11. Dezember 2009 auf der Seite 578 wiedergegeben.

Anlage 8 Gedenkstätte Moritzplatz Magdeburg

(zu § 14 Abs. 1)

(Karte: Anlage 8a)

Die Gedenkstätte wird nördlich begrenzt durch den Fußweg zur Thomas-Müntzer-Schule, westlich durch das Schulgelände selbst, südlich durch einen anschließenden Gebäudekomplex und östlich durch die Umfassungsstraße bzw. den Moritzplatz.

In die Abgrenzung sind einzubeziehen: der Fußweg zur Thomas-Müntzer-Schule und der Schulhof, der Moritzplatz und ein Teil der Umfassungsstraße vom Abzweig des Fußweges zur Überführung über den Magdeburger Ring bis etwa zur Hälfte der Strecke bis zum Abzweig Umfassungsweg.

Anlage 8a Gedenkstätte Moritzplatz Magdeburg

Die Karte ist im GVBl. LSA Nr. 22 vom 11. Dezember 2009 auf der Seite 580 wiedergegeben.

Anlage 9 Gedenkstätte Deutsche Teilung Marienborn

(zu § 14 Abs. 1)

(Karte: Anlage 9a)

Die Gedenkstätte Deutsche Teilung Marienborn befindet sich auf dem Gelände der ehemaligen DDR-Grenzübergangsstelle (GÜSt) Marienborn an der Bundesautobahn 2.

Im Norden des von allen Seiten umzäunten Geländes der Gedenkstätte grenzt diese an den Parkplatz der Autobahnraststätte der A 2 Berlin – Hannover, im Süden parallel dazu die Land- bzw. Kreisstraße K 1373.

Westlich grenzt die Gedenkstätte direkt an die Autobahnraststätte Marienborn, die sich ebenfalls auf dem Gelände der ehemaligen GÜSt befindet. Östlich der Gedenkstätte befindet sich Wald- und Wiesenland. Die Gedenkstätte ist über zwei Zugänge erreichbar, mit dem PKW von der K 1373 kommend oder zu Fuß von der Autobahnraststätte. Die Anfahrt per PKW über die Autobahn aus Richtung Berlin erfolgt regulär über die Autobahnausfahrt Alleringersleben (Beschilderung Gedenkstätte Marienborn). Ortskundige nutzen auch die unmittelbar angrenzende Autobahnausfahrt Marienborn, biegen auf der B 1 in Richtung Helmstedt ab und nutzen die wenige 100 Meter dahinter verborgen liegende Einfahrt zu einer Autobahnbrücke, um auf die K 1373 zu gelangen.

In die Abgrenzung sind einzubeziehen: das Gelände der Raststätte sowie die Landstraße von den jeweils angrenzenden Kreuzungen bis zur Einfahrt in die Gedenkstätte.